Loiperdinger (Hrsg.)
Märtyrerlegenden im NS

Martin Loiperdinger (Hrsg.)

Märtyrerlegenden im NS-Film

Mit Beiträgen von Thomas Arnold,
Eike Hennig, Martin Loiperdinger,
Uwe Schriefer und Ulrich Schröter

Leske + Budrich, Opladen 1991

Der Herausgeber:
Dr. Martin Loiperdinger (1952), Aufsätze und TV-Features zur
Mediengeschichte des Films und zum deutschen Faschismus,
Buchveröffentlichung: Rituale der Mobilmachung. Der Partei-
tagsfilm „Triumph des Willens" von Leni Riefenstahl (1987).
Akademischer Rat (auf Zeit) am Institut für Kommunikations-
wissenschaft der Universität München und Lehrbeauftragter
am Institut für England- und Amerikastudien der Universität
Frankfurt.

Fotos: Gerd Ullmann

CIP-Titelaufnahme der Deutschen Bibliothek

Märtyrerlegenden im NS-Film/Martin Loiperdinger (Hrsg.)
Mit Beitr. von Thomas Arnold... - Opladen : Leske und Budrich, 1991
    ISBN: 3-8100-0700-5
NE: Loiperdinger. Martin [Hrsg.]; Arnold, Thomas

© 1991 by Leske Verlag + Budrich GmbH, Opladen
Satz: Leske + Budrich
Druck und Verarbeitung: Druckpartner Rübelmann GmbH, Hemsbach
Printed in Germany

Vorwort

Die in diesem Band versammelten Beiträge analysieren die drei im Jahr der Machtübergabe an die NSDAP produzierten und uraufgeführten Filme „SA-Mann Brand", „Hitlerjunge Quex" und „Hans Westmar". Jenseits der arkanpolitischen Bündnisabsprachen zwischen verschiedenen Machteliten aus Industrie, Großgrundbesitz, Finanzwesen, Verwaltungsbürokratie und Militär mit Vertretern der Parteioligarchie thematisieren diese drei Filme den *öffentlichen* Durchsetzungsprozeß der NSDAP im „Kampf um die Straße" gegen den politischen Gegner aus den Reihen vor allem der kommunistischen Arbeiterbewegung. Die „Parteifilm"-Trilogie des Jahres 1933 bringt den Propagandamythos des „unbekannten SA-Manns" sowie die von Goebbels inspirierten Märtyrerlegenden um Horst Wessel und Herbert Norkus auf die Leinwand. Als nationalsozialistische Selbstdarstellung der noch kaum abgeschlossenen „Kampfzeit" gewähren diese Filme unter bestimmten methodischen Voraussetzungen Einblick in die subjektive Verfaßtheit des „Bewegungs"-Faschismus, indem sie Deutungsmuster einer unmittelbar vergangenen politischen Realität vorrangig den eigenen Parteigängern im Medium einer Spielfilmhandlung anbieten: Da der kommerzielle Erfolg in hohem Maße von der Glaubwürdigkeit der Sujetdarstellung vor den Augen des Großstadtpublikums abhängt, wird große Sorgfalt auf die Stimmigkeit der Fabelerzählung, die Schilderung des sozialen Milieus und die Präsentation typischer Familienkonflikte und Motivkonstellationen verwendet. In diesem Sinne wird in diesem Band versucht, die im unmittelbaren Kontext von Zeit, Ort und Akteuren des „Kampfs um die Straße" erfolgte Verfilmung faschistischer Märtyrerlegenden als zeitgeschichtliche Quelle zu nutzen. Die analytische Bearbeitung von „SA-Mann Brand", „Hitlerjunge Quex" und „Hans Westmar" kann eine wichtige Ergänzung bilden für andere Zugangsweisen zu Artikulationen von subjektivem Faschismus, wie sie über Oral History, Regional- und Lokalanalysen, Spurensicherungs-Projekte u.a.

in den letzten Jahren zunehmend erschlossen werden. Darüber hinaus versteht sich dieser Band auch als Grundlage zur Erarbeitung medienpädagogischer Konzepte für die Verwendung von NS-Spielfilmen im Bereich der politischen Erwachsenen- und vor allem Jugendbildung.

Die Manuskripte sind von Mitarbeitern der Arbeitsgruppe „Faschistische Öffentlichkeit" und des Instituts für historisch-sozialwissenschaftliche Analysen e.V. (IHSA) in Frankfurt erarbeitet und bereits vor geraumer Zeit fertiggestellt worden. Dennoch sind die Aussagen in der Einleitung über Forschungsstand und medienpädagogischen Einsatz von NS-Propagandafilmen ebensowenig überholt wie die methodischen Überlegungen zur Filmanalyse und zur Aussagenreichweite der vorgelegten Einzelfilmanalysen. An neuerer Literatur ist ergänzend eine Materialsammlung zu „Hitlerjunge Quex" zu empfehlen (G. Albrecht 1983), außerdem sind im angelsächsischen Sprachbereich drei Arbeiten erschienen, die ausführlich auf die behandelte Filmtrilogie eingehen, aber eher darstellenden Charakter haben und nur peripher analytische Ansätze verfolgen (J. Baird 1982 und 1983, D. Welch 1983).

Für die empirische Filmanalyse unerläßlich ist die Erstellung von ausführlichen Protokollen, mit denen die Filme quellenkritisch überhaupt erst zugänglich gemacht werden. „SA-Mann Brand", „Hitlerjunge Quex" und „Hans Westmar" sind deshalb Einstellung für Einstellung protokolliert worden. Alle Protokolle liegen in der Schriftenreihe des IHSA als Arbeitspapiere vor und werden vom Verlag der filmland presse (München) vertrieben. Ihre Kenntnisnahme ist für den Leser nicht unerläßlich, für eine differenzierte Erschließung aber sehr sinnvoll, da in diesem Band aus Raumgründen nur Sequenzgliederungen und Fabelrekonstruktionen abgedruckt werden können.

Für die lange Zeitspanne zwischen Niederschrift und Drucklegung ist eine von außen nicht immer verständliche Verlagspolitik verantwortlich, die schließlich nach einigem Hin und Her zur Vertragsauflösung und einer langwierigen Suche nach einem neuen Verlag geführt hat. Edmund Budrich sei an dieser Stelle für seine kurzentschlossene Bereitschaft zur Drucklegung des Bandes herzlich gedankt. Dank gebührt vor allem auch den Mitarbeitern des Bundesarchivs in Koblenz. Über die technische Serviceleistung hinaus haben Prof. Kahlenberg und Helmut Regel das Projekt mit vielen wertvollen Hinweisen unterstützt. Dem Deutschen Institut für Filmkunde ist für die Überlassung der Filme und für die Benutzung des Archivs zu danken.

Inhaltlich haben die Analysen zahlreiche Anregungen erfahren durch Diskussionen mit Studenten in film- und faschismusanalytischen Veranstaltungen an der J.W. Goethe-Universität Frankfurt, später auch an der Gesamthochschule Kassel. Stellvertretend sei vor allem Klaus Schönekäs und Gitta Neumaier sowie Burkhard Hofmann gedankt.

Martin Loiperdinger

Inhalt

9

Einleitung

Ulrich Schröter

1. Zur Aktualität der Thematik: nationalsozialistischer Propagandafilm

Unabhängig von der Spezifik des Gegenstandes: faschistischer Propagandafilm und den besonderen Problemen, die sich für eine adäquate Behandlung der Thematik ergeben, unabhängig also von dem höchst brisanten Umstand, es mit zeitgeschichtlichem Quellenmaterial zu tun zu haben, welches allein schon von der Besonderheit seiner Rezeption eine ,nüchterne Distanz' weitgehend ausschließt und damit ,lebendig' bleibt, darf von vornherein nicht der Eindruck entstehen, als sei dieser Umstand der ausschlaggebende Grund für die verspätete und bislang eher aus cineastischer Perspektive erfolgte Thematisierung des Gegenstandes. Es sind dieselben polit-ökonomischen Zusammenhänge und sozialpsychologischen Mechanismen, die einer Aufarbeitung der Vergangenheit in diesem Bereich entgegenstanden und entgegenstehen, die auch erklären, warum ein Film wie „Holocaust" erst 34 Jahre nach der Beendigung von 12 Jahren Nazi-Herrschaft in der Lage ist ,nationale Betroffenheit' auszulösen; — womit nichts über die Qualität dieser Serie ausgesagt sein soll: „Holocaust" war vor allem ein sozialpsychologisches Ereignis: „Insofern ist Holocaust ein Beitrag zur Psychopathologie des Alltagslebens — deutschen Alltagslebens, von 1933 bis 1979".[1]

Propagandafilme, namentlich solche der Machart wie „Die Rothschilds", „Jud Süß" oder „Der ewige Jude" haben geholfen, den ,Holocaust' mit vorzubereiten, ihre Produktion von Juli bis November 1940 und ihr gezielter Einsatz stand im direkten Zusammenhang mit den ersten Massendeportationen aus dem Deutschen Reich nach Polen und der Strategie der sog. ,Endlösung', von der spätestens seit September 1939 die Rede war.

Die weitgehende Tabuisierung des Themas NS-Propagandafilm in Deutschland, die sich keineswegs nur auf die Filmprodukte der antisemitischen Hetzpropaganda bezieht, sondern auch die übrigen rund 150 Spielfilme betrifft, die eindeutige, öffentlich bekanntgemachte Propagandazwecke verfolgten[2], steht im Zusammenhang einer umfassenden Berührungsangst und erklärt sich in erster Linie über Verleugnungsarbeit gegenüber all denjenigen zeitgeschichtlichen Dokumenten, die als authentische Zeugnisse immer noch in der Lage sind, quälende Erinnerungen auszulösen.

Bereits in den frühen sechziger Jahren hat Adorno die Frage gestellt: „Was bedeutet Aufarbeitung der Vergangenheit"[3] und hat in diesem Zusammenhang auf das historische Überdauern der Ursachen der Vergangenheit in der Gegenwart hingewiesen. Solange die Vergangenheit, der man entrinnen möchte, noch höchst lebendig ist, solange der Nationalsozialismus nachlebt und wir „bis heute nicht wissen, ob bloß als Gespenst dessen, was so monströs war, daß es am eigenen Tode noch nicht starb, oder ob es gar nicht erst zum Tode kam; ob die Bereitschaft zum Unsäglichen fortwächst in den Menschen, wie in den Verhältnissen, die sie umklammern"[4], und so lange „die Vergangenheit erst dann aufgearbeitet wäre, wenn die Ursachen des Vergangenen beseitigt wären"[5], solange gilt es, die Implikationen des weitverbreiteten Gemeinplatzes ‚Aufarbeitung der Vergangenheit' ernst zu nehmen. Daß dabei der Berücksichtigung filmischen Quellenmaterials eine besondere Bedeutung zukommt und insbesondere der Propagandafilm eine hervorragende Rolle spielen kann, liegt nicht nur daran, daß sich das III. Reich durch seine propagandistischen Bemühungen geradezu ‚definieren' läßt und die Nazis die propagandistischen Möglichkeiten des Films in Deutschland erkannt und planmäßig eingesetzt hatten, sondern begründet sich auch durch die ‚didaktischen' Vorteile für eine Arbeit mit authentischen Quellen.

Eine steigende Zahl von Publikationen über das „Filmschaffen im III. Reich" und eine Zunahme nicht-öffentlicher[6] Vorführungen von nationalsozialistischen Propagandafilmen in Filmklubs, Volkshochschulen, im Rahmen gewerkschaftlicher Bildungsarbeit mit Jugendlichen oder anläßlich sog. „antifaschistischer Veranstaltungen" spiegeln nun zwar ein wachsendes Interesse wider, das Medium Film in die Auseinandersetzung mit der ‚unbewältigten Vergangenheit' miteinzubeziehen, den Filmen selbst eilt dabei aber in der Regel ein höchst dubioser Ruf voraus: bedingt durch ihre propagandistische Valenz als nationalsozialistische Gesinnungsfilme und verstärkt durch deren Aufführungsverbot „rankt sich (der Mythos) um den zwiespältigen Ruf von etwas wie ‚platter Verruchtheit', aber doch außerordentlicher ‚Brisanz'; einer Gefährlichkeit der Wirkung, von der man offenbar nicht recht weiß, wie damit umzugehen ist".[7] Die Unsicherheit gegenüber dem Gegenstand „faschistischer Propagandafilm" und die Tabuisierung dieses Themas hat also ganz sicher auch etwas zu tun mit der zwiespältigen Erfahrung,

14

daß zwar einerseits ihr ideologisch-propagandistischer Charakter heute offen zutage tritt, also keineswegs sich als latente und erst über Interpretationsleistungen zu decouvrierende Sinnstruktur präsentiert, andererseits aber so etwas wie eine erlebende Teilhabe am Filmgeschehen, Momente subjektiver Betroffenheit und emotionaler Reaktionen im Sinne der intendierten Dramaturgie nicht auszuschließen sind bzw. sich sogar — begleitet von ganz unterschiedlichen Bewältigungsstrategien — in aller Regel einstellen. Solcherart Wirkung bezeichnet dabei die unmittelbaren Reaktionen beim Ansehen dieser Filme: „Sieht man sie, so kann man sich während der Vorführung und in den Minuten und manchmal Stunden danach ihrer Eindringlichkeit nicht entziehen, ohne daß dies allerdings zu einem tatsächlichen Handeln führt, das den propagandistischen Zielen der Filme folgt."[8] Obwohl die Wirkungsforschung bisher keinerlei Belege für die automatische, nachhaltige, handlungsrelevante und konkret bestimmbare Beeinflussung durch das Medium Film hat bringen können[9], also auch nicht für meinungsmanipulative Wirkungsweisen, die heute im Sinne weltanschaulich-politischer Beeinflussung entsprechend der überaus manifesten Diktion von Propagandafilmen relevant werden könnten, hat gerade der Aspekt der Gefährlichkeit der Wirkung, die Rede von ‚der Wunderwaffe des Joseph Goebbels‘, von ‚Propaganda aus dem Giftschrank‘ immer wieder dazu geführt, daß „die Art der Vorführung dieser Filme etwas Heimliches an sich (hat), was den Mythos der Filme unterstreicht. In jedem Fall wird so aber immer wieder das Faszinosum der großen Wirksamkeit der Filme beglaubigt."[10]

Die Wiederholung von Forderungen, wie sie bereits anläßlich der Aufführung eines Querschnitts durch die Spiel- und Propagandafilmproduktion des III. Reichs vor Cineasten, Pädagogen, Journalisten und Historikern im Rahmen der Westdeutschen Kurzfilmtage in Oberhausen 1965 laut wurden: „niemals wieder dürfen Filme dieser Art in den Kinos gezeigt werden" und „vernünftiger und auf jeden Fall risikoloser wäre es jedoch, die Giftschränke für immer zu verschließen"[11], tragen mit bei zu einer Mythologisierung und Tabuisierung des Gegenstandes.

Daß die sog. ‚Hitler-Welle‘, antisemitische Vorfälle in Schulen und Jugendfreizeiteinrichtungen sowie die zunehmende Militanz kleiner rechtsradikaler Gruppierungen nicht nur auf die Aktivitäten einer isolierten Minderheit verweisen, sondern daß unterhalb dieser Erscheinungsebene in Teilen der Bevölkerung und zumal bei den Jüngeren die Bereitschaft wächst, angesichts zunehmenden und gesellschaftlich induzierten ‚Problemdrucks‘

reaktionäre bis offen faschistische Strömungen zu unterstützen, sollte als zusätzliche Herausforderung begriffen werden, die Beschäftigung mit dem NS-Propagandafilm in den Zusammenhang von verstärkter Aufklärung über die nationalsozialistische Vergangenheit zu rücken.

Es ist zu hoffen, daß dieses Buch zu einer Entmythologisierung des Gegenstandes und zu einer intensiveren und produktiveren Auseinandersetzung mit dem NS-Propagandafilm beiträgt, d.h. gleichermaßen auch als Anreiz dient, die Filme in den entsprechenden Bildungseinrichtungen und Kinos verstärkt vorzuführen und zu diskutieren.

Es wäre zu begrüßen, wenn das in den jeweiligen Einzelfilmanalysen zusammengetragene Material (Kapitel 3 bis 7) sowie auch die Dokumentation und Auswertung der Erfahrungen, die im Zusammenhang der Arbeit mit den Filmen im Rahmen von entsprechenden Veranstaltungen gewonnen wurden (Kapitel 8) als Hilfe für eine ,antifaschistische Medienpraxis' dienen und somit für Pädagogen, VHS-Kursleiter, Jugendarbeiter etc. Verwendung finden könnte.

2. Der Propagandafilm in der ,cineastischen' Nachkriegsliteratur

Nun bildet die Auswahl der hier besprochenen Filme keineswegs einen repräsentativen Ausschnitt aus der NS-Propagandafilmproduktion zwischen 1933 und 1945, sondern bezieht sich auf die einzigen drei ,Gesinnungsfilme', die aus dem Blickwinkel der Stabilisierungsphase faschistischer Herrschaft die Parteigeschichte der sog. ,Kampfzeit der Bewegung' thematisieren, wobei lediglich „HJ Quex" nennenswerte Verbreitung fand, parteioffiziell gefeiert wurde[12] und dementsprechend in den meisten der nach 1945 erschienenen Veröffentlichungen, die auf das Filmschaffen im III. Reich eingehen, als „erster wirklicher Nazifilm"[13] erwähnt wird.

Vom Entstehungszusammenhang der jeweiligen Einzelfilmanalysen her liegt das Untersuchungsinteresse an den drei Filmen weniger auf einer cineastisch-filmgeschichtlichen Ebene, die sie als mehr oder weniger eindrucksvolle Beispiele der NS-Propagandafilmproduktion begreift, sondern thematisiert den Gegenstand als zeitgeschichtliche Quelle aus sozialwissenschaftlich-historischer Perspektive. Deshalb auch geht die hier vorgestellte Behandlung bzw. Interpretation der drei Filme über das hinaus, was in üblichen cineastischen Filmliteraturen über den NS-Film an Besprechungen geboten wird.

In den breit angelegten ‚Filmgeschichten' oder materialreichen Anthologien über das Filmschaffen im III. Reich scheint es in bezug auf den Propagandafilm ein Prinzip des Vorgehens zu sein, lediglich „Szenen und Szenenfolgen auf die Verwendung ‚propagandaverdächtiger' Klischees zu untersuchen"[14], wobei oft spezifische und markante Filmszenen herausgegriffen werden, um diese dann auf ihre besondere propagandistische Valenz hin zu befragen. Diese Haltung des ‚Aufdeckens' und ‚Entlarvens' und der Eifer, Propagandaklischees aufzuspüren — oft verbunden mit einem eher moralisierenden Gestus des erhobenen Zeigefingers —, führt sogar nicht selten zu entstellenden Szenenbeschreibungen.[15] Andererseits kommt es im Zusammenhang mit der jeweiligen Gesamteinschätzung der Filme oft dann zu höchst zwiespältigen Beurteilungen, wenn deren ‚filmkünstlerische Qualitäten' gewürdigt werden, die ja mit der Ebene der Filmwirkung auf das engste verbunden sind. Auch nur so läßt sich die verblüffende Frage von F. Courtade und P. Cadars verstehen: „Aber kann man einen Propagandafilm (gemeint ist hier tatsächlich „HJ Quex", U.S.), der sich aus der Zeit heraus mit den damaligen Ereignissen befaßt, so hart aburteilen, nur weil er keine Nuancen aufweist?" Der Einschätzung, daß „HJ Quex", „läßt man jedwede Ideologie beiseite, was sicher nicht leicht ist (...) technisch und ästhetisch gesehen ein hervorragender Film ist"[16], wäre zuzustimmen; — allerdings scheint es angebracht, einen faschistischen Propagandafilm genau dann ‚hart abzuurteilen', wenn es ihm gelingt, wirkungsästhetische Faktoren, die von der dramaturgischen Konzeption bis zu den handlungsdarbietungstechnischen Mikroelementen des Films reichen (Schnitt, Beleuchtung, Verwendung von Großaufnahmen etc.) zu verkoppeln mit den über das Ganze der Filmhandlung präsentierten ideologischen Gehalten.

Daß „die Filme (...) in der Tat in vielen Fällen eine Verbindung von künstlerischer Gestaltung und propagandistischer Absicht (realisieren), die auch heute noch ihre Wirkung auf den Betrachter nicht verfehlt"[17], sollte nicht zu Zweifelhaftigkeiten bei deren Gesamtbeurteilung Anlaß geben. „Wenn der Nationalsozialismus (...) jene Entwicklungslinien der Kunstgeschichte ernstgenommen hat, aufgrund derer Kunst nicht tendenzlos ist, sondern sich in den Dienst von Absicht und Zielen stellt, die auf die Wirklichkeit der Gesellschaft und ihre Veränderung gerichtet sind"[18], dann hat er zwar die Kunst revolutioniert: jedoch als deren Negation. Die ambivalente Haltung einiger filmbegeisterter Autoren bezüglich des Kunst-Charakters von nationalsozialistischen Filmstreifen übersieht — und dies wird im Fall des faschistischen Propagandafilms besonders eklatant —, daß der

Faschismus nicht auf eine ‚Politisierung der Kunst', sondern auf eine ‚Ästhetisierung der Politik'[19] hinauslief: Hat die technische Reproduzierbarkeit des Kunstwerks das Verhältnis der Masse zur Kunst verändert, so entspricht „der Vergewaltigung der Massen, die er (der Faschismus, U.S.) im Kult eines Führers zu Boden zwingt, (...) die Vergewaltigung einer Apparatur, die er der Herstellung von Kultwerten dienstbar macht".[20]

Zusammenfassend läßt sich sagen, daß die Schwierigkeiten der Bearbeitung und Beurteilung der NS-Propagandafilme sich häufig in der Diskrepanz widerspiegelt, einerseits Klischees zu ‚entlarven', aber auch das vorhandene ‚Andere' berücksichtigen zu wollen[21], welches auf den Umstand ihrer auch heute noch existenten ‚Wirksamkeit' verweist. „Sie (die Nachkriegsliteratur, U.S.) wäre zu verstehen als Versuch, im Nachhinein mit der erfahrenen Wirkung der NS-Filme fertig zu werden, ohne daß das aber zufriedenstellend gelänge. Der zwiespältige Mythos der Filme würde auch so weitertradiert, obwohl man ihn offenbar ‚eindeutig' beenden möchte."[22]

3. Der (Spiel-)Film als sozialwissenschaftlich-historische Quelle

Auf der anderen Seite steht nun die Frage nach der Verwertbarkeit von Spielfilmen aus der Zeit des III. Reiches als Quellen zeitgeschichtlicher Forschung, d.h. ob der Spielfilm allgemein bzw. der Propagandafilm im besonderen über den Bereich pädagogisch-didaktischer Verwendung oder filmgeschichtlich-ästhetischer und publizistischer Analyse hinaus überhaupt von Interesse ist. In der Einleitung zu dem Sammelband „Zeitgeschichte im Film- und Tondokument"[23], der immer noch als die gehaltvollste Arbeit in diesem Bereich gilt[24], wird zunächst kritisch angemerkt, daß „trotz aller methodischer Besinnung auf Film und Ton als wissenschaftlicher Quelle bislang in der Zeitgeschichtsforschung kaum zu spüren ist, daß dieser neue Quellenbereich ernsthaft genutzt wird[25], wobei ausschließlich dokumentarisches Film- und Tonmaterial gemeint ist, dessen Aussagewert dann folgendermaßen festgelegt wird:

1. Als Ergänzung und Veranschaulichung bestimmter historischer Situationen hinsichtlich der Atmosphäre (optisch-stimmungsmäßiges ‚Nacherleben' besonders für Betrachter, die die Periode von Weimar und Hitler nicht selbst bewußt miterlebt haben).

2. Als Quelle der Erkenntnis im biographischen Bereich (d.h. die Möglichkeit, überlieferte Redetexte ‚prominenter Persön-

lichkeiten' auch im Zusammenhang von Mimik und Gestik zu verstehen und gegebenenfalls neu zu interpretieren).

3. Um Einblicke in historische Strukturen über das Faktisch-oberflächige hinaus zu gewähren (Erkenntnis über Hintergründe eines Vorgangs: z.B. anhand des Filmsonderberichts zu Hitlers 50. Geburtstag über das Verhältnis von Staat und Partei.)[26]

4. Als Dokumente des optisch-propagandistischen als Teilbereich des staatlich-öffentlichen Daseins im III. Reich, um ,die Regie der öffentlichen Erscheinung des Dritten Reichs', Handhabung der Propaganda und Öffentlichkeitslenkung zu erfassen.

Damit „gewinnt der historische Film erst da Interesse, wo man ihn als *zusätzliche* Bildquelle von besonderer Aussagebegrenzung — aber auch Aussagekraft — betrachtet", und seine Verwertbarkeit wird darauf beschränkt, „ein die sonstigen Quellen *ergänzendes* und veranschaulichendes Abbild einer bestimmten Person, einer Epoche, eines Vorgangs zu geben".[27]

Im Sinne solcherart Materialbeschränkung und der Definition eines Quellenbegriffs, der ein recht eingeengtes Verständnis der Rekonstruktion von Geschichte beinhaltet, ist es konsequent, wenn der sog. ,historische Spielfilm'[28] bzw. „der gesamte Bereich des Spielfilms, des Rekonstruktionsfilms und zu einem großen Teil auch der des sogenannten ,Dokumentarfilms'"[29] als untauglich erachtet wird, im Sinne einer Primärquelle historische Situationen und Gegebenheiten zu erfassen. Die in Szene gesetzte ,Filmrealität' — und sei sie auch noch so subtil in Bildern des ,damals Alltäglichen' gehalten und knüpft sie auch noch so geschickt an reale Ereignisse an — hat nichts mit ,der' Realität zu tun: „Eins ist gewiß: wenn ein Filmproduzent sich einem historischen Thema zuwendet (...), läuft er Gefahr, die Grundeigenschaften seines Mediums zu verleugnen. Grob gesagt, es ist ihm dann nicht mehr um physische Realität zu tun, sondern um die Einbeziehung von Welten, die außerhalb des Bereiches unserer Wirklichkeiten liegen."[30]

Aus der Perspektive einer Geschichtswissenschaft, die sich um die Rekonstruktion von ,Realgeschichte' bemüht, sagen „HJ Quex", „Hans Westmar" oder „SA-Mann Brand" ebensowenig aus über die öffentlichen Vorgänge in der Endphase der Weimarer Republik, über den ,Kampf um die Straße', wie er sich in den letzten Jahren vor dem 30.1.33 abgespielt hat, wie man den sogenannten ,historischen Spielfilm' von „Ben Hur" über „Heinrich VIII" und „Fridericus Rex" bis hin zu „Bismarck" als Quelle zeitgeschichtlicher Forschung heranzuziehen geneigt wäre.

Dennoch bleibt der ausschließliche Bezug auf audio-visuelles Quellenmaterial mit ‚dokumentarischem' Charakter bei denjenigen Historikern, die sich gerade in besonderem Maße um die Inwertsetzung des Ton- und Bildmaterials als Quellen zeitgeschichtlicher Forschung bemühen, einem Geschichtsverständnis bzw. einem Verständnis von historischer Wissenschaft geschuldet, welches sich an Daten und Fakten der ‚politischen Geschichte' im engeren Sinn orientiert und in der Filmquelle lediglich deren Bebilderung sucht. Die drei NS-Filme über die sog. ‚Kampfzeit der Bewegung', als im Spielfilmformat bearbeitete propagandistische Aufarbeitung der öffentlichen Vorgänge unmittelbar vor dem 30.1.1933 gewinnen aus sozialwissenschaftlich-historischer Perspektive dort Interesse, wo sie als retrospektive Realitätsverarbeitung des Faschismus an der Macht und in der verzerrten Wiedergabe der Realgeschichte Einblick gewähren in beispielsweise die Strategie der ‚Begründung' des NS-Standpunktes oder die Moral des politischen Märtyrertums als einem wesentlichen Element der NS-Parteigeschichtsschreibung.

Begreift man also ‚Geschichte' als „das gesamte Geflecht menschlicher Hervorbringungen, das wir aus dem erreichbaren Material kritisch analysierend und interpretierend erst selbst zu rekonstruieren haben"[31] und verwendet dabei einen denkbar weitgefaßten Quellenbegriff, dann ist „der Film, ob als realitätstreues Dokument oder als Fiktion, als authentischer Vorfall oder als Erfindung, Geschichte (...), und das Postulat lautet, daß das, was nicht stattgefunden hat (...), also die Überzeugungen, die Intentionen, das Imaginäre des Menschen ebensosehr Geschichte ist wie DIE Geschichte".[32]

Damit richtet sich das Hauptaugenmerk auf die filmische Vermittlung einer intendierten Sinnstruktur, und es interessiert demnach weniger die Wirklichkeitstreue der Abbildung; im Vordergrund steht also nicht das Bemühen, Realität und ‚Filmrealität' aufeinander zu beziehen, um den Wahrheitsgehalt der filmisch präsentierten Wirklichkeit zu erfassen, sondern die Erfassung der sich im (Spiel-)Film vermittelnden Wirklichkeitshaltung. Die Interpretation dieser Dokumente, nicht als Erschließung von Quellen für die Rekonstruktion vergangener Tatsachen, sondern als Nachverstehen von Sinnmotiven „bildet das Thema der eigentlichen — der ‚hermeneutischen' — ‚Geisteswissenschaften'"[33] und setzt die Kenntnis der spezifischen Konstitutionsbedingungen des Gegenstandes und Berücksichtigung filmtechnischer Strategien voraus. Wird im Bemühen, das ‚Objektive' herauszukristallisieren, Filmpsychologie für ‚den' Historiker schnell „zu einer Art neuer historischer

Hilfswissenschaft"[34] und wird im Zusammenhang einer Quellenkritik die Forderung erhoben, „der Forscher (müsse) Kenntnisse der Ton- und Filmtechnik besitzen, die an sich nur der Spezialist habe"[35], so stellt sich das Problem für den Fall der Spielfilmanalyse anders: „Grundlage aller denkbaren Analysekonzeptionen ist einerseits die Gesamtheit (das Gesamtbewußtsein) von Kommunikationsstrukturen und -prozessen, andererseits die Kenntnis der Eigenart des filmischen Bildmaterials und der Grenzen seiner Interpretierbarkeit."[36] Die Berücksichtigungen kamera- und filmtechnischer Strategien gewinnen bei der Spielfilmanalyse dort Bedeutung, wo die Handlungsdarbietungstechnik zu einem die intendierte Lesart unterstützenden Element wird, und dient somit weniger dazu, die Modalitäten des Abbildungscharakters der Realität im Film zu erfassen, als vielmehr den Charakter filmtechnischer Konstruktion von ‚Realität' im Medium ihrer ästhetischen Modellierung zu interpretieren.

Zur Problematik des ‚Wahrheitsgehaltes' von sog. Dokumentarfilmen sei im übrigen auf S. Kracauer verwiesen, der ihren Propagandagehalt und propagandistischen Erfolg der Überzeugung des Zuschauers zuschreibt, er werde mit unwiderleglichem Beweismaterial konfrontiert: „Jedermann ist geneigt zu glauben, daß an Ort und Stelle aufgenommene Bilder nicht lügen können. Natürlich können sie lügen. Angenommen, ein als unparteiisch ausgegebener Dokumentarfilm enthält keine zweckvoll gestellten Szenen, sondern beschränkt sich darauf, wie er es sollte, schlicht die Realität zu reproduzieren — wir haben freilich keine Möglichkeit, das zu kontrollieren —, so kann er dennoch gewisse Aspekte einer gegebenen Situation auf Kosten anderer herausstreichen und dadurch unsere Einstellung zu ihr beeinflussen. Die gezeigten Aufnahmen müssen eine Auswahl möglicher Aufnahmen sein."[37]

Marc Ferro, selbst Historiker, der den „Film als ‚Gegenanalyse' der Gesellschaft"[38] begreift und besonders den Spielfilm in seine Überlegungen miteinbezieht, beantwortet die Eingangsfrage: „Sollte der Film ein unerwünschtes Dokument für den Historiker sein" damit, daß „(es) im Falle des Films wie dem anderer nicht-schriftlicher Quellen (...) weder Unfähigkeit noch Verspätung (war), sondern eine unbewußte Abwehr, die aus komplexen Ursachen herrührt."[39] Ob nun ‚unbewußter Abwehr' oder einem bestimmten Verständnis von Geschichtswissenschaft geschuldet:

„In any case, any film has a value as a document, whatever its apparent nature. This is true even if it has been made in the studio, even if it is neither narrative nor representational. (...)

The unspoken, the imaginary, are as much history as is History, but the cinema, expecially the cinema of fiction, opens a royal road towards psycho-socio-historical regions never reached by the analysis of ‚documents‘".[40] Paul Smith betont im selben Zusammenhang: „... There is no natural or necessary hierarchy of sources, or, for that matter, of modes of communication, no devine distinction between serious and unserious, trivial and important. There can be only provisional and particular hierarchies related to specific questions and aims. Film will be the bottom or the top according to what the individual historian is interested and wants to know or to do."[41]

Es kann gesagt werden, daß der Spielfilm und in besonderem Maße der NS-Propagandafilm „als Medium des gesellschaftlichen Zwiegesprächs unter bestimmten zeitbedingten Gegebenheiten zu begreifen ist" und im Sinne einer „funktionalen Interdependenz zwischen Filminhalten und der Gesellschaft"[42] funktioniert. Mithin wird der frühe NS-Propagandafilm als nationalsozialistisches Selbstzeugnis zum Träger latenter und manifester Gehalte, deren Interpretation einer Erschließung historischer Quellen gleichkommt.

4. Zur Begrenzung der vorliegenden Spielfilmanalysen

Nach einer solchen Gegenstandsbestimmung kann exemplarische Filmanalyse als empirische Forschung aus sozialwissenschaftlich-historischem Blickwinkel begriffen werden und das Medium Film als ‚Merkmalsträger‘ über multiple Brechungsfaktoren eingegangener allgemeiner gesellschaftlicher Gehalte: Dies bedeutet, daß Filme sowohl „psychologische Dispositionen — jene Tiefenschichten der Kollektivmentalität (reflektieren), die sich mehr oder weniger unterhalb der Bewußtseinsdimension erstrecken"[43], als auch begriffen werden können als Spiegelbild der „wirklichen Verhältnisse, unter denen Filme produziert, vermittelt und rezipiert werden."[44] Für die Verfahrensweise von Einzelfilmanalysen muß dies jedoch nicht bedeuten, daß der Untersuchung des je besonderen Gegenstandes die Formulierung eines theoretischen Ansatzes oder Modells auf allgemeiner Ebene voranzustellen ist, um im folgenden den theoretischen Entwurf in der Weise am Gegenstand zu verifizieren, daß dessen Spezifik den vorab getroffenen allgemeinen Bestimmungen ‚einverleibt‘ wird. Andererseits sind wir auch nicht der Meinung, daß es möglich wäre, die sozio-ökonomischen Bedingungen, in die das Kommunikat integriert ist, als den Bedeutungs- und Formstrukturen des Films inhärent

‚nachzuweisen' oder von der Ebene filmisch präsenter (manifester oder latenter) Muster ‚faschistischer Weltsicht' auf deren allgemeinen Charakter zu verlängern. Es soll also weder ein „aussagenanalytisches Modell des Aussageganzen" (Modelle von der Aussage, vom Kommunikator, vom Medium, von Objekten (der Aussage bzw. des Kommunikats), von Rezipienten, von gesellschaftlichen Strukturen)[45] aus dem Film entwickelt werden, noch ein Verfahren zur Anwendung gelangen, welches „zunächst die materiellen und — vermittelt über sie die ideologischen Bedingungen für die Entwicklung des deutschen Faschismus"[46] benennen will, um dann in der konkreten Filmanalyse den Film auf die davon abhängige Größe zu reduzieren. „Kommunikat-Analyse präzisiert allenfalls die schon vorhandenen Annahmen und Vorstellungen über ein gewisses Kommunikations- und Gesellschaftssystem. Sie ist mithin zu begreifen als Sonderfall eines dialektischen Zirkelschlusses vom Ganzen aufs Detail und vom Detail zurück aufs Ganze, der in immer fortschreitenden Präzisierungen und unter Einschluß objektivierender Untersuchungsschritte zum jeweils gesetzten Ziel der Analyse gelangt. Kommunikat-Analyse setzt also in jedem Fall mehr oder minder präzise Vorstellungen von gesellschaftlicher Totalität voraus und damit auch schon immer mehr oder minder detaillierte Kenntnisse über gesellschaftliche Strukturen und Prozesse."[47]

Mit dem Hinweis auf den „Spielcharakter der ästhetischen Kommunikationsform" und den „Modellcharakter der ästhetischen Weltabbildung" wurde bereits festgehalten, daß das ästhetische Produkt oder Kommunikat „individuelle und kollektive Wirklichkeitshaltungen (vermittelt)."[48] Der ideologiekritische Ansatz ist dahingehend zu modifizieren, daß ein Spielfilm „nicht primär an der wie immer postulierten Wirklichkeitstreue seiner Abbildung zu messen (ist), sondern an der indirekt sich vermittelnden Wirklichkeitshaltung".[49] Diese Bestimmung von Ideologiekritik erweist sich für den Fall des frühen NS-Propagandafilms als nicht griffig. Die Spezifik dieses Gegenstandes drückt sich gerade in der ‚Offensichtlichkeit' der ideologischen Gehalte aus, deren Manifestationen sich allein schon in der Rekonstruktion des groben Handlungsablaufs niederschlagen. Es sei in diesem Rahmen nur angemerkt, daß dies die spezifische Differenz zur nach 1933 vorherrschenden Spielfilmproduktion umschreibt[50], die im Sinne der These: mangelnde Fähigkeit, die offerierten Filminhalte zu analysieren ist die beste Gewähr für die Wirksamkeit der in ihnen vermittelten Ideologeme, ‚funktionierte'.

Die Frage, *ob* es sich bei den drei Filmen um faschistische Propagandafilme handelt, sollte selbstverständlich als beantwortet gelten. Hier soll nicht eine Unvoreingenommenheit den Filminhalten gegenüber demonstriert werden, die sich bemüht, die penetrante Parteilichkeit des Films erst nachzuweisen. Dies um so weniger, zieht man die Kriterien heran, die G. Albrecht zur Beantwortung der Frage definiert hat:

„1. Ein Film mußte in der Öffentlichkeit dann als politisch-propagandistisch angesehen werden, wenn sein Inhalt Einstellungen, Handlungen und Zeichen, wenn er Personen, Gruppen und Organisationen umfaßte, die vom Nationalsozialismus öffentlich als nationalsozialistisch bezeichnet wurden (...).

2. Ein Film mußte in der Öffentlichkeit dann als politisch-propagandistisch angesehen werden, wenn er vom RMVP gegenüber der Öffentlichkeit als politisch oder propagandistisch belangvoller Film ausgegeben wurde; als Indiz dafür sind entsprechende Prädikatisierungen, entsprechende Äußerungen des RMVP bzw. der ihm nachgeordneten Reichsbeauftragten und Dienststellen des Reiches zu werten."[51]

Faßt man in einer sehr allgemeinen Bestimmung jedoch Ideologiekritik als „Untersuchung der gesellschaftlichen Entstehungsbedingungen, angeführten Begründungen (bzw. Rationalisierung im Freudschen Sinne) und Wirkungen jener Situationsdeutungen, Normen, Werte und Reflexionssysteme (...), welche eine ausweisbare Fehleinschätzung der gesellschaftlichen Situation, Handlungs- und Beurteilungsmöglichkeiten ‚im Zusammenhang mit' bestimmten Klassenlagen und Interessen erkennen lassen"[52], dann heißt dies für den hier relevanten Gegenstandsbereich: nicht hauptsächlich Rückbindung der Propagandaaussagen im Sinne ihrer herrschaftstabilisierenden Funktion noch Analyse der Entstehungsbedingungen des Faschismus aus den gesellschaftlich-ökonomischen Verhältnissen (Propagandafilm als Ausdruck und Selbstzeugnis des Faschismus an der Macht), sondern Interpretation der Brüchigkeit jener ‚Situationsdeutungen, Normen und Werte', die in der Filmhandlung zum Ausdruck kommen.

Den drei Einzelfilmanalysen ist ein Abriß zur Produktionsgeschichte der Filme und zur filmpolitischen Situation im Jahre 1933 vorangestellt (siehe Kap. 1); gleichfalls sind Sequenzprotokolle abgedruckt, welche die Filme unter formalen sowie dramenanalytischen Gesichtspunkten strukturieren und einen zumindest groben Überblick über die jeweiligen Filmhandlungen für denjenigen geben sollen, der die Filme noch nicht gesehen hat.

Entsprechend des — trotz aller Gemeinsamkeiten — unterschiedlichen Charakters der drei Filme: die Darstellung der

Protagonisten reicht vom schablonenhaft gezeichneten ‚politischen Individuum' (Westmar) bis zur Darstellung des ‚subjektiven Faschismus' als konkretem Identifikationsangebot (HJ Quex), die Gegnerdarstellung reicht entsprechend von gröbster Überzeichnung bis zur differenzierten Darstellung, erfolgt eine jeweils aspektunterschiedliche Herangehensweise.

Dabei steht für „Hans Westmar" die Frage nach der filmischen Darstellung der politischen Öffentlichkeiten und der Dramaturgie der öffentlichen Auseinandersetzungen zwischen SA und KPD im Vordergrund. Von daher begründet sich auch die Interpretation in Bezug auf den historischen Kontext, den der Film thematisiert: der Sieg der NSDAP bzw. SA im ‚Kampf um die Straße' gegenüber einer proletarischen Öffentlichkeit, v.a. der KPD.

Für „SA-Mann Brand" erfolgt eine stärkere Berücksichtigung der Frage, inwieweit aus der filmischen Darstellung des sozialen Umfeldes (des Protagonisten) eine ‚Begründung' des NS-Standpunktes erfolgt, wobei der historische Bezug auf Momente der SPD-Politik in der Endphase der Weimarer Republik vom Film selbst her nahegelegt wird.

Entsprechend der Besonderheiten des Filmes „HJ Quex", Eingängigkeit und Eindringlichkeit seiner Handlung und Darstellung des Verlaufs einer ‚politischen Karriere', liegt der Schwerpunkt der Filmanalyse auf der Frage, wie es dem Film gelingen konnte, den politischen Werdegang des Protagonisten glaubwürdig und ‚nachvollziehbar' in Szene zu setzen. Damit bleibt die Darstellung stark filmimmanent; Bezüge auf den historischen Kontext werden im Anmerkungsteil eingearbeitet.

Kapitel 6 und 7 thematisieren als filmübergreifende Teile die beiden zentralen Momente der in allen drei Filmen manifest werdenden ‚Realitätshaltung' und greifen deren darin intendierte propagandistische Stoßrichtung auf: die ‚projektive' Zeichnung des politischen Gegners und die Moral des politischen Märtyrertums.

Kapitel 8 berichtet über Erfahrungen beim medienpädagogischen Einsatz des „Hitlerjungen Quex" und stellt Überlegungen für die Weiterarbeit zur Diskussion.

Anmerkungen

1 P. Märthesheimer 1979, S. 15
2 Vgl. G. Albrecht 1969
3 Th. W. Adorno 1963
4 ebenda, S. 125

5 ebenda, S. 146

6 Laut Beschluß des alliierten Kontrollrates ist die öffentliche Vorführung nationalsozialistischer Propagandafilme verboten.

7 Ch. B. Melchers 1977, S. 3

8 G. Albrecht 1979, Vorwort (o.S.)

9 Um Mißverständnissen vorzubeugen: gemeint ist in diesem Zusammenhang eine Kritik an den ‚Einstellungskonzepten' in der Wirkungsforschung, welche „Einstellungen als objektbezogene und (relativ) allgemeine, situationsunabhängige Dispositionen auffassen, die eine entsprechende Handlungstendenz gegenüber dem Objekt beinhalten" (M. Kohli 1977, S. 70) und Kritik an dem korrespondierenden Wirkungsbegriff, der Wirkung als von einem Stimulusfeld (z.B. einem Film) bewegtes Meinungs- oder Einstellungskontinuum begreift. Es ist mithin nichts ausgesagt über Wirkung im Sinne eines im Medium der Massenkommunikation vorgefertigten Bewußtseinsmodus, der „von der Bewußtseinsindustrie gewissermaßen industriell produziert und als solcher ohne große individuelle Modifikationen und Erfahrungskumulation interiorisiert oder (...) internalisiert, verinnerlicht (wird)". (Leithäuser/Volmerg 1977, S. 15)

10 Ch. B. Melchers 1977, S. 8

11 E. Schmidt in der Süddeutschen Zeitung, zitiert nach Ch. B. Melchers 1977, S. 7

12 Zum filmpolitischen Hintergrund und zur Produktionsgeschichte der drei Filme siehe Kap. 1

13 Courtade/Cadars 1975, S. 43

14 Ch. B. Melchers 1977, S. 36. Gemeint sind hier Filmbücher wie Bardeche/Brassilach 1970 (1938), Courtade/Cadars 1975, Isaakson/Furhammar 1974, E. Leiser 1968, Gregor/Patalas 1976 etc.

15 Dies ist — um nur zwei Beispiele zu nennen — der Fall, wenn behauptet wird, daß „... man Jud Süß und seine Glaubensgenossen möglichst schmutzig und schmierig" zeige (Courtade/Cadars 1975, S. 186) oder daß Heini Völker („HJ Quex") „um von den Nazis akzeptiert zu werden, (...) Spitzeldienste (hatte) leisten müssen" (ebenda S. 46, vgl. hierzu auch Ch. B. Melchers 1977, S. 37).

16 Courtade/Cadars 1975, S. 48

17 G. Albrecht 1979, Vorwort (o.S.)

18 ebenda

19 Vgl. W. Benjamin 1977 (1936)

20 ebenda S. 42

21 Vgl. Ch. B. Melchers 1977, S. 38

22 ebenda S. 42

23 Moltmann/Reimers 1970

24 Vgl. P. Smith 1976

25 G. Moltmann 1970, S. 17

26 Vgl. G. Albrecht 1970, S. 25-37

27 F. Terveen 1955, S. 61 (Hervorhebungen im Original)

28 W. Treue 1958, S. 310

29 F. Terveen 1955, S. 61

30 S. Kracauer 1973, S. 115

31 H. Seiffert 1975, S. 57

32 M. Ferro 1974, S. 254 (Hervorhebung im Original)

33 K. O. Apel 1965, S. 255f. Dies gilt auch für die Interpretation literari-

scher Zeugnisse, beispielsweise die SA-Romane, in denen „der Prozeß der Faschisierung in einer je nach Autor verschieden akzentuierten Mischung aus Phantasie und sozialer Realität eingefangen (ist)" und die als fiktional-phantastische Quellen deshalb gut geeignet sind, „weil sich in ihnen das Selbstbewußtsein der Massenbasis in aller Breite und Widersprüchlichkeit ausdrückt." (R. Stollmann 1978a, S. 111)

34 G. Moltmann 1970, S. 19 (vgl. W. Treue 1958, S. 311f.)
35 ebenda (vgl. F. Terveen 1955, S. 63f.)
36 Th. Kuchenbuch 1978, S. 13
37 S. Kracauer 1973, S. 220
38 Vgl. M. Ferro 1974, S. 247-271
39 ebenda S. 247
40 M. Ferro 1976, S. 81
41 P. Smith 1976, S. 6
42 W. Lütgert 1970, S. 70 (vgl. P. Pleyer 1965)
43 S. Kracauer 1979, S. 12
44 W. Becker 1973, S. 11
45 G. Wersig 1968, S. 22
46 W. Becker 1973, S. 11
47 Th. Kuchenbuch 1978, S. 12
48 ebenda, S. 130
49 ebenda
50 Vgl. G. Albrecht 1969, S. 97-122
51 ebenda S. 105f.
52 J. Ritsert 1972, S. 101

Kapitel 1
Goebbels' Filmpolitik überwältigt die Schatten der „Kampfzeit": Zur Bewältigung nationalsozialistischer Vergangenheit im Jahr 1933

Martin Loiperdinger

1. SA-Männer auf der Leinwand: Ein Ausnahmefall

Die Filmpolitik im ersten Jahr der nationalsozialistischen Herrschaft betreibt erfolgreich die Fortsetzung der Filmproduktion während der Weimarer Republik.

„Die braven Bürger ... glaubten, die Machtübernahme durch den Nationalsozialismus würde auf der Leinwand die alten Germanen fellbekleidet in immer neuen Spielhandlungen aufmarschieren lassen. Und die guten Patrioten hatten Sorge, daß der nationalsozialistische Film nur noch mit Hurra- und Heilrufen arbeiten würde, daß der politische Zweck ... alle Mittel eines plumpen nationalen Kitsches heiligen könnte.

So ist es nicht gekommen. Im Gegenteil. Die Zahl der in den fünf Jahren gedrehten Filme mit politischer Tendenz ist nur klein."[1]

Unter diesen nehmen „SA-Mann Brand", „Hitlerjunge Quex" und „Hans Westmar" eine bemerkenswerte Sonderstellung ein. Es sind die einzigen „Gesinnungsfilme"[2], welche die nationalsozialistische „Weltanschauung" unmittelbar über das Sujet selbst propagieren. Sämtlich im ersten Jahr des „Dritten Reiches" produziert und uraufgeführt, entnehmen sie ihren Stoff der „Kampfzeit der Bewegung". Obgleich unabhängig voneinander entstanden, lassen sie sich deshalb als eine Art Trilogie ansprechen.

Im Mittelpunkt stehen jeweils politische Einstellung, Engagement und Selbstaufopferung eines Helden, der seine nationalsozialistische Gesinnung gegen die Widerstände seines vorwiegend proletarischen Milieus durchsetzt und schließlich als Opfer des kommunistischen Gegners („Rotmord") zum politischen Märtyrer wird.

Die Auswahl der Sujets dokumentiert den Anspruch dieser Filme, die hauptsächlich durch Goebbels geschaffene Parteilegende in anschauliche Spielhandlungen umzusetzen.

„Hitlerjunge Quex" und „Hans Westmar" verfilmen das „Schicksal" des Hitlerjungen Herbert Norkus bzw. des SA-Sturmführers Horst Wessel, die beide in der Hierarchie der „Toten der Bewegung" ganz oben stehen. „SA-Mann Brand" bebildert den „unbekannten SA-Mann" — Goebbels' Analogiebildung zum „unbekannten Soldaten", die dem „Kampf um die Straße" heroische Weihen verleihen sollte.

Wie der „Führer" selbst, so kommen auch die nationalsozialistischen Heroen „aus dem Volke". Der Glorienschein ihres idealistischen Kampfes um „Deutschland", der im Film beständig ihre Stirn umflort und sie schließlich das Leben kostet, hebt sie aus den Niederungen des Alltags empor. Dazu müssen umgekehrt die Kreuzwegstationen ihres Martyriums für die „nationale Wiedergeburt" eingebettet sein in ein alltagsnahes Milieu, das der Erfahrungswelt des Zuschauers entspricht.

Durch die filmische Demonstration der politischen Moral, die die Vorkämpfer des nationalsozialistischen Staats freiwillig praktizieren, soll diese „Millionen Menschen, die das damalige Geschehen nicht mit aller Intensität erlebten"[3], nahegebracht werden. Das Identifikationsangebot dieser drei Filme will den Kinobesucher aus den Sorgen und Nöten seines Alltagslebens emporreißen, damit der Nationalsozialismus für ihn das bedeutet, was er für die filmischen Protagonisten schon ist: „ein Ziel, für das es sich lohnt, ein Leben hinzugeben".[4]

Damit geben die drei Filme Einblick in den subjektiven Faschismus der Bewegungsphase. Indem sie die „Kampfzeit" kurz nach deren Beendigung aus nationalsozialistischer Sicht interpretieren, sind sie als authentische Quellen ernstzunehmen: Gerade in der verzerrten Wiedergabe der Realgeschichte dokumentieren sie das Selbstbewußtsein der faschistischen Massenbasis, die sich in den Protagonisten der Filme wiedererkennt.[5]

Daß die Prämissen der eigenen Haltung nicht thematisiert werden, ist charakteristisch für dieses Selbstbewußtsein. Keiner der drei Filme geht ausführlicher auf die Frage ein, wie man Nationalsozialist *wird*. Dies klingt lediglich in den angedeuteten Konversionsprozessen von Repräsentanten der Arbeiterbewegung an, vage Hinweise finden sich auch im Werdegang des Hitlerjungen Quex — Hans Westmar und Fritz Brand sind von Anfang an „dabei".

Eindringlich werden aber an den Protagonisten die moralischen Vorzüge hervorgehoben, welche den Nationalsozialisten vor seinen Gegnern auszeichnen. Die Filme geben Aufschluß über die subjektiven Qualitäten, die ein „politischer Soldat" Adolf Hitlers der eigenen Wahrnehmung nach in die „Bewegung" mitbrachte, und warum die paramilitärischen Organisationen der NSDAP für ihn so attraktiv waren. Nationalsozialist zu werden ist keine Leistung von Einsicht und Verstand. Nationalsozialist „wird" man durch die Entdeckung, daß man eigentlich immer schon Nationalsozialist gewesen ist — im Sinne einer Zugehörigkeit zur NSDAP als einer Gefühlsgemeinschaft moralisch hochstehender Menschen.

Insofern geben die Filme durchaus Antwort auf die Frage, warum man Nationalsozialist *ist*, wenn auch aus nationalsozialistischer Sicht und deshalb tautologisch.

2. Notizen zur Produktion

Alle drei Filme können als Morgengabe der privaten Filmindustrie an das neue Regime betrachtet werden. Der gewünschte politische Effekt verbindet sich dabei durchaus mit der Erwartung kommerzieller Erfolge.

Eine unmittelbare Beteiligung der NSDAP bei der Konzeption und Durchführung der Filmprojekte folgt hieraus jedoch nicht. Nachweisen läßt sie sich nur für „Hans Westmar": Die Stabliste verzeichnet hier eine parteiamtliche „Oberaufsicht", die vom Auslandspressechef der NSDAP, Hanfstaengl, ausgeübt wurde, sowie eine „SA-Beratung" durch Richard Fiedler, SA-Oberführer und Freund Horst Wessels. Daß die einschlägigen Parteistellen den Entstehungsprozeß von „SA-Mann Brand" und „Hitlerjunge Quex" immerhin aufmerksam verfolgten, ist so gut wie sicher. So beglückwünscht Goebbels nach der Uraufführung des „Hitlerjungen Quex" den Ufa-Produktionschef Correll und betont: „Ich freue mich um so mehr darüber, als ich gerade diesem Film meine besondere Aufmerksamkeit schon bei seinem Werden zugewendet habe."[6] Eine naturwüchsige Garantie für den nationalsozialistischen Selbstdarstellungscharakter der drei Filme bestand übrigens darin, daß Statisten und Darsteller von Nebenrollen aus der SA bzw. HJ rekrutiert wurden.

Als erster der drei Spielfilme über die „Kampfzeit" wurde „SA-Mann Brand" bereits am 14. Juni 1933 in München uraufgeführt. Akten, die Auskunft über die Produktionsgeschichte dieses Filmes geben, sind bisher nicht gefunden worden. Aus der Stabliste lassen sich aber gewisse Schlußfolgerungen ziehen. „SA-Mann Brand" ist zuallererst „ein Franz-Seitz-Film der Bavaria-Film-A.G. München"[7]: Franz Seitz hat sich bereits durch eine Reihe von Filmen mit dem Münchner Volkskomiker Weiß Ferdl in derbspaßigen bayerischen Heimatkomödien profiliert; das Duo Joe Stöckl und Joseph Dalman hat ihm dazu die Drehbuchvorlagen geliefert. Mit dem Regisseur Seitz und den

Drehbuchautoren Stöckl und Dalman greift die Bavaria auf ein Team zurück, das sich im Genre des Heimatfilms bewährt hat. Die Nebenrollenbesetzung mit Joe Stöckl selbst sowie dem beliebten Münchner Volksschauspieler Wastl Witt und die Außenaufnahmen in Rothenburg ob der Tauber deuten ebenfalls auf das Konzept Heimatfilm hin: Das Sujet SA wird im Genre Heimatfilm abgedreht. Daraus soll ein „echter Volksfilm"[8] entstehen.

In der praktischen Verbindung von unverblümtem Nationalismus und Heimatfilm besaß Franz Seitz einschlägige Erfahrung: Bereits 1917 hatte er die Durchhaltepropaganda mit seinem Film „Die brennende Wunde" unterstützt — ein oberbayerischer Bauer zeichnet die Kriegsanleihe, nachdem er ahnungsvoll geträumt hat, daß seine Töchter von marodierenden Kolonialtruppen vergewaltigt werden.

Die Berlin-Filme „Hitlerjunge Quex" und „Hans Westmar" haben jeweils einen erfolgreichen Roman zur Vorlage.

„Hitlerjunge Quex" beruht auf dem gleichnamigen Roman von K.A. Schenzinger, der auf die Geschichte des am 24.1.1932 ermordeten Hitlerjungen Herbert Norkus anspielt. Die Produktionsgeschichte des Ufa-Films „Hitlerjunge Quex" läßt sich anhand der im Bundesarchiv überlieferten Protokolle der Vorstandssitzungen in etwa verfolgen[9]: Am 25.4.1933 erwirbt der Verlag Zeitgeschichte die Weltverfilmungsrechte an Schenzingers Buch. Am 19.5. wird Hans Steinhoff die Regieführung für den Film zugeteilt. Am gleichen Tag erhält B.E. Lüthge den Auftrag, ein kurbelfertiges Drehbuch zu schreiben, am 16.6. wird Schenzinger zur Mitarbeit am Drehbuch verpflichtet. Am 27.6. wird einer Kalkulation von 225 000,— RM zugestimmt und die Durchführung der Herstellungsgruppe Karl Ritter übertragen. Am 8.8. wird die Uraufführung für den 10.9. im Berliner Ufa-Palast am Zoo festgesetzt, am 18.8. wird die Uraufführung endgültig für den 11.9. in München, dem Sitz der Reichsleitung der NSDAP, festgesetzt. Am 30.8. beschließt der Ufa-Vorstand, für die Berliner Erstaufführung am 15.9. den vergleichsweise hohen Werbeetat von 22 000,— RM bereitzustellen. Erst im Mai 1934 werden dem Quex-Darsteller Ohlsen nach langem Hin und Her 2 500,— RM ausbezahlt. Die endgültigen Herstellungskosten des Films betragen laut Ufa-Bilanzen 310 057,— RM und übertreffen die ursprüngliche Kalkulation erheblich. Die Gründe hierfür sind aus den Akten nicht ersichtlich.

Auffallend ist die ungewöhnlich kurze Produktionszeit von rund zwei Monaten, die auch für „SA-Mann Brand" anzunehmen ist. Sie beruht auf einer äußerst effektiven Organisation der Ufa-Filmproduktion, die straffe militärische Führungsprinzipien mit der dezentralen Aufteilung des Konzerns in vier Herstellungsgruppen vorteilhaft verbindet.[10] Die unmittelbare Arbeit am Film selbst wurde von eingespielten Teams besorgt, die in der Lage waren, jedes beliebige Drehbuch mit einem gleichbleibend hohen handwerklichen Standard abzudrehen. Darauf ist wohl in erster Linie zurückzuführen, daß die filmische Qualität besonders auch im Ausland gelobt wird.[11]

„Hans Westmar" sollte „sowohl seinem Thema wie der Durchführung nach der repräsentative Film der nationalsozialistischen Erhebung werden".[12] Vorlage war der Roman „Horst Wessel" von Hanns Heinz Ewers, der innerhalb von einem Jahr eine Auflage von 132 000 erzielt hatte.[13] Die Volksdeutsche Filmgesellschaft, die mit „Hans Westmar" ihren ersten und wohl auch einzigen Film produzierte, verfügte nicht über den eingespielten Produktionsapparat der Bavaria oder gar Ufa. Weder so renommierte Filmer wie der Kameramann Franz Weihmayr oder der Schauspieler Paul Wegener, die parteiamtliche Beaufsichtigung noch der große Aufwand an Statisterie konnten das Mißlingen des mit Vorschußlorbeeren überhäuften Films verhindern.

3. Das Verbot des Horst-Wessel-Films

Alle drei Filme erfreuten sich bereits während ihrer Produktion großer Aufmerksamkeit von seiten der Filmpresse, die sie dann nach den Premieren kritisch bis begeistert mit Lob bedachte. Auch die NSDAP-Führung demonstrierte zunächst Wohlwollen gegenüber den Versuchen, die kaum verflossene Parteigeschichte der „Kampfzeit" auf der Leinwand wiedererstehen zu lassen: Hitler selbst wohnte im Berliner Ufa-Palast am Zoo mit der ersten Führungsriege aus Partei und Regierung der pompösen Premiere von „Hitlerjunge Quex" bei.[14]

Während „Hitlerjunge Quex" in die Reihe der „vorbildlichen Tendenzfilme" aufgenommen wurde[15], beurteilte man „SA-Mann Brand" bereits unmittelbar nach der Uraufführung kontrovers: während der Völkische Beobachter in Lobeshymnen schwelgt[16], wird dem Film von Goebbels' Zeitung Der Angriff jeder Anspruch auf die Veranschaulichung der Parteilegende vom „Unbekannten Soldaten im Braunhemd"[17] abgesprochen, da er vom „Geist der SA" „keinen Hauch verspürt" habe.[18]

Was der „SA-Mann Brand" eingestandenermaßen noch nicht war, nämlich „der" Film über die SA im Format eines „Potemkin", das sollte schließlich der Horst-Wessel-Film werden. Da er aber nicht wie gefordert von „allererster künstlerischer

Qualität" war, kam Goebbels der für den 9. Oktober geplanten Uraufführung durch ein Verbot zuvor. Erst mit dem geänderten Titel „Hans Westmar. Einer von vielen. Ein deutsches Schicksal aus dem Jahre 1929" wurde der Streifen freigegeben.[19] Das Verbot erregte großes Aufsehen, selbst englische Zeitungen widmeten ihm längere Artikel.[20] Die offizielle Begründung läßt sich „kurz in dem Satz zusammenfassen, daß der Bildstreifen weder der Gestalt Horst Wessels gerecht wird, indem er sein Heldenleben durch unzulängliche Darstellung verkleinert, noch der nationalsozialistischen Bewegung, die heute der Träger des Staates ist. Insofern gefährdet er lebenswichtige Interessen des Staates und das deutsche Ansehen".[21]

Die bereits anläßlich des Scheiterns des „SA-Mann Brand" aufgetretenen Meinungsverschiedenheiten innerhalb der NSDAP selbst werden hier durch Goebbels' Anweisung von vornherein entschieden. „Die nationalsozialistische Regierung hat niemals verlangt, daß SA-Filme gedreht werden. Im Gegenteil: Sie sieht sogar in ihrem Übermaß eine Gefahr."[22] Goebbels hatte sich frühzeitig gegen die nach dem 30. Januar einsetzende Vermarktung nationalsozialistischer Stoffe und Symbole gewandt. Belege hierfür sind das „Gesetz zum Schutze der nationalen Symbole" vom 19. Mai und die Anordnung „gegen das spekulative Herstellen von Parteifilmen seitens Privatpersonen und Firmen" vom 11. Mai.

Für das Mißlingen des „SA-Mann Brand" wurde der Geschäftssinn mittelmäßiger Konjunkturritter verantwortlich gemacht: „Kassenerfolg — das ist der Zweck, nicht das Bestreben, dem heldenmütigen Kampf der SA ein Denkmal zu setzen".[23]

Das Scheitern des Horst-Wessel-Films führte Goebbels auf künstlerisches Versagen zurück mit dem Hinweis, daß die Zeit noch nicht reif sei, „das größte Thema der nationalsozialistischen Revolution" zu gestalten.[24] Dieses scheinbar vordergründige Argument gibt durchaus Aufschluß über die eigentlichen Gründe, die Goebbels zu seinem filmpolitischen Einschreiten gegen nationalsozialistische Stoffe veranlaßten:

Die Beendigung der „Kampfzeit" durch die von traditionellen Führungseliten vollzogene „Machteinsetzung" der NSDAP lag während der Produktion und Aufführung von „SA-Mann Brand", „Hitlerjunge Quex" und „Hans Westmar" erst wenige Monate zurück. Auffallenderweise reduziert sich die nationalsozialistische Bewegung in allen drei Filmen auf ihre paramilitärischen Verbände SA bzw. HJ. Damit wird suggeriert, daß der 30. Januar allein dem Einsatz der SA-Männer und Hitlerjungen zu verdanken sei. Die NSDAP selbst und damit auch der Anteil der Parteiorganisation am schließlichen Erfolg tauchen in den Filmen überhaupt nicht auf.

Die Sujets der Parteifilme waren deshalb geeignet, das Selbstbewußtsein der paramilitärischen SA zu heben, die mittlerweile mit der Parteiorganisation offen um Machtpositionen konkurrierte. Die SA-Führung legitimierte ihre Ansprüche mit dem Hinweis, daß die Erringung der Macht im Staate in erster Linie dem aufopfernden Einsatz der SA zu verdanken sei. Sie gab damit auch der Stimmung in den Reihen der SA-Männer Ausdruck, die mit diesem Argument den Lohn für ihre Verdienste einklagten.

„Das neue Deutschland ist nicht vom Schreibtisch her geschaffen worden, es wurde begründet und aufgebaut von der Überzeugungsfestigkeit dieser braunen Armee aus ... Das mag sich jeder gesagt sein lassen. Dieser ... wunderbar gelungene Film ... klopft auf die Selbstgefälligkeit derjenigen, die hinterher schon immer dabei waren."[25]

Die Parteifilme begünstigten den Mißmut der SA-Männer gegen die einsetzende Bürokratie der sog. „Märzgefallenen", die die begehrten Verwaltungsposten besetzten, für die der „einfache SA-Mann" nicht qualifiziert war. Eine Aufwertung der SA durch Massenmedien wie das Kino konnte für die Parteiführung nach dem 30. Januar nicht mehr opportun sein.

Neben diesem machtpolitischen Grund hat wohl auch eine propagandistische Überlegung zu Goebbels' Unwillen darüber geführt, daß „SA-Männer durch den Film und über die Bühne marschieren".[26] SA-Kolonnen halten die Erinnerung an die gewaltsame Durchsetzung der NSDAP im „Kampf um die Straße" wach. Sie unterstreichen auch die Rolle der SA bei der rücksichtslosen Zerschlagung der Arbeiterorganisationen in den ersten Monaten der nationalsozialistisch geführten „Regierung der nationalen Konzentration". Auf diese Weise wird nur die Distanz der „noch abseits stehenden" Bürger und Arbeiter verstärkt, die das neue Regime für sich einnehmen will.

4. Preußens Helden kehren auf die Leinwand zurück

Endgültig wird die Auseinandersetzung um die Parteifilme wenige Monate nach dem Verbot des Horst-Wessel-Films durch eine filmpolitische Proklamation von Goebbels abgeschlossen:

„Wir haben die Absicht, dem Film ein deutsches Gesicht zu geben, wir wollen auch nicht, daß der Nationalsozialismus durch die Auswahl des Stoffes zur Darstellung kommt, sondern durch die Gestaltung des Stoffes."[27]

An der Horst-Wessel-Legende hat sich gezeigt, daß die Übersetzung in die unmittelbare Anschaulichkeit des Films nicht gelingt: Paradoxerweise besteht die staatsgefährdende Wirkung dieses Films gerade in seinem nationalsozialistischen Sujet. Horst Wessel läßt sich nicht moralisierend zum Nationalhelden entrücken. Als ranghöchster „Blutzeuge" der „nationalen und sozialen Erneuerung" decouvriert er die nationalsozialistische „Revolution", weil das Pathos der plakativen Idealisierung in seinem Bemühen, die Realität auszublenden, dauernd auf sie hinweist und auch praktisch von ihr eingeholt wird: Am Ende des Films nicht mit erhobener Rechten das Horst-Wessel-Lied mitzusingen, ist schon Grund für Verhaftung und Prügel.[28]

Von nationalsozialistischer Seite ist immer wieder die hervorragende Eignung des Films als Propagandamedium hervorgehoben worden.

„Im Vergleich zu den anderen Künsten ist der Film durch seine Eigenschaft, primär auf das Optische und das Gefühlsmäßige, also Nichtintellektuelle einzuwirken, massenpsychologisch und propagandistisch von besonders eindringlicher und nachhaltiger Wirkung."[29]

Im Hinblick auf die Parteifilmtrilogie gilt dies 1933 nur bedingt. Weil der „Blick des Films" „der nahe Blick des Beteiligten" ist[30], eignet er sich nur beschränkt für nationalsozialistische Propaganda, die sich direkt über das Sujet vermittelt. Bei der Umsetzung der Parteilegende in das audiovisuelle Medium kommt die Brüchigkeit ihrer Clichés zum Vorschein, weil das Kinopublikum mit dem filmischen Straßenpublikum identisch ist und sich im Kino sozusagen selbst ins Gesicht sieht. Die Zuschauer sind an dem realen Geschehen, das auf der Leinwand nachgestellt wird, als Aktivisten und Augenzeugen selbst beteiligt gewesen. Sie vermögen die Glaubwürdigkeit der filmischen Inszenierung unmittelbar an ihrer eigenen Erfahrung zu messen.

In der gesprochenen Rede, die das bevorzugte Propagandamittel der Nationalsozialisten ist, entfalten die Clichés ihre Wirksamkeit als bloßes Stichwort für die Phantasietätigkeit des Zuhörers. Auf der Leinwand herrscht der Zwang zur sinnlichen Bestimmtheit. Die Clichés vom SA-Mann, vom Juden und dem Kommunisten müssen jetzt gezeigt werden, sie erhalten bestimmte, klar umrissene Profile und verraten darin ihre phantastische Abkunft. Physiognomie steht für Charakter, die Aktualität des Stoffes führt zur „Schwarz-Weiß-Manier", die dem propagandistischen Zweck nur schadet[31]: Es kommt ein Wachsfigurenkabinett von Gestalten aus Licht und Finsternis heraus, die

dem „optischen Test" des Zuschauers (Benjamin) nicht stand-
halten.

So bleibt die eigene Geschichte ins Reich der Legende ver-
bannt — die NSDAP kann sich in keinem Spielfilm unmittelbar
selbst darstellen, weil der „nahe Blick der Beteiligten" zwangsläufig den Vergleich zwischen Kinofiktion und der kaum vergangenen Wirklichkeit herstellt. An dieser Klippe des historio-
graphischen Anspruchs scheitern „Hans Westmar" und „SA-
Mann Brand", während sie von „Hitlerjunge Quex" geschickt
umschifft wird: Die Figur des Heini Völker hat vorrangig die
Qualitäten des moralisch Guten an sich und gewinnt so gegenüber dem parteipolitischen Attribut „Hitlerjunge" insgesamt
doch eher den Charakter des zeitlos Gültigen.

Der Konzeption von Ewigkeitswerten folgt denn auch die
Selbstdarstellung der NSDAP, soweit sie nicht zum vorwiegend
internen Gebrauch in Anlehnung an Regimentsgeschichts-
schreibung literarisch betrieben wird. In der Öffentlichkeit präsentiert sich die NSDAP durch das Medium inszenierter Sakral-
feiern, die qua Stilisierung die faktische Parteigeschichte un-
kenntlich machen und dadurch das adäquate Design für das
Zelebrieren der Parteilegende abgeben. Von ihrer eigenen
Wirklichkeit gereinigt tritt die NSDAP als Sinnbild ihres eigenen Ideals dem Auge gegenüber.

Sie kann sich solchermaßen aufgeputzt auch dem prüfenden
Blick des Kinobesuchers präsentieren: Der Parteitagsfilm „Triumph des Willens" verbindet das stilisierte ästhetische Szenarium mit passender Musik und gefilmter Rede — so gelingt die
Propaganda für den verordneten Staatsidealismus im faschistischen Dokumentarfilm.[32]

Im Spielfilm schlüpft die NSDAP in historische Kostüme:
das preußische Erbe des Dritten Reichs. Als die Vollendung „Von
deutschem Heldentum" feiert sich der Nationalsozialismus ex-
plizit in der gleichnamigen Fernsehkompilation der Ufa aus
dem Jahr 1936: Dem Sterben für Deutschland werden Glanz-
lichter aufgesetzt durch Ausschnitte aus den vor 1933 produzierten Ufa-Filmen „Das Flötenkonzert von Sanssouci" (Fried-
rich II.), „Yorck" (Befreiungskriege) und „Morgenrot" (unbe-
schränkter U-Boot-Krieg). Krönung und Abschluß ist der Einsatz des „Hitlerjungen Quex" im Wahlkampf, seine Verfolgung
und Ermordung durch Kommunisten und schließlich die Apotheose der marschierenden HJ-Kolonnen, von Schirachs Be-
kenntnislied auf den Lippen: „Ja die Fahne ist mehr als der
Tod!"[33]

Diese Fernsehkompilation realisiert exemplarisch, was
Goebbels einen Monat nach dem Verbot des Horst-Wessel-Films

vom deutschen Künstler verlangt: „Was wir wollen, ist mehr als dramatisiertes Parteiprogramm. Uns schwebt als Ideal vor eine tiefe Vermählung des Geistes der heroischen Lebensauffassung mit den ewigen Gesetzen der Kunst."[34]

Dieses filmpolitische Konzept entspricht dem nationalen Rahmen der Aufgaben, die sich die NSDAP nach dem 30. Januar 1933 stellt: Auf die militärische Revision des Versailler Vertrags muß möglichst die gesamte Bevölkerung eingeschworen werden. Filmsujets aus der „Kampfzeit der Bewegung" engen den ansprechbaren Adressatenkreis unnötig ein. Die „Gesinnungsfilme" zur moralischen Vorbereitung des Volkes auf den Krieg propagieren deshalb das nationalsozialistische Ziel, indem sie anhand historischer Vorbilder den Opferwillen für Deutschland feiern. So wird die Kontinuität zum nationalen Film des Weimarer Vorgängerstaats gewahrt.

Daß sich die Nationalsozialisten bei jeder sich bietenden Gelegenheit als die Erben der Vergangenheit darstellen, hat so durchaus seine zukunftsträchtige Bedeutung. Wenn der Todestag des Hitlerjungen Herbert Norkus mit dem Geburtstag Friedrichs des Großen zusammenfällt[35], so verweist umgekehrt die Botschaft des „Hitlerjungen Quex" auf den nationalsozialistischen Untergangsfilm „Kolberg", der am 30. Januar 1945 in der eingeschlossenen Festung La Rochelle uraufgeführt wurde:

Die aussichtslose Verteidigung der Stadt gegen die Franzosen betreffend, fragt ein Kolberger Ratsherr: „Warum wir uns vielleicht opfern sollen, den Zweck, das Ziel?"

Der Kolberger Bürgermeister — der wie der Vater Völker aus dem „Hitlerjungen Quex" von Heinrich George gespielt wird — gibt dem Ratsherrn Auskunft über den Zweck: „Ach, Gründe brauchen Sie, um ein anständiger Kerl zu bleiben!?"[36]

Anständigkeit als Selbstzweck ist die Triebfeder von Heini Völkers Handeln und zieht sich geradezu leimotivisch durch den ganzen „Hitlerjungen Quex".

Anmerkungen

1 Eckert 1938, zit. nach Albrecht 1969, S. 503
2 ebenda, S. 505
3 Goebbels, Der Angriff vom 10.10.1933
4 Goebbels, Der Angriff vom 19.8.1929
5 entfällt
6 Der Angriff, 25.9.1933
7 Illustrierter Film-Kurier „SA-Mann Brand"
8 Filmwelt, Berlin, Nr. 27, 30.6.1933
9 Der folgende Abriß stützt sich auf Kahlenberg 1978

10 vgl. Stevenson 1933

11 vgl. die Besprechungen in der New York Times

12 Der Film, Heft 29, 15.7.1933, ebenso Kinematograph, Nr. 163, 1933

13 vgl. Strothmann 1960, S. 385ff.

14 vgl. Festprogramm und Premierensitzordnung (DIF, Frankfurt/M.)

15 Eckert 1938, zit. nach Albrecht 1969, S. 505

16 Völkischer Beobachter vom 16.6.1933, Zweites Beiblatt

17 ebenda

18 vgl. Der Angriff, 16.6.1933; vgl. auch Der Film, Nr. 25 vom 17.6.1933

19 Der Angriff, 9.10.1933; gleichlautend: Kinematograph vom 10.10.1933; Goebbels, Interview zum Verbot des Horst-Wessel-Films, Kinematograph vom 11.10.1933; unwesentlich gekürzt abgedruckt im Völkischen Beobachter vom 11.10.1933 und in Der Angriff vom 10.10.1933

20 vgl. Manchester Guardian und The Times, jeweils vom 10.10.1933

21 zit. nach Belling 1936, S. 70

22 Goebbels, Kinematograph vom 11.10.1933

23 Der Angriff, 16.6.1933

24 Goebbels, Kinematograph vom 11.10.1933

25 Die Filmwoche, Nr. 23, 1933

26 Goebbels, Rede in den Tennishallen am 19. Mai; zit. nach Albrecht 1969, S. 442

27 Goebbels, Rede zur Reichsfachschaft Film in der Krolloper am 9.2.1934, zit. nach Albrecht 1979, S. 267

28 vgl. Scheringer 1979, S. 260f.

29 Hippler 1942, S. 9

30 Balazs 1972, S. 216

31 vgl. Eckert 1938

32 vgl. hierzu jetzt Loiperdinger 1987 über „Triumph des Willens" und den NSDAP-Parteitag von 1934

33 alle Angaben nach Kahlenberg 1979; bei dem Ausschnitt aus „Hitlerjunge Quex" handelt es sich um die letzten 153 Meter einer 35 mm-Fassung (ebenda, S. 25)

34 Goebbels, Rede zur Eröffnung der Reichskulturkammer in der Berliner Philharmonie am 15.11.1933, zit. nach Albrecht 1979, S. 267

35 vgl. Sonderrundschreiben von Schirachs zur Bannfahnenweihe der HJ am 24.1.1934 in Potsdam (BA: NS 26/339)

36 zit. nach Feldmann 1975

Kapitel 2:
Sequenzprotokolle als Übersicht über die Filmhandlungen

1. „Hans Westmar":
Gliederung des Films in Sequenzen und Subsequenzen

43

2. „SA-Mann Brand":
Gliederung des Films in Sequenzen und Subsequenzen

44

Frau, die gerade die Wohnung verläßt und Frau Lohner schnippig an die fällige Miete erinnert. Huber holt nun Hitlers „Mein Kampf", öffnet das Buch, holt Geld hervor und gibt es Frau Lohner mit der Aufforderung, davon bei seiner Frau die Miete zu zahlen.

3. „Hitlerjunge Quex":
Gliederung des Films in Sequenzen und Subsequenzen

Kapitel 3:
„Hans Westmar": Faschistische und kommunistische Öffentlichkeit kämpfen um den Besitz der Straße

Martin Loiperdinger

1. Die Binnenorganisation der politischen Öffentlichkeiten: „SA-Geist" wider kommunistischen Materialismus

Die filmischen Öffentlichkeiten von Kommunisten und SA in „Hans Westmar" weisen eine gegensätzliche Binnenorganisation auf. Der Film legt nahe, daß die organisatorischen Unterschiede der beiden Öffentlichkeiten bestimmend sind für den Ausgang des „Kampfs um die Straße", den die beiden Parteien gegeneinander führen. Jedoch reduziert sich die filmische Aussage nicht auf die Behauptung, daß die Nationalsozialisten die besseren Organisatoren waren, deshalb die größere Durchschlagskraft besaßen und so den „Kampf um die Straße" für sich entscheiden konnten.

Eine nähere Betrachtung ergibt: Die Bilder, die „Hans Westmar" von den Öffentlichkeiten der SA und KPD zeigt, sind als Ausdruck einer gegensätzlichen inneren Einstellung der politischen Kontrahenten gemeint. Indem sie dem Zuschauer *zeigen, daß* die SA die überlegene Organisation darstellt, wollen sie ihm auch *bedeuten, warum* die SA-Männer die besseren Kämpfer waren.

Formal gesehen, unterschieden sich die Öffentlichkeiten von SA und Kommunisten durch das Organisationsverhältnis von Führer und Anhängern und durch das räumliche Ambiente ihres Auftretens.

Die Organisation der Kommunisten zerfällt in zwei voneinander getrennte Öffentlichkeiten: das streng hierarchisch gegliederte Zentralkomitee und die völlig ungegliederte Masse der Gefolgschaft.

Im Zentralkomitee übt der namenlose Mann aus Moskau die unumschränkte Befehlsgewalt aus. Seine Paladine sind die Juden Kupferstein und Else Cohn, die beflissen seine Befehle ausführen oder weitergeben. Auf gleicher Stufe in der Hierarchie des Zentralkomitees steht der immer gut frisierte „deutsche Arbeiter" Roß, der sich gegenüber dem Moskauer zurückhaltend bis kritisch verhält und am Ende des Films zum Nationalsozialismus konvertiert. Die Öffentlichkeit der kommunistischen

Anhängerschaft wird als undisziplinierter wirrer Haufen präsentiert, dessen leicht erregbare Wut- und Haßgefühle von der Führungsriege beliebig eingesetzt werden können. Ein gemeinsames Auftreten von Führung und Gefolgschaft wird bei den Kommunisten nicht sichtbar. Die einzige Ausnahme bildet die Rede Kupfersteins auf der kommunistischen Saalversammlung/186-216/[1].

Eine von der Anhängerschaft getrennte Führungsspitze kennt die SA im Gegensatz dazu nicht. Mehrere Szenen in Westmars Sturmlokal zeigen das SA-Leben als Familienidylle, in der Vertrautheit und Kameradschaft den Alltag prägen: Die Männer putzen ihre Stiefel, singen vor sich hin, rauchen eine Zigarette, die Frauen kümmern sich um ihre Uniformen, der Hauptmann verbringt die Zeit gemeinsam mit seinen Männern/124-125, 423, 600-603, 618/.

Außerhalb des Sturmlokals präsentiert sich die SA als geschlossene Formation. Führer und Gefolgschaft treten auch hier keineswegs getrennt auf: sie marschieren vereint. Weil es nur scheinbar eine Dichotomie von Führern und Mannschaft gibt, widerspricht das militärische Organisationsprinzip der SA der Familienidylle im Sturmlokal nicht. Die hierarchische Organisation der SA-Öffentlichkeit ist zwar unverkennbar, sie weist sich aber als eine aus, die auf Verdienst beruht: So marschieren die Führer an der Spitze ihrer Mannschaft gerade dann, wenn der Marsch durch kommunistische Viertel geht/576/.

Die Räume, in denen der Film die Öffentlichkeit agieren läßt, unterstreichen das organisatorische Verhältnis zwischen Führung und Gefolgschaft. Neben der Physiognomie der Darsteller sind es vor allem die räumlichen Gegebenheiten, die der Film zur moralischen (Ab-)Qualifizierung der Kontrahenten benutzt.

Der Aufenthaltsort des Zentralkomitees der KPD ist ein düsterer Sitzungssaal in der Berliner Parteizentrale am Bülowplatz, dem Karl-Liebknecht-Haus. Das kommunistische Fußvolk ist vorwiegend auf der Straße und in verrauchten Kneipen anzutreffen.

Um die kommunistische Öffentlichkeit als dichotome Verbindung dazustellen, deren Bestandteile gleichermaßen abzulehnen sind, werden die Handlungsorte in den ästhetischen Aufbau von Drahtzieher- bzw. Ungezieferstereotypen integriert — das räumliche Ambiente unterstreicht den moralisch verwerflichen Charakter des politischen Gegners und stempelt ihn zum Untermenschen.

Der von Paul Wegener gespielte, häufig in extremer Untersicht aufgenommene Moskauer Abgesandte ist der eigentliche

Gegenspieler des SA-Führers Hans Westmar. Der Russe vermeidet tunlichst jeden Auftritt in der Öffentlichkeit: Wenn er sich aus dem konspirativen Intérieur des Karl-Liebknecht-Hauses hinaus in Freie wagt, so nie ohne die Begleitung eines Paladins und in der Regel zu dem Zweck, um feige im Hintergrund die Erfolge seiner Wühlarbeit zu konstatieren: In einem dunklen Hausflur stehend beobachtet er eine kommunistische Hungerdemonstration und zeigt Roß seine Unzufriedenheit: „Ach, noch nicht genug, mehr, mehr müssen das sein. Peitsche sie auf!" /117/. Kupfersteins Versammlungsrede hört er am Hinterausgang des Saals postiert um sich bei Beginn der Saalschlacht unauffällig aus dem Staub zu machen; der Reichstagsabgeordnete Kupferstein versteckt sich unter dem Rednerpult, als die Biergläser fliegen/308-310/. Analog verbirgt sich die Cohn auf den Stufen eines Souterrains, um Agnes bei der Ausübung ihrer Spitzeldienste zu überwachen/519/.

Der Präsentation der kommunistischen Führer als Verschwörer, die ganz offensichtlich das Tageslicht scheuen, entspricht die ästhetische Charakterisierung der Gefolgschaft als Ungeziefer. Deutlicher als bei der Darstellung der Führung wird hier das Licht als Stilmittel eingesetzt, wie sich an einer signifikanten Szene nachzeichnen läßt:

Im Dunkel von Hinterhöfen und Häuserschluchten, in die nie ein Sonnenstrahl fällt, erschallen die Sprechchöre von Agit-Prop-Trupps; im Dämmerlicht einer verrauchten Kneipe hören trinkende Proleten vom Anmarsch der SA auf das Karl-Liebknecht-Haus — schon quellen schwarze Menschenmassen aus dunklen Hauseingängen ins sonnendurchflutete Freie und stürmen aggressiv auf die Kamera zu, um der SA das Recht auf die Straße streitig zu machen/248-354/.

Analog schreibt ein Journalist begeistert über die Dreharbeiten am Höhepunkt des Films, dem Angriff der kommunistischen Menge auf den Trauerzug/752-793/: „Wie eine Rattenschar bricht die rote Flut gegen den Leichenwagen vor."[2]

Handlungsraum der SA ist die Straße oder das freie Feld. Der Aufenthalt im Sturmlokal ist für die SA-Männer Erholung: Er dient der Pflege von Stiefeln und Uniform und ist damit funktional für das Auftreten der SA in der Öffentlichkeit. Das räumliche Ambiente fungiert auch bei der Darstellung der SA als ästhetisches Stilmittel. Es kennzeichnet im Gegensatz zu den Kommunisten die hohe moralische Qualität der SA-Männer:

„Der gleiche Sonnenhimmel mit monumentalen weißen Wolkentürmen wölbt sich über dem SA-Ertüchtigungslager auf dem Land und über Westmar und seinem Sturm während der

Wahl-Werbekampagne im Arbeiterviertel. Licht, Luft und das ‚freie Feld der Straße‘ werden als das Lebenselement der ‚Bewegung‘ dargestellt."[3]

Durch die filmische Überhöhung, in der Natur und politische Bewegung miteinander verschmelzen, wird der Eindruck erweckt, daß der Himmel sozusagen mit diesen Männern im Bunde ist. Dieser ästhetischen Beschwörung von Naturkräften kommt die Betonung soldatischer Rituale entgegen:

Embleme und Uniformierung steuern die zur Körperbeherrschung passenden Requisiten zum Szenarium des Rituals ästhetischer Selbstdarstellung bei. Durch die braune Uniform — für ihren Träger das „Ehrenkleid der SA" — riegelt sich die SA optisch nach außen ab. Sie bildet eine abgegrenzte Öffentlichkeit, was Elitebewußtsein fördert und den bündischen Charakter der Organisation nach innen verdeutlicht. Durch die quasireligiöse Verehrung der Fahne stilisieren sich die SA-Männer selbst zu Willensträgern der „Vorsehung": Bei einem SA-Biwak werden die zu Pyramiden zusammengestellten Hakenkreuzfahnen und die Standarte die ganze Nacht über bewacht. Der Film deutet dies an, indem er beim Ertönen des Wecksignals zwei strammstehende Wachen neben diesen Requisiten politischer Ästhetik zeigt /456/. Anhand der Szenen von diesem Biwak auf dem Lande /452-468/ läßt sich der Zusammenhang von metaphysischer Überhöhung natürlicher Gegebenheiten und politischer Ästhetisierung der kampierenden SA-Formation verdeutlichen.

Die Landfahrten der SA dienten neben der politischen Werbung vor allem dem wehrsportlichen Training und wurden auch als „Ertüchtigungs-Lager" bezeichnet. Die körperlichen Strapazen, welche die SA-Männer bei diesen Übungen freiwillig auf sich nahmen, werden im Film nur angedeutet. Westmar sagt einmal, der SA-Mann müsse „die Knochen zusammenreißen" /425/. Beim Morgenappell auf dem Lande erfährt der in Reih und Glied stehende SA-Mann, daß es allein auf seine Kampfkraft ankommt:

„Kameraden, fünfzig gegen einen steht gegen uns die Kommune — deshalb muß jeder von euch Kräfte für fünfzig haben. Hier draußen bei den sportlichen Übungen sollt ihr die Kräfte sammeln. Hier sollt ihr zu den SA-Männern werden, die der Führer braucht. — SA — Marsch!" /462-466/.

Das Vorgehen gegen sich selbst bei militärischem Drill, bei Nachtmärschen und Geländeübungen inszeniert der Film als militärische Feierhandlung: Bei der zitierten Ansprache des Standartenführers bilden die SA-Männer ein Karree, das von einer Fachwerkscheune und von Bäumen eingesäumt wird. Natur und deutsche Tradition bilden die ästhetische Klammer, in welche die zum Ornament formierte Menschenmasse eingebettet ist. Analog ist vor das morgendliche Wecksignal eine Totale über weite Wiesen eingeschnitten — frühes Aufstehen zeigt die Verbundenheit der SA-Männer mit dem Rhythmus der Natur an. Die Posaune wird angesetzt. Das Wecksignal ertönt zu dem bereits beschriebenen Bild der Nachtwachen neben den Hakenkreuzfahnen und der Standarte, am Himmel weiße Cumuluswolken.

Die Bildfolge weite Wiesen, Wecksignal, politische Embleme indiziert ebenso wie die Beschaulichkeit, die der Bildaufbau vom Morgenappell vermittelt, daß die körperlichen Strapazen der SA-Landfahrt geleugnet werden. Die Verzichtserklärung der SA-Männer ist *schön* — sie wird vom Film ästhetisch gewürdigt. Durch ihre Verschmelzung mit Naturelementen wird die politische Emblematik zeitlos. Sie erhält den Anschein des ewig Gültigen, bei dem sich keine Fragen mehr stellen: Das militärische Ritual der Fahnenwache erhebt Tuchfetzen zu verehrungswürdigen Symbolen und verweist damit auf eine innere Haltung, welche die SA-Männer auszeichnet — sie haben sich einem Ziel geweiht. Darin besteht der „SA-Geist".

„Ein Nationalsozialist muß stets das Ganze im Auge haben. Dieses Ganze aber heißt die Freiheit des deutschen Volkes. Der ungeistigen Revolution des Chaos gilt es entgegenzusetzen die geistige Revolution der Disziplin!"[4]

Den Kommunisten wird eine innere Haltung mit vergleichbaren moralischen Qualitäten völlig abgesprochen.

Roß, der seit Jahren für die KPD arbeitet, weil er, wie er sagt, „an die Heiligkeit dieser großen Idee glaubte"/691/, wird von den Nationalsozialisten schließlich eines Besseren belehrt und konvertiert. Abgesehen von Roß weist der Film den Kommunisten die Ästhetik des Häßlichen zu, da ihre Zielsetzung nicht erhaben ist:

Der Versammlungsredner Kupferstein stellt kommunistische Politik allein auf die Lösung der „Magenfrage" ab — „Die bürgerlichen, kapitalistischen Schmerbäuche sollen ersticken an den Gänseknochen, die sie sich täglich dreimal ins Maul stecken."/192-194/

Der gerissenen Führung, die solchermaßen in nationalsozialistischer Sicht an „niedrigste Instinkte" appelliert, entspricht auf Seiten der Anhänger ein „vertierter Mob", der keine höheren Ziele mehr kennt und einzig auf materielle Genüsse aus ist. Das historische Vorbild für das kommunistische Fußvolk ist der verwirklichte Sozialismus in Sowjetrußland, weil dort angeblich auch der Materialismus der Massen seine Erfüllung gefunden hat. Die daraus abgeleitete Zielsetzung eines Rätedeutschland versucht der Film zu destruieren:

Wenn in einem Obdachlosenasyl geflüstert wird, „Mensch, in Moskau, da hat jeder seine eigene Villa!"/14/, dann werden die materiellen Ansprüche als unrealisierbar ins Lächerliche gezogen. Wenn ein Kommunist am Rand einer Demonstration agitiert, „In Moskau geht's den Arbeitern gut. Essen, Arbeit, Kino. Was will der Mensch noch mehr?"/116/, dann wird Materialismus als Borniertheit auf Leib und Sinnlichkeit diffamiert, der der Sinn fürs Höhere abgeht. Die materialistische Abwesenheit von „Geist" bei der kommunistischen Anhängerschaft ist für den Film auch der Grund, warum es bei der KPD kein inneres Band der Einheit zwischen Führung und Fußvolk gibt: „Das Elend ist unser bester Bundesgenosse", meint der Moskauer Abgesandte/18/. Er spricht damit aus, daß er die hungernden Massen nur aufpeitscht, um sich ein Mittel für seinen machtpolitisch motivierten Kampf gegen jegliche Ordnung zu schaffen. Führung und Gefolgschaft der Kommunisten verfolgen nicht den gleichen Zweck, obwohl sie im „Vaterland des Arbeiters", als das sie Sowjetrußland betrachten, über eine gemeinsame positive Utopie verfügen, die sie als deutschen Rätestaat zu installieren trachten. Die Motive für diese politische Zielsetzung sind aber sehr unterschiedlich: Während das Zentralkomitee die Macht in Deutschland will, handeln die Massen aus materialistischen Beweggründen.

Da die Kommunisten also keine einende politische Idee besitzen, haben sie nach nationalsozialistischer Auffassung auch keine innere geistige Haltung, der sie im politischen Tageskampf überzeugenden Ausdruck verleihen könnten. Aus diesem Grund sind sie der SA unterlegen, die den „SA-Geist" der Selbstaufgabe für die nationalsozialistische Freiheit des deutschen Volkes in ihrer politischen Ästhetisierung zur Geltung bringt.

„Es ist ein Charakteristikum politisch-revolutionärer Bewegungen, daß sie sich als Ausdruck ihrer inneren Haltung in ihren Uniformen und Symbolen ein äußerlich sichtbares Zeichen schaffen, aufgrund dessen sie in aller Öffentlichkeit als die Vertreter einer bestimmten Weltanschauung zu erkennen sind. So sahen denn die politischen Soldaten Adolf Hitlers in dem Braunhemd ein Bekenntnis und in den Hakenkreuzfahnen und Standarten ein heiliges Hoheitszeichen."[5]

Den „Heil-Moskau"-Parolen der Kommunisten kann die SA den Hitlergruß entgegensetzen. Sie demonstriert damit, daß sie im Vertrauen auf eine Person handelt, die den SA-Männern Weg, Ziel und Sinn ihres politischen Einsatzes weist. Obwohl der „Führer" in allen drei Filmen nicht in persona, sondern als religiös verehrtes Porträtbild erscheint, ist er als persönliche Verkörperung der nationalsozialistischen Idee unmittelbar präsent. In Gestalt des „SA-Geistes" lebt er in den Filmfiguren, die sein Porträt verehren und daraus Kraft für ihren persönlichen Einsatz schöpfen.

Der „Führer" Adolf Hitler ist die persönliche Garantie dafür, daß die „Bewegung" trotz militärischer Hierarchie eine Gemeinschaft zwischen Führern und Geführten ist: Sturm- oder Standartenführer stehen zwar jeweils vor der Linie der angetretenen Mannschaft als auswärtiger Fixpunkt, an dem sich jeder SA-Mann zu orientieren hat. Die innere Verbundenheit zwischen Führern und Mannschaft drückt sich jedoch durch das Grußritual des „Heil"-Rufens aus. Dadurch demonstriert sich die formierte und hierarchisierte Öffentlichkeit der SA selbst, daß *alle* Mitglieder für den „Führer" ihr Letztes geben.

Hakenkreuz wie Adolf Hitler als Person verkörpern beide die „nationalsozialistische Idee". In der rituellen Orientierung „nach oben" durch Fahnenkult und Führerkult verfügt die Öffentlichkeit der SA über eine Klammer, die ihre militärische Binnenhierarchie umgreift und den einfachen SA-Mann mit seinem Sturm- oder Standartenführer zu einer Einheit zusammenfaßt. Vor dem „Führer" wie vor der „Fahne" gibt es keine Rangfolge, Befehlende und Gehorchende stehen hier gemeinsam auf einer Stufe als „Willensträger der Idee".

Aus der Betrachtung der politischen Öffentlichkeiten, die der nationalsozialistische Spielfilm „Hans Westmar" auf die Leinwand bringt, hat sich also bis hierher ergeben:

Die SA gewinnt ihre überlegene Durchschlagskraft daher, daß sie aus einem höheren geistigen Antrieb, eben der nationalsozialistischen Idee heraus handelt, und sich dieser innere Antrieb in einer lebendigen Person als Ideal verkörpert. Umgekehrt berufen sich die Kommunisten auf die anonyme Macht eines auswärtigen Staatsgebildes, in dem sie ihren Materialismus verwirklicht glauben. Die Geistlosigkeit ihres niederen Strebens ist zu einer Idealbildung nicht fähig. Ohne lebendige Ideen im Herzen verfügen sie über keinerlei Überzeugungskraft. Ihr politisches Engagement ist nihilistisch und zersetzend. Sie haben dem Opferwillen des „SA-Geistes" nichts Gleichwertiges entgegenzusetzen und werden im „Kampf um die Straße" schnell ins Hintertreffen geraten.

Abschließend sei noch angemerkt, daß „Hans Westmar" die Inszenierung des Gegensatzes von Gut und Böse nicht nur mit Hell-Dunkel-Techniken und Ähnlichem betreibt, sondern sie sich zusätzlich mit einem plumpen erzählerischen Trick erschwindelt: Auf Seiten der KPD präsentiert der Film deren höchstes Führungsgremium, das Zentralkomitee, während umgekehrt der Mikrokosmos eines SA-Trupps vorgeführt wird.

Dementsprechend repräsentieren Westmar und der Moskauer in der Hierarchie der gegnerischen Organisationen gänzlich ungleiche Positionen. Dem späteren Konvertiten Roß als „Führer der Berliner KPD" entspräche auf der Gegenseite Goebbels, der damals Gauleiter der Berliner NSDAP war. Auf diese Weise fällt es nicht schwer, die Anonymität eines gewissenlos gelenkten Apparats durch Kameradschaft zwischen Führern und Mannschaft auf seiten der SA zu konterkarieren.

2. Die Dramaturgie der öffentlichen Auseinandersetzung

Die bisherige Analyse der filmischen Öffentlichkeiten von SA und KPD in „Hans Westmar" hatte allgemeinen Charakter. Die Inszenierung des Handlungsablaufs führt jedoch zu einer Differenzierung:

„Hans Westmar" arbeitet mit einer dramaturgischen Abfolge verschiedener Öffentlichkeitstypen, um die Eroberung der Straße durch die SA als Voraussetzung der „Machtergreifung" am 30. Januar 1933 darzustellen. Die Verschiebung des Kräfteverhältnisses zwischen SA und Kommunisten ist die Geschichte des Zerfalls der kommunistischen Öffentlichkeit als Werk des „Geistes", den die SA dem „roten Terror" entgegensetzt.

Zu Beginn des Films ist die Straße fest in der Hand der Kommunisten. Eine Hungerdemonstration präsentiert sie als locker marschierende Öffentlichkeit von inhomogenem Erscheinungsbild. Im Gegensatz zu den späteren Aufmärschen der SA ist diese Szene mit Handkamera gefilmt, so daß das Bild ständig verwackelt, was den Eindruck fehlender Geschlossenheit hauptsächlich erst hervorruft. Die Betonung von antinationalen und antifaschistischen Parolen weist bereits auf die künftige Auseinandersetzung hin: Die Demonstranten singen die „Internationale", skandieren „Heil Moskau" und tragen Transparente mit der Aufschrift „Tod allen Faschisten" und „Nazi verrecke". Das Anliegen der Hungerdemonstration rückt demgegenüber in den Hintergrund — es handelt sich um eine Machtdemonstration der „Kommune", die zeigt, daß sie im Besitz der Straße ist /91-123/.

Dem hat das im Gegenschnitt gezeigte Pauklokal der Korpsstudenten nichts entgegenzusetzen. „Hans Westmar" landet damit einen Seitenhieb auf burschenschaftliche Herrlichkeit, die sich in ihrer Opposition gegen den republikanischen Staat selbstgenügsam damit zufrieden gibt, ihre nationale Tradition durch verbotene Fechtkämpfe zu feiern. Vor jedem Publikum verborgen, erzeugen die Korpsstudenten keine politischen Wirkungen über die eigene Öffentlichkeit hinaus. Nach Westmars Einsicht, die er beim Anblick des Hungermarsches gewinnt, ist dies aber notwendig, um die Kommunisten zu schlagen, und die Pflicht jedes national gesinnten Deutschen/35-114/.

Im „Kampf um die Straße" setzt die SA den Kommunisten eine Öffentlichkeit von „politischen Soldaten" entgegen. Die strenge innere Hierarchie bürgerlicher „Bünde" braucht nur nach außen gekehrt zu werden, um gegen den desolaten Eindruck der Film-„Kommune" ein glänzendes Erscheinungsbild abzugeben.

Die Abgrenzung des kommunistischen Hungermarschs nach außen besteht allein in der räumlichen Distanz zwischen Demonstranten und Gehsteig — mit wenigen Schritten kann sich jeder Passant in diese Öffentlichkeit einreihen, ebenso kann sie jeder Demonstrant ohne Umschweife verlassen. Diese *Durchlässigkeit* der kommunistischen Öffentlichkeit beruht auf mangelnder Disziplin, die aus SA-Sicht dem Fehlen von „Geist" geschuldet ist. Als offene Flanke, in die die SA hineinstößt, wird sie der „Kommune" zum Verhängnis.

Einen ersten *Vorstoß* in den vom Gegner besetzten öffentlichen Raum unternimmt die SA, als Westmars Trupp eine kommunistische Saalversammlung besucht. Westmars Rede wird von den Kommunisten bereits nach den ersten Sätzen gewaltsam abgebrochen. Es kommt zu einer erbitterten Saalschlacht, obwohl den SA-Gästen Redefreiheit zugebilligt worden war/186-310/. Den schlagenden Argumenten der von keinem „Geist" gezügelten kommunistischen Gewalt begegnet die SA mit dem marschierenden „Geist der Disziplin". Ihre *Gegengewalt* besteht im bloßen Vorzeigen ihrer überlegenen, weil organisierten Schlagkraft, die gar nicht zum Einsatz zu kommen braucht, um ihren Zweck zu erfüllen:

Die Antwort der SA auf den „Rotmord" an dem Kameraden Kütemeyer/311-337/ ist der paramilitärische *Durchzug durch das feindliche Gebiet* des Kommunistenviertels. Er führt die SA vor die kommunistische Parteizentrale, das Karl-Liebknecht-Haus, wo Westmar im Angesicht der gegnerischen Zwingburg den Auftrag zum Aufbau eines eigenen Trupps erhält/338-391/. Die SA dringt als straff organisierter Keil in die durchlässige Öffentlichkeit der Kommunisten ein und vollbringt schon allein dadurch ihr Zerstörungswerk. Der „friedliche Werbemarsch" durch Arbeiterviertel genügt als Zeichen der Überlegenheit, weil die Kommunisten gegen die Disziplin der marschierenden SA-Kolonnen machtlos sind. Angesichts der unbeirrbar marschierenden SA-Kolonnen bricht die Film-„Kommune" in wutschnaubende Panik aus und zersetzt sich damit selbst. Als „vertierter Mob" steht sie krakeelend am Straßenrand, stürzt sich bei jeder sich bietenden Gelegenheit auf die SA-Männer, versperrt ihnen durch improvisierte Barrikaden den Weg und bewirft sie mit Gegenständen aller Art. Die zunehmende Aggressionslust dieses „Straßenpöbels" zeigt das Schwinden der Aussichten an, gegen die unbeirrbar vorwärts marschierende SA noch etwas ausrichten zu können.

Durch das „geschlossene Auftreten" der SA zersetzt sich die Öffentlichkeit der Kommunisten von selbst. Konnte der vor dem heimlichen Publikum der Korpsstudenten vorbeiziehende Hungermarsch noch einen gewissen Anschein von Disziplin und Ordnung erwecken, so erweist sich die selbstsichere Ruhe der Saalversammlung schon beim zaghaften Auftreten von politischen Fremdkörpern als trügerisch, während schließlich die kommunistische Öffentlichkeit im „Kampf um die Straße" von der SA zu deren eigenem Publikum degradiert wird und im filmischen Crescendo ihrer ohnmächtig ziellosen Gewalt ihre Unterlegenheit dokumentiert: Schon beim zweiten Werbemarsch /469-501/ muß die SA mit dem Geknatter eines präparierten Auspuffs Maschinengewehrsalven simulieren, um sich durch das anbrandende Getümmel der kommunistischen Meute den Weg zu bahnen. Beim nächsten Mal müssen sich die SA-Männer bereits durch Warnschüsse in die Luft den nötigen Respekt verschaffen /558-575/. Den filmischen Höhepunkt des „Kampfs um die Straße" bildet der Angriff auf Westmars Leichenwagen: Hier tritt die SA schon gar nicht mehr in Erscheinung, sondern muß es den professionellen Ordnungskräften der Polizei überlassen, gegen den Ansturm des Pöbels den würdevollen Abstand zwischen Trauerzug und Publikum zu wahren /752-793/.

Der von der SA bewirkte Zersetzungsprozeß drängt die kommunistische Öffentlichkeit im Laufe der Filmhandlung immer mehr von der Straße in die Sphäre der *Halböffentlichkeit* ab. Solche halböffentlichen Räume sind die nächtlichen Straßen Berlins, auf denen der SA-Mann Kütemeyer umstellt und ermordet wird, die zwielichtigen Kneipen, in denen sich die kommunistischen Cliquen aufhalten, und die Düsternis von Westmars Treppenhaus: Hier finden wilde Verfolgungsjagden statt, hier überbringen dubiose Kuriere ihre unheilvollen Botschaften, hier finden die Mörder den Weg zu ihrem Opfer.

Da der öffentliche Terror der Kommunisten gegen die SA nichts ausrichtet, muß er durch individuellen Terror ergänzt werden. Die Mängel der anarchischen Gewalt ihrer Straßenöffentlichkeit kompensiert die KPD durch die gesteuerte Gewalt konspirativer Rollkommandos. Die Dichotomie von Führung und Gefolgschaft reflektiert sich im Doppelcharakter der kommunistischen Gewalt, womit die KPD einmal mehr ihre Unterlegenheit gegenüber der SA eingesteht. Mit der Ermordung des SA-Sturmführers Hans Westmar kann die Film-„Kommune" zwar einen scheinbaren Erfolg feiern, dieser Höhepunkt des konspirativen Terrors kündigt aber die endgültige Niederlage der Kommunisten an.

„Der Typ des politischen Führers, wie er sich aus einer Zeit der Umformung ergibt, ist seinem Wesen nach Prediger und Soldat", sagt Rudolf Heß kurz vor der Uraufführung des „Hans Westmar"[6]. Die Kommunisten in diesem Film haben weder gegen den „Prediger" noch gegen den „Soldaten" Hans Westmar etwas in die Waagschale zu werfen, weshalb sie seinen politischen Aufstieg nur noch durch die physische Liquidierung aufhalten können.

Damit produziert die Film-„Kommune" aber einen Märtyrer, der ihren Zersetzungsprozeß nur beschleunigt: Während die sozialdemokratische Berliner Polizei den Trauerzug vor dem Ansturm des kommunistischen Pöbels schützt, präsentiert sich die SA beim Begräbnis Westmars würdevoll als eine Öffentlichkeit, die staatstragende Qualitäten aufzuweisen hat/794-814/.

Diese Kontrastierung der beiden gegnerischen Öffentlichkeiten mündet in die Schlußsequenz des Films, den historischen Fackelzug der SA und SS am Abend des 30. Januar 1933 durch das Brandenburger Tor/815-834/.

Durch ihren „unerschütterlichen Glauben" an die Kraft ihrer Gesinnung haben sie im „Kampf um die Straße" gesiegt und die Kommunisten in die zwielichtige Halböffentlichkeit politischen Verbrechertums abgedrängt. Die Straße ist frei: „SA marschiert mit ruhig festem Tritt ..." — und in den Fackelzug der Sieger schwenkt die nicht organisierte bürgerliche Öffentlichkeit ein. Das bürgerliche Publikum des „Kampfs um die Straße" tritt selbst auf die öffentliche Bühne, marschiert auf der bislang verpönten „Straße", die jetzt von proletarischen Elementen gesäubert ist, und nimmt den Platz ein, den die SA für sie geschaffen und vorgesehen hat: Hinter der nationalen Avantgarde marschierend, formieren sich die Zivilisten zusammen mit den paramilitärischen Verbänden der SA und SS zur Öffentlichkeit des neuen faschistischen Staats.

Abseits im Dunkel blendet der Film in die Dokumentaraufnahmen die „Kommune" ein, die trotzig den Rotfront-Gruß beibehält. Doch wie von einer magischen Kraft erfaßt öffnen sich die geballten Fäuste zum Hitlergruß — der in Nahaufnahme einkopierte Roß vollzieht diese symbolische Konversion langsam und mit dem starren Blick eines Hypnotisierten/831/.

„Auf dem Rot von Berlin zeichnet sich ein weißes Feld mit schwarzem Hakenkreuz ab, ganz schwach und unscheinbar, dann größer, klarer und stärker, immer mehr der geballten Fäuste von Rotfront öffnen sich zum Gruß des Führers, sei es auch vorerst noch widerwillig und voller Mißtrauen im Herzen."[7]

Die filmische Darbietung der unterschiedlichen Binnenorganisierung der gegnerischen Parteien läßt die Überlegenheit der SA im „Kampf um die Straße" plausibel erscheinen. Sie beschränkt sich indes nicht auf die ästhetische Inszenierung und die Präsentation jeweils unterschiedlicher Erzählebenen — die Organisationen von Kommunisten und SA stellen vor allem völlig divergierende Öffentlichkeitstypen dar:

Die „Kommune" fällt in die ausschließlichen Extreme eines nach innen und eines nach außen gerichteten Öffentlichkeitstypus auseinander. Die konspirative Führung bildet eine *räumlich eingeschlossene* und *mitgliedermäßig gesperrte interne* Öffentlichkeit. Die Masse der Anhänger agiert vorzugsweise als eine *räumlich ausgreifende* und *mitgliedermäßig offene externe Öffentlichkeit*.

Beiden Öffentlichkeitstypen ist der Mangel gemeinsam, daß sie *kein Publikum* haben — aus unterschiedlichen Gründen: Das ZK tritt unter Ausschluß jeder Öffentlichkeit zusammen, weil es ein konspirativ arbeitendes Gremium ist. Die Anhänger präsentieren sich keinem Publikum, weil ihre Entfaltung in Raum und Zahl grenzenlos ist. Dies ist kein Positivum, sondern beruht auf ihrem Unvermögen, sich gegenüber einem Publikum überhaupt abzugrenzen. Die Ränder dieser Öffentlichkeit lassen sich nicht orten. Sie ist deshalb nicht in der Lage, sich optisch gegenüber einem Publikum als eigene Öffentlichkeit zu definieren, weil sie über keine internen Organisationsprinzipien verfügt, denen sie nach außen Ausdruck geben könnte. Aufgrund dieses Mangels wird die kommunistische Öffentlichkeit selbst zum Publikum, sobald sich ihr gegenüber eine Gegenöffentlichkeit konstituiert. Dies fällt nicht schwer, weil dazu nur die eindeutige Abgrenzung gegen den kommunistischen „Straßenpöbel" erforderlich ist. Die SA leistet dies auf den im Film gezeigten Werbemärschen und demonstriert so ihre überlegene Stärke. Durch Uniformierung und die militärische Ausrichtung ihrer Mitglieder grenzt sie sich deutlich sichtbar von dem sie umgebenden Medium der kommunistischen Öffentlichkeit ab und macht diese damit zu ihrem Publikum. Dies verdankt sie den straffen und hierarchischen Prinzipien ihrer Organisierung nach innen, die sie demonstrativ nach außen zu kehren weiß.

Gegenüber der Dichotomie von Führung und Massen in der kommunistischen Organisation stellt die SA einen einheitlichen Öffentlichkeitstypus dar, der *interne und externe Eigenschaften* vorteilhaft miteinander *kombiniert.* Sie ist eine *mitgliedermäßig gesperrte,* aber *räumlich ausgreifende Öffentlichkeit.* Der bündische Charakter ihrer inneren Organisierung bildet die Grundlage ihrer Präsentation nach außen: Das „geschlossene Auftreten" der SA schließt die öffentliche Umgebung aus der eigenen Öffentlichkeit aus. Der Verlauf der filmischen Auseinandersetzung zwischen den gegnerischen Öffentlichkeiten hat gezeigt, daß dies laut Selbstverständnis den Erfolg der SA gegen die Kommunisten begründet. — Die nationalsozialistische „geistige Revolution der Disziplin" siegt über die „lose Masse" des gewalttätigen kommunistischen Straßenpöbels.

3. Filmwirklichkeit und wirkliche Geschichte: Die Darstellung von Ritual und Gewalt

Der Film „Hans Westmar" zeichnet konsequent das SA-Ideal vom „heiligen Freiheitskämpfer" (von Pfeffer) nach: Die SA zeichnet sich als vorrangiges Propagandainstrument der NSDAP durch die Zurschaustellung ihres Gewaltpotentials aus, ohne selbst jemals als Angreifer Gewalt zum Einsatz zu bringen. Das Bild, das der Film von der SA vermittelt, entspricht den strategischen Überlegungen, die von Pfeffer bei der Übernahme der Obersten SA-Führung 1926 als Leitlinie des öffentlichen Auftretens der SA formulierte: „Die einzige Form, in der sich die SA an die Öffentlichkeit wendet, ist das geschlossene Auftreten. Dieses ist zugleich eine der stärksten Propagandaformen. Der Anblick einer starken Zahl innerlich und äußerlich gleichmäßiger, disziplinierter Männer, deren restloser Kampfwille unzweideutig zu sehen oder zu ahnen ist, macht auf jeden Deutschen den tiefsten Eindruck ... Ruhiges Gefaßtsein und Selbstverständlichkeit unterstreicht den Eindruck der Kraft — der Kraft der marschierenden Kolonnen und der Kraft der Sache, für die sie marschieren. Die innere Kraft der Sache läßt den Deutschen gefühlsmäßig auf deren Richtigkeit schließen ..."[8].
Anschauliche Gewaltsamkeit wird hier zum entscheidenden Bestandteil nationalsozialistischer Propaganda erklärt. Daß die Werbemärsche der SA die Anschauung physischer Gewalt vermitteln, beruht jedoch darauf, daß sie beständig von physischer Gewaltanwendung begleitet werden. Das Vorzeigen eines Gewaltpotentials wirkt als Droh- und Potenzgebärde nur dann, wenn es auch „aktualisiert" wird. Um den grundlegenden Unterschied zu freiwilligen Feuerwehren, Turn-, Schützen- und dergleichen Traditionsvereinen herauszustreichen, muß die SA

ihren „restlosen Kampfeswillen" durch entsprechende Brutalität glaubhaft versichern. Allein durch die mehr oder minder große ästhetische Differenz zu den Umzügen anderer politischer Gruppierungen gelingt dies nicht.

Was der nach der „Machtergreifung" gedrehte Film unterschlägt, spricht der SA-Stratege der „Kampfzeit" ziemlich deutlich aus:

„Der SA-Mann ist der heilige Freiheitskämpfer. Der Pg ist der kluge Aufklärer und gerissene Agitator. Die politische Propaganda sucht den Gegner aufzuklären, mit ihm zu disputieren, seinen Standpunkt zu begreifen, auf seine Gedanken einzugehen, ihm bis zu gewissem Grade Recht zu geben. — Wenn aber die SA auf dem Plane erscheint, hört das auf. Sie kennt keine Konzession. Sie geht aufs Ganze. Sie kennt nur das Motto (bildlich): Slah dot! du oder ich!"[9] Die Praxis des „Kampfs um die Straße" hat gezeigt, daß die SA-Männer das Motto „Slah dot" so verstanden haben, wie es gemeint war. Auch wenn sich die Parteileitung in Einzelfällen von politischen Gewalttaten aus Opportunitätsgründen distanzierte oder Ausschreitungen der SA Einhalt gebot wie auf dem Parteitag 1929 in Nürnberg, wurden politische Morde in der Regel gedeckt und öffentlich gutgeheißen — ebenfalls aus Opportunitätsgründen. Bekanntestes Beispiel, aber nur eins von vielen, ist der 1932 begangene „Potempa-Mord"[10].

„Hans Westmar" nimmt den gegen die SA erhobenen Gewaltvorwurf auf und versucht die Anschuldigungen kommunistischer Bauarbeiter gegen die „braune Mordpest" ins Lächerliche zu ziehen: Die SA verursacht selbst keine Tätlichkeiten, wird sie aber angegriffen, wehrt sie sich und schießt — mit dem Auspuff! Ein „alter Rotfrontler" ist Westmar als Augenzeuge dabei behilflich, den Glauben kommunistischer Bauarbeiter an die „Rote Fahne" zu erschüttern: „SA schießt auf wehrlose Arbeiter. Fünf Tote, neun Verletzte, darunter zwei Kinder!" — so verwandelt das kommunistische Zentralorgan plump manipulierend den pfiffigen Auspufftrick der SA in ein Blutbad.

Im Selbstbewußtsein, die Betrugsmanöver kommunistischer Propaganda gründlich entlarvt zu haben, schließt die Sequenz stumm mit einer Karikatur der „Roten Fahne": Westmar zückt die Pistole gegen einen am Boden verröchelnden Arbeiter /502-510/.

Dem widerspricht, daß Hinweise auf den Terror des in Berlin berüchtigten SA-Sturms 5, dessen Führer Horst Wessel war, nicht völlig fehlen. Der Sturm 5 feiert das nationalsozialistische Wahlergebnis mit seinem von Wessel geschriebenen Lied:

„Bei uns, da gibt es kein Hindernis,
Ja bei uns, da muß alles weichen!
Da wo and're greifen vergeblich an,
Da zieht man den Fünften Sturm heran!"/587/

Ein weiterer Hinweis ist die brennende Litfaßsäule, die während des Wahlkampfs ganz offensichtlich von SA-Männern angezündet wird/557/.

Die Ausblendung der Gewalttätigkeit der SA findet also nicht durchgängig statt. Etwaige Zweifel an der Lauterkeit der SA werden aber von vornherein zerstreut durch die Selbstlosigkeit, mit der Hans Westmar den nationalsozialistischen „Kampf um die Seele des deutschen Arbeiters" führt, sowie durch die rohe Gewalt, mit der die Kommunisten Westmars Erfolge beantworten: „Um die Arbeiter ganz zu gewinnen, wird er selbst einer von ihnen, vertauscht Mütze und Schläger mit dem Spaten des Schippers."[11] Der Korpsstudent steigt als Taxichauffeur und Erdarbeiter verkleidet zum Proleten hinab, um ihn moralisch zu sich emporzuheben und damit zum „deutschen Arbeiter" zu machen. Von kommunistischer Meuchelhand gefällt, wird der „strahlendste Blutzeuge der Bewegung"[12] zu Grabe getragen. Als Gegenpart zum verhimmelten Märtyrer entfesselt der Film einen kommunistischen „Hexensabbat"[13].

Am 1. März 1930 war es anläßlich der Beerdigung von Horst Wessel tatsächlich zu Tumulten gekommen[14], die von der „Roten Fahne" übertrieben dargestellt wurden, um die Stärke der eigenen Kampfkraft zu unterstreichen. „Die Nationalsozialisten, die vorher unter dem Schutze der Polizei einzelne Arbeiter überfallen hatten, bezogen daraufhin an verschiedenen Stellen schwere Abreibungen. Die Straßen wurden durch die erbitterten Arbeiter restlos von den Nationalsozialisten gesäubert."[15]

„Hans Westmar" stellt die Straßenkämpfe mit einem hohen Aufwand an Statisterie nach, um zu fingieren, daß die Staatsgewalt dem Ansturm der Kommunisten nur durch den Einsatz von Polizeipanzerwagen Herr werden konnte. Darin folgt die nationalsozialistische Filmversion der „Roten Fahne", die befriedigt feststellte: „Etwas fiel jedem Beobachter auf. Die Arbeiter Berlins lassen sich nicht mehr widerspruchslos von den sozialdemokratischen Polizeihyänen schlagen."[16] „Hans Westmar" betreibt den Aufwand allerdings dazu, um die Kommunisten der moralischen Verwerflichkeit zu beschuldigen, was unmittelbar nach den Vorfällen bereits nicht nur in der nationalsozialistischen Presse geschah:

„Lumpengesindel
Kommunistische Gemeinheit am Grabe eines Ermordeten
Kommunisten haben den Nationalsozialisten Wessel feige ermordet. Die

Mörder, Führer im Rotfrontbund und später in der Antifa, sind dunkle, vorbestrafte Existenzen, die auf die Namen „Ali" und „Pipel" hören. Die Nationalsozialisten haben ihren Toten begraben.die Freunde der Mörder, von der „Roten Fahne" angefeuert, haben den Leichenzug mit Johlen und Schreien gestört, während der Worte eines Geistlichen am Grabe gepfiffen und gelärmt. Zu allem haben sie durch eine Inschrift an der Friedhofsmauer den Ermordeten noch als „Zuhälter" beschimpft. Nach dem Morde die Gemeinheit. Das Lumpengesindel kennt weder Scham noch Menschlichkeit."[17].

So fällt der sozialdemokratische „Vorwärts" sein moralisches Verdikt über die Kommunisten, die „Dem Zuhälter Horst Wessel ein letztes Heil Hitler" an die Friedhofsmauer malen — die SA bleibt ungeschoren. In der laufenden Berichterstattung über den Fall betont der „Vorwärts", daß „Zuhälter und Mörder" das „Milieu der Sturmabteilungen" charakterisieren[18]. Damit sind nicht die nationalsozialistischen Sturmabteilungen (abgekürzt SA) gemeint, sondern der kommunistische Rotfrontkämpferbund, dem der Schütze Höhler angeblich angehört[19]. Der ausschließlich gegen die Kommunisten gerichtete moralische Angriff stellt den sozialdemokratischen Kommentar in eine Front mit dem Pornographen Ewers[20] und Goebbels' Hauspostille „Der Angriff". Nach Fertigstellung der Horst-Wessel-Legende darf der mit der Pfarrersfamilie Wessel bekannte Friedhofsinspektor rückblickend erzählen:

„In der Nacht zum 1. März hatten sie die roten Mauern des Friedhofs mit der gemeinen Inschrift besudelt, die unsern Kameraden noch im Tode zum Zuhälter stempeln wollte. Empörung zittert in der Stimme des alten Becker.

‚Wer den Horst so gekannt hat wie ich, vermag die abgrundtiefe Gemeinheit zu erfassen, die in der Schändung eines Namens liegt, den ein so anständiger, ein so edler Charakter trug wie Wessel. Alles habe ich versucht, um die Sudelei noch rechtzeitig zu entfernen. An der Mauer in der Jostystraße ist es mir gelungen — an der Vorderfront leider nicht.' "[21]

Der moralisierende Charakter der filmischen Übertreibung lebt vom Gegensatz zwischen nationalsozialistischem Märtyrer und kommunistischem Untermenschentum und wird so von der SA-Geschichtsschreibung zur Grundlage nachempfundener Dokumentation gemacht:

„... greifen brüllende Kommune und Untermenschen den schwachen Leichenzug an, sie wollen den Sarg erobern und aufs Pflaster schmettern, die Polizei setzt ein, zu Fuß, mit Berittenen und Panzerwagen, die Hufe der Pferde klirren auf hartem Pflaster, die Straße gellt auf, Schüsse knallen, und wo die Beamten eine Lücke lassen, setzt ein neuer Angriff wüster Massen ein. Die Reichshauptstadt erlebt das Ungeheuerlichste einer wirren

Zeit, die versklavt und schmutzig ist, sie erlebt den offenen und bewaffneten Aufruhr mit dem Zweck der Leichenschändung."[22]

Analog findet die Saalschlacht als Dokument Eingang in den von der NSDAP produzierten Wahlwerbefilm „Gestern und heute" aus dem Jahr 1938[23].

Peinlich ist es allerdings, wenn die in der NS-Presse gelobte „ungeheure Realistik" der Massenszene[24] heutzutage einen Historiker dazu verleitet, den Spielfilm „Hans Westmar" zum „Augenzeugenbericht" aufzuwerten — ein Szenenfoto des Angriffs auf den Trauerzug, das in jeder Geschichte des NS-Films abgelichtet ist, findet sich in einer Dokumentensammlung mit der Bildunterschrift: „Kommunisten stören den Leichenzug mit der Leiche des am 23. Februar einem Attentat erlegenen SA-Sturmführers Horst Wessel[25]. Die Produktion des „Hans Westmar" hatte die Herstellung eines dokumentarischen Spielfilms zum Ziel, dem der Wert eines nachgestellten „Augenzeugenberichts" tatsächlich zuerkannt werden konnte — aus nationalsozialistischer Sicht selbstverständlich. Laut Werbung soll „strengste historische Treue" vor allem durch die Mitwirkung von Wessels SA-Sturm 5 verbürgt werden:

„Zum ersten Male in der Geschichte des Films hat man ein historisches Geschehen darstellen können — so, wie es wirklich geschah ... Die Beschauer des Films mögen versichert sein, daß alles, was sie in diesem Film sehen, mit peinlichster Treue der Wirklichkeit entspricht."[26]

Die gelungene „Nachahmung der Wirklichkeit" wird zur Voraussetzung für eine überzeugende Wirkung des „Hans Westmar" gemacht[27]. So deutet sich hier das Paradox der fiktiven Authentizität als das Prinzip der nationalsozialistischen Dokumentarfilmpropaganda an: Die Nationalsozialisten hatten „begriffen, daß man nicht besser lügen kann als mit Tatsachen"[28].

Daß das filmische Bild der SA grobe Verzerrungen aufweist, zeigt sich daran, daß die mit allen Mitteln betriebene Austreibung des Gewaltcharakters der SA nicht völlig gelingt. Auch der Vorgang des Weglassens selbst hinterläßt im Film seine Spuren:

In einer Sequenz über Wahlkampfaktivitäten wird eine brennende Litfaßsäule gezeigt, von der sich Wahlplakate ablösen und im Vordergrund durchs Bild laufen. Als letztes Plakat erscheint suggestiv „Liste 16 Nationalsozialistische Deutsche Arbeiterpartei Hitler Bewegung". Die Litfaßsäule ist ganz offensichtlich von SA-Männern angezündet worden.

Es liegt nahe, daß die historischen Akteure von seiten der SA, die den Film „Hans Westmar" vorzugsweise besuchen[29], bei diesem Bild die Verbindung zu eigenen, noch aktuellen politischen Praxis ziehen und hier Symbolisches entdecken. Analog

zur Namenssymbolik von „SA-Mann Brand" verweist die brennende Litfaßsäule auf die Vorstellung von dem „Brand", in dem
die Weimarer Demokratie verbrennen muß, damit der Führerstaat der NSDAP als Phönix aus der Asche steige. Auf diese
Weise zeigt diese Einstellung sehr deutlich den „restlosen
Kampfeswillen" der SA, die entschlossen ist, den demokratischen Wirrwarr mit Gewalt zu beseitigen.

Das beim Reichstagsbrand von den Nationalsozialisten be-
nutzte Verfahren übernimmt der Film bei der Zeichnung des
kommunistischen Feindbilds: Die Gewalt ist ganz auf der Seite
der Kommunisten, die auch vor Meuchelmorden nicht zurück-
schrecken, wenn es ihren politischen Zielen dient. Dies entspricht ganz der Tradition der „Rotmord"-Legende, derzufolge
jeder ums Leben gekommene SA-Mann das Opfer eines planmä-
ßigen Überfalls der „Kommune" aus dem Hinterhalt ist. Im
Film wird der SA-Mann Kütemeyer im Anschluß an eine Saalschlacht von Kommunisten verfolgt, bewußtlos geschlagen und
im Landwehrkanal ertränkt. Tatsächlich ertrank Kütemeyer eines Nachts im Landwehrkanal — die keineswegs kommunisten-
freundlichen Justizbehörden konnten aber Goebbels' Behauptung von „Rotmord" nicht mit Fakten erhärten. Dies störte den
Propagandisten Goebbels wenig: Kütemeyer wurde unter die
„Blutzeugen der Bewegung" eingereiht und posthum geehrt —
die Standarte „Berlin" wurde auf dem Parteitag 1929 in Nürnberg umbenannt in Standarte „Kütemeyer"[30].

Daß der Terror der Film-„Kommune" von der realen Gewalttätigkeit der SA abgezogen ist, enthüllt sich am Film selbst, der
die Narben der Projektion noch erkennen läßt: Die Parole „Nazi
verrecke" zum Beispiel, die der kommunistische Hungermarsch
zum Sturmlokal der SA hinaufbrüllt, ist eine nationalsozialistische Erfindung, die dem eigenen Schlachtruf „Juda verrecke"
direkt nachgebildet ist[31]. Das Verfahren des Films, die Kommunisten als Gewalttäter zu brandmarken, läßt sich im Film unmittelbar an den Kommunisten ablesen, die ihre Gewalt gegen
die SA damit legitimieren, daß sie ihr den Part des Angreifers
zuschreiben. Die Saalschlacht wird damit eingeleitet, daß die
SA-Männer als „Faschistenhunde", „braune Mordpest", „Goeb-
belsbanditen", die von der „Schwerindustrie gekauft" seien, beschimpft werden. Auf diese Weise zu politischen Verbrechern ab-
gestempelt, kann jede Rücksicht gegen diese „Todfeinde der Arbeiterklasse" fallengelassen werden: Das Beispiel Kütemeyer
demonstriert dem Zuschauer, daß die „Kommune" den Ruf
„Schlagt sie tot"/212/ in die Tat umsetzt.

Eben dieses Verfahren betreiben die Nationalsozialisten.
Anläßlich des Verbots der kommunistischen Losung „Schlagt

die Faschisten, wo ihr sie trefft!" durch die Generalstaatsanwaltschaft kann die Rote Fahne einen Kommentar von Goebbels' Zeitung Der Angriff zitieren, aus dem hervorgeht, wie die Nationalsozialisten einen Angreifer zu behandeln gedachten:

„Hier gibt es nur eines: Macht zu sammeln, um diese Giftbrut im Karl-Liebknecht-Haus, an der nichts Menschliches mehr ist, dereinst mit Stumpf und Stiel auszurotten. Auf die legalste Weise. So wie man Ratten oder Wanzen vertilgt."[32]

Also wird den Kommunisten im Film eine Behandlungsweise der SA-Männer angelastet, die diese in Wirklichkeit den Kommunisten angedeihen ließen. Das inszenierte Untermenschentum der Film-„Kommune" muß dafür herhalten, um dem Publikum des Jahres 1933 die Liquidierung der Arbeiterbewegung in den „wilden KZs" der SA und SS als rechtens hinzustellen. Der Film „SA-Mann Brand" ist sich der Überzeugungskraft seines antikommunistischen Feindbilds so gewiß, daß er die Verbindung zwischen der blutrünstigen Film-„Kommune" und der 1933 erfolgten Liquidierung der KPD unmittelbar zieht und zum Schluß zeigt, wie SA-Hilfspolizei Kommunisten aus ihren Wohnungen holt und abtransportiert.

Von diesem historischen Endpunkt des „Kampfes um die Straße" zwischen SA und KPD her wird klar, daß es der NSDAP um die Liquidierung des politischen Gegners ging. Ihrem Selbstverständnis nach kämpfte die NSDAP „gegen bürgerliche Feigheit und marxistischen Terror"[33]. Sie befand sich in einer zweifachen Frontstellung gegen die traditionellen bürgerlichen Parteien und gegen die Arbeiterbewegung, besonders die KPD. Um den Bürgern die „Feigheit" auszutreiben, sollte demonstrativ der „marxistische Terror" gebrochen werden. Zu diesem Zweck wurden die Sturmabteilungen der nationalsozialistischen Parteiarmee in den „Kampf um die Straße" geschickt. Die SA macht der Arbeiterbewegung das „Recht auf die Straße" streitig, um die Anhänger der bürgerlichen Parteien für die NSDAP zu gewinnen:

„Die Straße aber ist nun einmal das Charakteristikum der modernen Politik. Wer die Straße erobern kann, der kann auch die Massen erobern; und wer die Massen erobert, der erobert damit den Staat. Auf die Dauer imponiert dem Mann aus dem Volk nur die Entfaltung von Kraft und Disziplin."[34]

Die Strategie der SA — Demonstration und Einsatz von öffentlicher Gewalt gegen die Arbeiterbewegung — ist integraler Bestandteil des Legalitätskonzepts der Partei und unerläßliche Voraussetzung für die Gewinnung von Wählerstimmen aus dem Reservoir der bürgerlichen Parteien. Gewalt ist ein Mittel für die legale Eroberung der Staatsmacht, die auf parlamentarischem Weg eine Mehrheit für die Abschaffung der Demokratie zustandebringen will.

Die von der SA ausgeübte öffentliche Gewalt tritt in zwei Formen auf: als physischer Terror nach dem Motto „Slah dot" in der direkten Auseinandersetzung mit der Arbeiterbewegung und als die ritualisierte Gewalt der Werbemärsche. Diese soll dem Wähler der traditionellen bürgerlichen Parteien Kraft und Entschlossenheit vorführen, jene die damit verbundene Härte und Rücksichtslosigkeit gegenüber der Arbeiterbewegung, die er bei den anderen Parteien vermißt. Beide Ausprägungen nationalsozialistischer Gewaltpraxis gehören zusammen. Das klingende Spiel der diszipliniert marschierenden SA-Kolonnen wird regelmäßig von Schlägereien begleitet. Wahlstatistiken zeigen: Die Sturmabteilungen der NSDAP haben den Wählern der bürgerlichen Parteien — mit Ausnahme des Zentrums — erfolgreich klargemacht: Die durch die Weltwirtschaftskrise anwachsenden Schwierigkeiten können nicht mehr durch den parlamentarischen Ausgleich der Interessenegoismen bewältigt werden, sondern nur noch durch den Zusammenschluß aller in der nationalen Volksgemeinschaft[35], die gegen die Klassenbewegung der Arbeiter erzwungen werden muß. Westmar beschwört seine Korpsbrüder:

„Da draußen marschiert der Feind ... da geht's um ganz Deutschland, da unten, auf der Straße ... Wir dürfen jetzt nicht abseits stehen. Wir müssen kämpfen, Hand in Hand mit dem Arbeiter! ... Es darf eben jetzt keine Klassen mehr geben. Auch wir sind Arbeiter — Arbeiter der Stirn! Und unser Platz ist jetzt neben unserem Bruder, dem Arbeiter der Faust!"/105-114/

Die spätere Goebbelslegende: „Arbeiter und Student haben gemeinsam die deutsche Revolution gemacht"[36], kann schon deshalb nicht stimmen, weil der „Arbeiter der Faust" sich noch überwiegend im gegnerischen Lager befindet. Die als nationaler Sozialismus angestrebte Klassenverbrüderung muß ihm erst noch eingebläut werden.

Die kleinbürgerliche Moral muß deshalb selbst ein Stück weit plebeisch werden: Sie muß zuschlagen, um den Kanon ihrer Ideale von Recht und Ordnung im nationalen Führerstaat zu verwirklichen. In diesem Punkt besteht die Leistung der faschistischen Massenbewegung darin, daß der Bürger dem Gewaltmonopol des Staats seine Anerkennung entzieht, indem er selbst Gewalt gegen den politischen Gegner ausübt oder diese billigt.

Der Film „Hans Westmar" versucht den physischen Terror der SA auszublenden und beschränkt die Präsentation von SA-Gewalt auf die ritualisierte Form „friedfertiger" Werbemärsche.

Damit nimmt der Film dem nationalsozialistischen Sieg im „Kampf um die Straße" die reale Grundlage, indem er sie in den Idealismus vom „SA-Geist" verkürzt. Zur materiellen Kraft ist er geworden, weil die SA-Männer mit diesem Geist im Kopf brutal zugeschlagen haben. Davon erzählt der Film „Hans Westmar" nichts.

Trotzdem wird das Grundmuster der öffentlichen Auseinandersetzung am Ende der Weimarer Republik deutlich: Die proletarische Öffentlichkeit vor allem der KPD wird von der faschistischen Öffentlichkeit der SA mehr und mehr von der Straße verdrängt. Im Zuge dieses Prozesses, im Zuge der Zuspitzung der Alternative „Hakenkreuz oder Sowjetstern" auf der Straße zersetzt sich die bürgerliche Öffentlichkeit so sehr, daß sie den von der SA freigekämpften Platz im neuen Staat willig einnimmt und den braunen Bataillonen hinterhermarschiert.

Anmerkungen

1 Zahlen in Schrägstrichen geben die Einstellungen gemäß dem Einstellungsprotokoll von „Hans Westmar" an (Loiperdinger 1980).
2 Filmkurier vom 11.8.1933
3 Regel 1966, S. 6
4 Der Angriff, 1.10.1928, zit. nach Tyrell 1969, S. 290
5 Six 1936, S. 35
6 Heß am 4.12.1933 in Blankenburg vor den Politischen Leitern Thüringens, zit. nach Gehl 1937, 2. Heft, S. 23
7 Koch 1934, S. 190
8 Osaf von Pfeffer, SA-Befehl Nr. 3 (SA und Öffentlichkeit) vom 3.11.1926, zit. nach Tyrell 1969, S. 235
9 ebenda, S. 236
10 vgl. Bessel 1977
11 Illustrierter Filmkurier Nr. 2034: „Hans Westmar"
12 ebenda
13 Günther o.J., S. 21
14 Zum tatsächlichen Verlauf vgl. den Bericht des Vorwärts vom 2.3.1930
15 Rote Fahne, 2.3.1930
16 ebenda
17 Kommentar des Vorwärts vom 2.3.1930
18 Vorwärts vom 19.1.1930
19 Zur tatsächlichen Verteilung von Moral und Unmoral vgl. die Beurteilung des Mords sowie den Bericht über die Gerichtsverhandlung durch Höhlers Verteidiger (Apfel 1934, S. 197-209); vgl. dazu jetzt Oertel 1988
20 vgl. Ewers 1933, S. 153 und S. 259
21 Der Angriff vom 9.10.1933
22 Koch 1934, S. 188f.
23 vgl. Dammeyer 1977, S. 24
24 Kinematograph Nr. 242, 1933; vgl. auch Morgenpost, Berlin, vom 14.12.1933, Der Film Nr. 51 vom 16.12.1933, Günther o.J., S. 3 und S. 27

25 Deuerlein 1968, Foto gegenüber von S. 252
26 Illustrierter Filmkurier Nr. 2034: „Hans Westmar"
27 Günther o.J., S. 27
28 Richter 1973, S. 69
29 vgl. Scheringer 1979, S. 260 f.
30 Tyrell 1978, S. 21
31 Leiser 1978, S. 41
32 Der Angriff, 23.1.1930, zit. in Rote Fahne, 24.1.1930
33 Aussage eines SA-Manns, zit. nach Hennig 1977, S. 291
34 Goebbels 1932, S. 86
35 vgl. etwa Hitlers Wahlrede in Eberswalde am 27.7.1932, abgedruckt in: Terveen 1971
36 Goebbels, Rede zur Studentenkampfwoche „Jugend für deutschen Sozialismus" im Berliner Sportpalast am 14.12.1933, zit. nach Überschrift in Der Angriff vom 15.12.1933.

Kapitel 4
„SA-Mann Brand": Die Präsentation der „NS-Bewegung" von unten

Uwe Schriefer

1. Vorbemerkungen

Der Film SA-Mann Brand verherrlicht nicht wie „Hans Westmar" einen Heroen der Bewegung, stellt auch nicht den politischen Weg einer Person wie „Hitlerjunge Quex" in den Mittelpunkt des Geschehens, vielmehr will er die NS-Bewegung als eine vom Volk ausgehende und getragene „Bewegung" vorstellen.

Die Opferbereitschaft, der Kampf und der Sieg der „Bewegung" werden exemplarisch anhand der Bewohner des Mietshauses, in dem Fritz Brand mit seinen Eltern wohnt, dargestellt. Fritz Brand, Frau Lohner und ihr Sohn Erich bekennen sich von Anfang an zum Nationalsozialismus. Sie betreten die Filmhandlung, ohne ihren Standpunkt zu explizieren. Aus der Bebilderung ihres sozialen Umfeldes werden aber Motivationsstrukturen deutlich, die ihre Entscheidung für den Nationalsozialismus rekonstruierbar werden lassen.

In der Figur von Brands Vater repräsentiert der Film die Personifizierung der Sozialdemokratie. Anhand des Handlungsbogens zwischen Vater und Sohn, an dessen Ende die Konversion des Vaters zum Nationalsozialismus steht, werden Bewußtseinsstrukturen manifest, wie im übrigen auch bei den anderen Hauptfiguren des Films, deren gemeinsamer Nenner das eingestandene oder latent vorhandene Bekenntnis zum Nationalismus ist und das sich des kommunistischen Feindbildes kontinuierlich bedient: zur Rechtfertigung des eigenen Standpunktes und zur Mobilisierung des nationalen Ressentiments, um daraus politisches Kapital für die Sache des Nationalsozialismus zu schlagen.

Die Präsentation des Nationalsozialismus in der Figur Fritz Brand und der SA als der überlegenen Macht gegenüber Kommunisten, Sozialdemokraten und dem katholischen Zentrum[1] erfolgt kontrastierend unter Verwendung nationalsozialistischer Propagandatopoi.

In der Schilderung des Alltags von Brands Vater lassen sich Parallelen zur Politik der SPD in der Endphase der Weimarer Republik nachweisen.

Wir halten die eingehende Beschäftigung mit den hier skizzierten Positionen und ihren wechselseitigen Wirkungsmechanismen für bedeutsam, weil sie Einblick in ein Stück Sozialgeschichte dieser Zeit eröffnen.

Zur Produktionsgeschichte:

Uns liegen bisher keine Akten vor, die Auskunft über die Produktionsgeschichte dieses Films geben könnten. Der gegenwärtige Stand der Nachforschungen läßt den Schluß zu, daß sie durch Kriegseinwirkungen vernichtet wurden.

Der Film „SA-Mann Brand" ist im Gegensatz zu den anderen Filmen der Trilogie nicht nach einer Literaturvorlage, die auf einer „wahren Begebenheit" beruht, entstanden. Der Film sollte dem „unbekannten SA-Mann", der „Bewegung" und dem als „opferungsvollen Kampf" titulierten Terror der SA ein Denkmal setzen.

Die Drehbuchautoren waren daher gezwungen, sich an möglichst „authentische" Schilderungen aus der Sphäre der NS-Zeitungsberichterstattung und Trivialliteraturproduktion zu orientieren. Die Notwendigkeit der Bezugnahme auf kompetente Schreiber der „Bewegung", die gerade die „Macht im Deutschen Reich ergriffen" hatte, war sicher von gewichtigem politischen und finanziellen Interesse getragen: Sollte der Film ein Erfolg werden, mußte er den Vorstellungen der neuen Herren entsprechen.

So diente Goebbels' Buch „Kampf um Berlin", in dem er seine Tätigkeit als Gauleiter der Berliner NSDAP „beschreibt", als Vorlage zur Bebilderung der Kommunisten. Auch das Wort vom „unbekannten SA-Mann", mit dem Fritz Brand in der zweiten Einstellung des Films vorgestellt wird, beruht auf den „Kampferlebnissen" von Goebbels, der hierfür die Urheberschaft reklamiert. Er will „das Wort" während einer Saalschlacht am 11.2.1927 in den Berliner Pharussälen geprägt haben — während er inmitten seiner „blutig niedersinkenden" SA-Schläger stand! (sic)[2] Wir verweisen an den entsprechenden Stellen der Filmhandlung auf Einspielungen — so der politischen Rede, des NS-Ideologiebegriffs „Vaterland" oder des kommunistischen Feindbildes und würdigen ihre Übernahme und Wirkung in den Spielfilm.

„SA-Mann Brand" kam als erster Film der Trilogie am 14.6.1933 in die Kinos. Die Annahme einer zwei- bis dreimonatigen Produktionsdauer erscheint im Vergleich mit den beiden anderen Filmen als realistisch. Die Entstehung des Films fiel also genau in die Zeit des eskalierenden Terrors der SA. Wir erachten deshalb als erforderlich, auf die Legitimationsfunktion des Filmes in der uns hier gebotenen Kürze hinzuweisen, dessen Handlungsbogen von den Anfängen der „Bewegung" bis zu den Wahlen vom 5. März 1933 reicht. Deren Ergebnis „bildete den Ausgangspunkt für die binnen einer Woche durchgeführte Gleichschaltung derjenigen Länder, die bisher noch nicht unter nationalsozialistischer Führung standen. (...) Hier zum ersten Mal bedurfte es in entscheidendem Maße des Druckes der nationalsozialistischen Bewegung von unten."[3]

Besondere Bedeutung erhielt in diesem Zusammenhang ein Polizeierlaß des kommissarischen preußischen Innenministers Göring vom 22.2.1933[4], der die Aufstellung einer Hilfspolizei ermöglichte, die sich aus den „nationalen Verbänden" rekrutieren sollte. SA und SS nutzten diese Befugnis „mehr und mehr zum terroristischen Instrument der Partei, (...) zu jeder Art von politischer Gegnerbekämpfung"[5]. Es kam zu wahllosen barbarischen Exzessen, zu Demütigungen von Gegnern in der Öffentlichkeit und deren Verbringung in die ersten „wilden KZ" der SA.

Der Film folgt der nach dem Reichstagsbrand offiziell ausgegebenen Version eines unmittelbar bevorstehenden bewaffneten Aufstandes der Kommunisten, die den Terror der SA zu rechtfertigen hatte. Die SA wird als einzig ernstzunehmender Ordnungsfaktor gegenüber dem kriminalisierten kommunistischen Gegner präsentiert, der gegen Ende des Films von SA-„Hilfspolizei" verhaftet wird /397, 401, 402/[6a]. Nach dem Reichstagsbrand richteten sich die Aktionen der SA vorwiegend gegen Kommunisten, die Zahl der Verhaftungen allein in Preußen bis zum 15. März 1933 schätzt Broszat auf mehr als zehntausend.[6]

2. Die Begründung des NS-Standpunktes durch Fritz Brand

Kurz nach dem Attentat der Kommunisten auf Fritz Brand versucht seine Mutter, ihm die SA auszureden, er antwortet ihr: „Gib dir keine Mühe Mutter, ich bleibe SA-Mann" /66/. Die Mutter fragt nach: „Ist denn der Verein das wert, daß Du Dein Leben aufs Spiel setzt?" /66/". Fritz Brand ist leicht fassungslos: „Das ist kein Verein Mutter, das, ne', das is' eine Bewegung, ja eine Freiheitsbewegung. Unser Kampf, der geht um etwas ganz Großes, um Deutschlands Freiheit, da zählt ein Menschenleben doch nicht viel, wenn es um ein ganzes Volk geht — begreifst' de das nicht?" /66/ Der sonst so eloquente Sohn muß bei der Beantwortung der Frage, warum er denn eigentlich SA-Mann ist, nach

Worten ringen, steigert lediglich die Bedeutung des Wortes Bewegung über Freiheitsbewegung auf Deutschlands Freiheit. Dann aber, wenn er Volk und Bewegung gleichgesetzt hat, kommt es ihm leicht über die Lippen, ganz so wie sich die NS-Protagonisten den SA-Mann vorgestellt hatten: „... einem Gesetz gehorchend, das er nicht einmal kennt und nur mit dem Herzen fühlend umschließt".[7] Aber die Mutter begreift dennoch. Am Ende des Gesprächs faltet sie andächtig die Hände und bittet den lieben Gott um einen Schutzengel für den Sohn und natürlich für den Kampf der Bewegung, die nationale Sache.

Die Begründung des NS-Standpunktes durch Fritz Brand gerät hier zur Farce, gerinnt zur Glaubenssache, seine Mutter macht das, „...was Mütter in NS-Filmen zu tun pflegen: sie gibt ihrem Sohn recht."[8]

Die SA vertrat in der Öffentlichkeit durch ihr geschlossenes militärisches Auftreten die Einheit und Stärke der NSDAP; Symbole waren deshalb von großer Bedeutung. So sah Joseph Goebbels „die einheitliche Uniform (als) Ausdruck der gleichen Gesinnung."[9] Das von der Reichsregierung erlassene SA- und SS-Verbot, das auch das Tragen der Uniform in der Öffentlichkeit untersagte, hatte eine stark demoralisierende Wirkung auf Brands SA-Kameraden, die sich alle in Zivil im SA-Lokal treffen: 1. SA-Mann: „Ja, ja, so hat's kommen müssen". 2. SA-Mann: „Jetzt schau'n mer sauber aus, was mach' mer jetzt?" 3. SA-Mann: „Tja zum Kotzen." 4. SA-Mann: „Des is' unglaublich." Fritz Brand: „Vorläufig könn' mer nichts machen." 5. SA-Mann: „Ja was soll'n jetzt werden, das ist die Frage!" Fritz Brand: „Gibt's denn da überhaupt 'nen Zweifel? Durchhalten und weiterkämpfen!" 6. SA-Mann: „Durchhalten und weiterkämpfen."/228/ Der Verlust des nach außen alle einenden Symbols bewirkt bei den SA-Männern eine starke Verunsicherung ihrer NS-Position. Schlaglichtartig wird hier die Angst vor der Deprivation erkennbar. Die Bedeutungslosigkeit in der Masse der Arbeitslosen war ja gerade über die SA mit ihrem umfassenden Angebot zu Aktivitäten überwunden worden, vermittelte so das Gefühl, gebraucht zu werden, und wertete das Selbstbewußtsein, auch über die Uniform, in der Öffentlichkeit auf. In einer solchen Krisensituation kann nur die Mobilisierung der alle einenden Idee eine Organisation vor dem Zerfall retten. Fritz Brand erfaßt diese Situation und beschwört den allen gemeinsamen „Geist": den Willen zum Kampf. Der 6. SA-Mann wiederholt Brands Worte wie einen korrekt erhaltenen Befehl. Es bedarf also keiner inhaltlichen Bestimmung des Begriffes „Kampf", es genügt offenbar die Erinnerung, um eine suggestive Wirkung

Der Feind

/Westmar 24/ Drahtzieher aus Moskau

/Quex 360/ Kommunistischer Mob

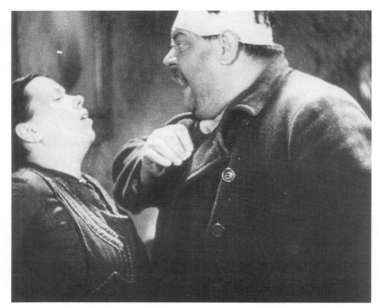

/Quex 57/ Szenen einer Ehe

/Quex 293/ Tödlicher Ausweg für die Mutter

Ersatzfamilie

/Quex 100/ Verkommene Kommunisten-Jugend

/Quex 127/ Zucht und Ordnung im HJ-Lager

Väter und Söhne

/Brand 165/ Von Arbeiterbonzen enttäuscht

/Brand 166/ Sozialdemokrat mit Kriegserlebnis

Väter und Söhne

/Quex 144/ Kommunist aus Verzweiflung

/Quex 374/ Freudiger Einsatz für Deutschland

Märtyrer

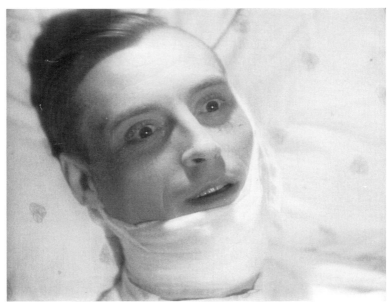

/Westmar 729/ Deutschland-Vision auf dem Sterbebett

/Westmar 768/ Abwehr kommunistischer Leichenschändung

Märtyrer

/Brand 348/ Von der ‚Kommune' erschossen

/Quex 430/ Vor dem tödlichen Messerstich

Abgang

/Brand 402/ Abtransport ins KZ

/Quex 437/ Einordnung in das ‚neue Deutschland‘

herzustellen, die einen Prozeß der kollektiven Selbstradikalisierung einleitet, der es einem einzelnen „Kämpfer" fast unmöglich macht, sich zu entziehen. Der moralische Appell des SA-Truppenführers: „...wer jetzt den Führer im Stich lassen würde /-/ wäre ein Schuft!"/228/, trifft die soldatisch kämpferische Mentalität der SA-Männer genau: Nachdenken oder Zweifel haben ist gleichbedeutend mit Feigheit, der größten Untugend eines „Kämpfers".

Die erkennbare Verunsicherung der SA-Männer infolge des Uniformverbotes bewirkte eine „nun erst recht"-Haltung und „hat den Haß auf „das System" sehr nachhaltig geschürt"[10], exzessive Ausschreitungen der SA geradezu gefördert.[11]

Fritz Brand ist von Anbeginn des Films Nationalsozialist; eine auch nur annähernd befriedigende intellektuelle Begründung seiner NS-Position zu *artikulieren, bleibt ihm versagt.* Fritz Brand will kämpfen für: Deutschlands Freiheit, Arbeit und Brot, die Bewegung, das Vaterland und Adolf Hitler. Die stereotype Aufzählung allein dieser „Werte" gibt noch keinen Einblick in konkrete Erfahrungen der Person Fritz Brand, welche die Grundlage für seine Entscheidung zum Nationalsozialismus erhellen würde. Kann der Held Fritz Brand nur seinen Glauben als SA-Mann verbalisieren, so ist die Filmhandlung gezwungen, dies konkreter zu bebildern.

3. Das politisch-soziale Umfeld des NS-Protagonisten

Nach einer heftigen emotionalen Auseinandersetzung mit dem Vater um die SA-Uniform des Sohnes erinnert ihn seine Mutter: „... du bist doch jetzt der einzige Verdiener in der Familie, dem Vater hat man sogar die Krisenunterstützung gestrichen, solange iss er schon arbeitslos."/66/ In dieser Konstellation der Figuren ist bereits die Personifizierung des sozialdemokratischen Feindbildes und der NS-Selbstdarstellung deutlich vorweggenommen. Der Vater ist ausgesteuert, die Arbeitslosigkeit hat ihn demoralisiert, ihm ist die materielle Basis seiner Rolle als Familienoberhaupt entzogen. Der Sohn ist an seine Stelle getreten und mit ihm der Nationalsozialismus. Die patriarchalische Vormachtstellung des Vaters, die er dennoch beansprucht, auch die politische, gründet auf Tradition. Vater Brand: „... Ich bin alter Sozialdemokrat. Dreißig Jahre gehöre ich jetzt der Partei an und ich meine, wo der Vater steht, da gehört auch der Sohn hin, jedenfalls bei mir war es so."/59/ Diese Äußerung und die Lektüre des „Vorwärts" sind die einzigen Anhaltspunkte, an denen die Parteizugehörigkeit des Vaters erkennbar wird. Der Vater hat keine privaten Kontakte innerhalb der SPD, er ist auch innerhalb des Mietshauses isoliert. Das ändert sich erst nach seinem Übertritt zum Nationalsozialismus. Die „Lagermentalität" der SPD, ihr Verharren in Traditionen, ihre Ferne zur „Volksgemeinschaft" soll derart symbolisiert werden. Im Gegensatz dazu der Sohn: er hat zu allen im Haus vertretenen Gruppen Kontakt oder „setzt" sich mit ihnen „auseinander". Der Vater verharrt in einer resignativen Haltung, ist ängstlich und angepaßt. Als Fritz Brand nach Hause kommt und von seiner Entlassung berichtet, fragt der Vater ängstlich: „Hast'e was angestellt?"/158/.

Die in der Figur des Vaters erkennbare Anpassung, seine Unfähigkeit zur Handlung gegenüber der sozialen und politischen Realität, seine durch die lange Arbeitslosigkeit verursachte Hilflosigkeit in der Auseinandersetzung mit dem Nationalsozialismus prägen seine Situation. Die hoffnungslose Lage des Vaters stößt Fritz Brand ab, und die Aussicht, sein Schicksal in der Arbeitslosigkeit zu teilen, weckt in ihm den einen Wunsch: Das Gegenteil von dem zu sein, was sein Vater ist. Das bedeutet für Fritz Brand vor allem: kämpferisch zu sein.

Das Versagen des Vaters, sein Scheitern bei dem Versuch der Errichtung eines stabilen politischen Systems, nimmt ihm seine Glaubwürdigkeit. Der deklassierte, arbeitslose Vater kann in der Auseinandersetzung mit seinem Sohn nur noch seine dreißigjährige Parteizugehörigkeit für sich reklamieren. Dies kommt im Angesicht fortschreitender Arbeitslosigkeit und Massenverelendung einer politischen Bankrotterklärung gleich. Die generationstypische Disposition des Sohnes, es anders zu machen als der Vater, erfährt unter diesen Bedingungen eine Bereitschaft zu extremem Protest an den bestehenden gesellschaftlichen Verhältnissen. Diese Disposition Fritz Brands könnte prinzipiell aber auch die Möglichkeit einschließen, Kommunist zu werden. Die Filmhandlung schließt das aus, indem sie Fritz Brand a priori als „deutschdenkenden" Arbeiter (sprich nationalsozialistisch orientiert) vorstellt, dem es zwar versagt bleibt, dieses Attribut verbal zu definieren, ihm aber über die Charakterisierung der Kommunisten eine moralische Legitimation seines Standpunktes verschafft. Der Film präsentiert die Kommunisten als Kriminelle, willige Objekte in der Hand eines russischen Agenten, Handlanger und Sklaven im Dienst einer ausländischen Macht.

Seine Entscheidung für Deutschland ist also aus moralischen Gründen nur über eine Parteinahme für den Nationalsozialismus realisierbar. An diesem Punkt wird auch eine erste Übereinstimmung mit dem sozialdemokratischen Vater evident, der über die „Rotmordterror-Schlagzeile" der SA-Zeitung seines Sohnes nachdenkt und so mit Hilfe seiner Frau zu überraschenden Erkenntnissen gelangt. Vater Brand: „Ach, das ist doch/-/ wenn das wahr ist, was da in der Zeitung steht, dann muß sich ja jeder anständige Proletarier schämen, daß sich diese Lumpen (die Kommunisten, U.S.) auch Proletarier nennen."/154/ Diese Differenzierung beschränkt sich vorerst noch auf gute und schlechte Arbeiter. Frau Brand führt dann das Gespräch zur „nationalen Frage": „Es ist traurig, daß ein deutscher Arbeiter den anderen umbringt." Vater Brand: „Vor dem Krieg hat's sowas auch nich' gegeben." Mutter Brand: „Unser Fritz sagt, daß die Arbeiter nur verhetzt sind von ihren Führern, die den Bolschewismus in Deutschland wollen."/154/ Die Wahl des Begriffes Bolschewisten betrifft nur die Führer der Kommunisten und weist sie als Handlanger einer fremden Macht aus, die Deutschland erst ins Chaos stürzen, um dann den Machtanspruch Moskaus durchzusetzen. Nun „erwacht" auch Vater Brand, er fragt fast erstaunt über seine Erleuchtung: „Warum duldet denn die Regierung so einen Saustall, diese Brüder gehören ja davongejagt."/155/

Versetzt zu dieser Erkenntnis von Vater Brand zeigt die Filmhandlung die Komplizenschaft von Marxisten und Juden. In der Verpflichtung des „Sowjetagenten Turrow" stehend, bewirkt der sozialdemokratische Stadtrat Rohlat, gewissermaßen als Bruderhilfe, (Rohlat: ...„raus mit dem Hakenkreuzler"/136/), bei dem von ihm durch Aufträge abhängigen Arbeitgeber von Fritz Brand, dem Juden Neuberger („Der Mann fliegt sofort"/137/), dessen sofortige Entlassung.

Die Filmhandlung greift in der Figur Rohlats auf reale Ereignisse in der Endphase der Weimarer Republik zurück:

Rohlat verkörpert den sozialdemokratischen Personaldirektor der Berliner Verkehrsgesellschaft (BVG) Brohlat. Die Stationen seiner Karriere breitete der Völkische Beobachter genüßlich aus[12]: Von Beruf Schmied, 1919 Stadtrat in Berlin, 1929 avanciert er zum Personaldirektor der BVG und gerät in dieser Eigenschaft in den Verdacht, am Sklarek-Skandal beteiligt zu sein. Die Gebrüder Sklarek, Kleiderfabrikanten, belieferten die Stadt Berlin mit Konfektion. Im Jahre 1929 wurden ihnen Unterschlagungen in Höhe von 10 Millionen Mark zur Last gelegt[13]. Gegen Brohlat wurde eine Untersuchung eingeleitet; seine Unschuld beteuernd, gab er eine eidesstattliche Erklärung ab. Im Lauf der Ermittlungen wurde seine Beteiligung jedoch nachgewiesen. Brohlat hatte Seidenhemden zum Vorzugspreis bezogen, gegen ihn wurde Anklage erhoben, am 25. Februar 1933 das Urteil gefällt: Ein Jahr Gefängnis und zwei

Jahre Ehrverlust wegen Meineides. Seit dem Sommer 1931 lieferte Brohlat der NS-Presse Schlagzeilen à la „Seidenhemden-brohlat kommt mit der Hundepeitsche"[14]. Brohlat verkörperte den „sozialdemokratischen Bonzen", der sich auf Kosten der Arbeiter bereicherte; das Ende dieser von der NSDAP weidlich genutzten Affaire, zu der auch eine „Kampfschrift" unter dem Titel „Brohlatariat"[15] erschien, war die Nachricht von seiner fristlosen Entlassung.[16]

Diese Einspielung in der Figur des Stadtrats Rohlat, der gut genährt und mit feinsten Anzügen gekleidet vor die Kamera tritt, ist der quasi lebende Beweis der NS-Theorie von den gutmütigen deutschen Arbeitern und ihren verbrecherischen Führern, den sozialdemokratischen Bonzen, die den Staat als ihre Pfründe betrachten.

Nach seiner Entlassung geht Fritz Brand nach Hause, unbemerkt von seinem Vater betritt er die Wohnung, hört die Aufforderung des Vaters, „diese Brüder davonzujagen" und antwortet ihm: „Sehr richtig, s'iss ja das, was unser Hitler immer sagt."/155/ Diese erste Übereinstimmung von Vater und Sohn, der Antikommunismus, verflüchtigt sich schnell über der Nachricht vom Verlust des Arbeitsplatzes von Fritz Brand. Die Antwort des Vaters: „So,/—/ das sind die Früchte von eurer Politik (...). Jetzt kannst du runterbeißen von deinem Hakenkreuz,/—/ Idiot!"/160f/, hat projizierenden Charakter, sie ist Ausdruck der Unfähigkeit des Vaters, ein politisches Erklärungsmuster für die eigene Arbeitslosigkeit vorweisen zu können. Der Vater argumentiert vor dem Hintergrund seines schlechten Gewissens und eröffnet so dem eloquenten Sohn die Möglichkeit, nun seinerseits moralisch zu argumentieren. Fritz Brand führt die politische Rede in den Film ein: „(...) weil auch du zu den Arbeitern gehörst, die nur das glauben, was ihnen ihre Zeitungen vorlügen/—/, ja, bist du denn blind, daß du nicht siehst, was in Deutschland vorgeht, eure Parteibonzen, die fressen sich die Bäuche voll/—/ auf eure Kosten und stürzen euch immer mehr ins Unglück und Verderben, (höhnisch) wo sind denn die Versprechungen vom November 1918, wo sind denn die Freiheit und die Gleichheit, wo ist denn die Brüderlichkeit? Ist das Freiheit, wenn man deutschdenkende Arbeiter niederknüppelt, und ist das Gleichheit, wenn sich eure Bonzen am Volksgut bereichern und sich im Ausland Paläste bauen, und ist das Brüderlichkeit, daß man uns hetzt und totschlägt, nur weil wir für ein neues freies Deutschland eintreten?"/171/

In dieser Rede stellt der SA-Mann die Ideale der Arbeiterbewegung und der bürgerlichen Revolution des 19. Jahrhunderts in Frage: er denunziert sie; höhnisch kann er seinen Vater an ihre nicht erfolgte Realisierung erinnern und stellt darüber hinaus ihre Allgemeingültigkeit in Frage, indem er ihre Nichtanwendung auf die SA anführt und so dem Vater auch die ideologische Verkommenheit seiner sozialdemokratischen Position vorführt.

Die innerfilmische NS-Argumentation verfolgt hier das Ziel der Herstellung einer Konkurrenzsituation der Ideale, um auf dieser moralorientierten Ebene Überlegenheit und Stärke zu demonstrieren. Der arbeitslose Vater reagiert hilflos („Vom Reden ist noch keiner satt geworden"/169/) und bietet so dem Sohn die Gelegenheit, ihn an seiner empfindlichsten Stelle zu treffen: der eigenen Inaktivität. Fritz Brand: „Du kannst ja schweigend verhungern, aber ich wehr' mich und mit mir tausende von Kameraden"/170/.

Die Bebilderung dieser Ankündigung, die Präsentation des Kampfes der SA, des Nationalsozialismus als „Sache der Tat", leitet die Konversion von Vater Brand zur NSDAP ein.

Fritz Brand hat den Kommunisten mit Hilfe seiner SA-Kameraden das Waffendepot ausgeräumt, er wird bei dieser Aktion durch einen Schuß verwundet. Seine Eltern besuchen ihn im Krankenhaus, Brands SA-Truppführer steht bereits an seinem Bett. Vater Brand: „Passiert wenn dir was wär', den Lumpen hätt' ich umgebracht! (...) Essen ist die Hauptsache" (...) zum SA-Truppführer gewandt, „ich hab nämlich 'nen Lungenschuß gehabt, im Felde". SA-Truppführer: „Hmm". Vater Brand: „So viel ham'se im Lazarett gar nich' heranschleppen können — was ich gegessen habe, (...) oder war'n sie vielleicht bloß in der Etappe?" SA-Truppführer: „Nein, ich war schon ordentlich mit dabei."/297/ Die Entscheidung für den Nationalsozialismus ist hier schon gefallen, der Vater verhält sich zum ersten Mal zu seinem Sohn, tritt ihm freundschaftlich gegenüber, alle Vorhaltungen und Angriffe wegen seiner SA-Zugehörigkeit sind vergessen.

Er nähert sich dem SA-Truppführer unbefangen, verabredet sich mit ihm nach dem Krankenbesuch zu einer Unterhaltung über die „alten Kriegserlebnisse". Vater Brand ist zurückgekehrt in den Kreis seiner „wirklichen Kameraden". Seine Konversion vollendet er bei der Reichstagswahl vom 5. März 1933: er wählt, gut sichtbar, Liste 1, Adolf Hitler.

Der Sohn hat mit seiner Agitation und mit seinem „Kampf" die Besinnung des Vaters auf seine Kampfzeit geweckt, die er in den Schützengräben des Ersten Weltkrieges verbrachte! Hier wird eine auf den Nationalismus sich gründende Traditionslinie des Vaters manifest. Der Vater ist als Patriot in den Krieg gezogen und er ist es geblieben. Die NSDAP präsentiert sich ihm, in der Figur seines Sohnes, als Träger der nationalen Sache, Kraft und den Willen zum Kampf, Siegeszuversicht verkörpernd, als militärische Organisation, die zudem ein ihm ungewohnter Ordnungsfaktor ist. Damit einhergehend entdeckt Vater Brand eine weitere Übereinstimmung mit den Nationalsozialisten: seinen Antikommunismus, der sich bei ihm sofort mit der Forderung nach einem starken Staat verbindet, „der diese Brüder davonjagt!"

Die Situation des arbeitslosen und ausgesteuerten Vaters Brand ist gekennzeichnet durch eine elementare Lebensunsicherheit.

Der Sohn ernährt ihn mit, ihm droht, nachdem der Sohn seinen Arbeitsplatz verloren hat, weiterer sozialer Abstieg: die Pauperisierung. Mit der stufenweisen Ausdehnung der sozialen Deklassierung vollzieht sich für Vater Brand die Desillusionierung seiner politischen Position; arbeitslos und ausgesteuert ist ihm die Möglichkeit genommen, sich an Aktionen zu beteiligen, die ihm Rückhalt und das Gefühl von Stärke vermitteln könnten. Das Versagen der tradierten und ihm vertrauten politischen Mittel vor der Wirklichkeit der Weltwirtschaftskrise der dreißiger Jahre läßt ihm keine Perspektive. Mit Arbeitslosen läßt sich kein Streik organisieren und im Zeichen ständig steigender Arbeitslosenzahlen schon lange keine Machtpolitik führen.

Vater Brand ist sozial desaktiviert und aus dem Raster der Institutionen bürgerlicher Politik ausgeschlossen. Das so entstandene soziale und politische Vakuum, verursacht durch die Auflösung seines stärke- und bewußtseinsvermittelnden sozialen Umfeldes, läßt ihn das Leben als unerbittlichen, individuellen Kampf erfahren.

Diese Bedingungen sind wenig erfolgversprechend für eine wirksame Abwehr gegenüber dem aggressiv auftretenden NS-Protagonisten Fritz Brand, der seine Position der Stärke erst aus der im weitesten Sinn verstandenen Auflösung moralischer Standards beziehen kann. Im Angesicht wirkungslos gewordener politischer Programme und der Kapitulation der politischen Gegner vor dem „Phänomen des Nationalsozialismus", kann er seinen „Glauben an die nationale Sache" als überlegene innere Haltung entgegensetzen, mit der Gewißheit, über die Mobilisierung des nationalen Ressentiments zu einer ersten Übereinstimmung zu kommen: So rekurriert Vater Brand auf die Vergangenheit, findet zurück zum Patriotismus und kann so sein Gefühl der Bedeutungslosigkeit kompensieren.

Die auf der Ebene des Alltags erkennbare Aufgabe sozialdemokratischer Positionen durch Vater Brand in der Konfrontation mit der NSDAP findet sich analog in der Politik der Sozialdemokratie während der Endphase der Weimarer Republik wieder: Insofern ist die filmische Darstellung realistisch und gibt dem Zuschauer die Möglichkeit, sich in der Filmhandlung wiederzufinden.

Wir wollen dem aufgezeigten Konversionsprozeß von Vater Brand eine Skizzierung der SDP-Politik ab 1930 gegenüberstellen, um so eine möglichst breite Transparenz für die Rekonstruktion seiner Motivationsstruktur herzustellen, ohne jedoch hier den Nachweis für einen Kausalkonnex der beiden Ebenen zu führen.

Exkurs: Zur Politik der SPD in den Jahren 1930-1933

Der Sturz der großen Koalition unter Reichskanzler Müller (SPD) am 27. März 1930, im Zeichen ständig steigender Arbeitslosigkeit, machte den Weg frei für die autoritäre Minderheitsregierung unter dem Kanzler Brüning. Die Entscheidung der SPD, Brüning zu tolerieren, war zwar von der Absicht getragen, „die Alternative eine(r) offen antiparlamentarischen Präsidialregierung, (die) eine Rechtsregierung sein würde, die auch unter Führung Hugenbergs schnell in die nationalsozialistische Alleinherrschaft nach italienisch-faschistischem Muster einmünden würde"[17] zu verhindern, unterschätzte aber völlig die Konsequenzen, die sich hieraus ergaben.

Das Regieren per Notverordnungen unter Ausschaltung des Parlaments, die staatlich verordneten Lohn- und Gehaltskürzungen schwächten das ohnehin angeschlagene Vertrauen der Bevölkerung zur Demokratie als einem System, das politische Stabilität versprach.

„So bezeichnete der preußische Ministerpräsident Otto Braun die Erfahrung als zermürbend, daß man durch die Krise gezwungen wurde, selbst ab(zu)bauen, was man jahrzehntelang vergebens erstrebt, wofür man gekämpft hatte"[18].

Die Sozialdemokratie manövrierte sich mit ihrer Entscheidung, Brüning zu tolerieren, in eine Situation, in der sie von allen Übeln das geringste zu unterstützen glaubte, dadurch aber selbst eine Demontage ihrer politischen Konzeption in Kauf nahm, die zu einem langsamen aber beständigen Zerfall der Partei führte und schließlich zur Hinnahme von Papens Staatsstreich gegen die sozialdemokratische Regierung von Preußen, der „als entscheidender Wendepunkt im Prozeß der von der Demokratie zur Diktatur führenden Machtverschiebung in die Geschichte eingegangen"[19] ist.

Das Dilemma der Partei, mit deren Zustimmung die Notverordnungspolitik unter Brüning durchgezogen wurde, war perfekt. Der preußische Ministerpräsident Braun und sein Innenminister Severing wurden aufgrund einer Verordnung Hindenburgs ihrer Ämter enthoben, was „allen Ahnungen zum Trotz mit legalistisch verbrämter Resignation hingenommen" wurde[20]. Zwar erhoben die Länder Bayern und Baden Klage beim Staatsgerichtshof und „in mehreren Schreiben an Reichskanzler und Reichspräsidenten protestierte das abgesetzte preußische Kabinett auch weiterhin, (...) aber über diese publizistischen und verfassungsrechtlichen Proteste hinaus kam keine Gegenbewegung zustande".[21] Dieser offene Verfassungsbruch Papens, der zudem als Reichskommissar an Brauns Stelle trat, eine Praxis, der sich auch die „Nationalsozialisten" während der „Gleichschaltung" der Länder bedienten, hätte auch die SPD zu einer Mobilisierung aller Kräfte zur Verteidigung der Demokratie veranlassen müssen. Die Unterlassung geeigneter Maßnahmen hat auch den „SPD-Anhängern einen Schlag versetzt, der die Partei entscheidend lähmte."[22] „Verächtlich tauften jetzt die Nationalsozialisten die ,Eiserne Front' in eine ,blecherne' um."[23]

Im Jahr 1933 eskalierte die Politik der SPD zur Kapitulation vor dem nationalsozialistischen Gegner. Die Ernennung Hitlers mit einem Generalstreik zu beantworten, fand in den Gremien der Partei keine Mehrheit. „Das Zentralorgan der SPD, der ,Vorwärts', schrieb über die Forderung zum Generalstreik: ,Heute Generalstreik machen heißt, die Munition der Arbeiterklasse in die leere Luft zu verschießen".[24]

Als am 23. März 1933 im Reichstag das Ermächtigungsgesetz für die Regierung Hitler debattiert wurde — den kommunistischen Abgeordneten waren die Mandate entzogen worden, sie selbst in „Schutzhaft" oder in der Illegalität — hielt der Vorsitzende der SPD, Otto Wels, eine persönlich mutige Rede, in der er die Ablehnung seiner Partei zu dem Gesetz bekanntgab. In dieser Rede bemühte sich Wels, den Beweis zu führen, wie patriotisch die Sozialdemokratie und er selbst in der Vergangenheit waren „..., daß ich als erster Deutscher vor einem internationalen Forum, auf der Berner Konferenz am 3. Februar des Jahres 1919, der Unwahrheit von der Schuld Deutschland am Ausbruch des Weltkrieges entgegengetreten bin".[25]

„Es kann nicht bezweifelt werden, daß diese Rede in einem sehr doppeldeutigen Sinn interpretiert werden kann."[26] Sie war nicht nur als „...Abgesang (der Demokratie, U.S.) zu deuten, sie ließ ganz offensichtlich die Möglichkeit der Anpassung der Sozialdemokratischen Partei an das System, an die sogenannte ,nationale Revolution' offen."[27] Wels stellt die Notwendigkeit des Ermächtigungsgesetzes in Frage. „Wollten die Herren von der Nationalsozialistischen Partei sozialistische Taten verrichten, sie brauchten kein Ermächtigungsgesetz. Eine erdrückende Mehrheit wäre ihnen in diesem Hause gewiß. Jeder von ihnen im Interesse der Arbeiter, der Bauern, der Angestellten, der Beamten oder des Mittelstandes gestellte Antrag könnte auf Annahme rechnen, wenn nicht einstimmig, so doch mit gewaltiger Majorität."[28]

Hitlers Antwort war eindeutig: „Dem deutschen Arbeiter werden wir Nationalsozialisten von jetzt ab die Bahn freimachen zu dem, was er fordern und verlangen kann. Wir Nationalsozialisten werden seine Fürsprecher sein; Sie, meine Herren (zu den Sozialdemokraten) sind nicht mehr benötigt. (...) ich glaube, daß Sie (zu den Sozialdemokraten) für das Gesetz nicht stimmen (...), ich will auch gar nicht, daß sie dafür stimmen! Deutschland soll frei werden, aber nicht durch Sie!"[29]

Trotz dieser eindeutigen Ankündigung Hitlers, die erkennen ließ, daß er mit der SPD ebenso schonungslos verfahren würde wie mit der KPD — zu diesem Zeitpunkt war aufgrund der Reichstagsbrandverordnung „...die Presse der SPD fast gänzlich lahmgelegt (...), die meisten SPD-Beamten in Staats- und Kommunalverwaltungen verloren (...) in der zweiten Märzhälfte ihre Posten",[30] — „...wiegt sich eine Reihe führender Sozialdemokraten auch noch nach der Sitzung des Reichstages in parlamentarischen und patriotischen Illusionen. Führende Sozialdemokraten in der Leitung der Freien Gewerkschaften wie Theodor Leipart und Peter Graßmann gingen sogar so weit, sich von der Sozialdemokratie zu distanzieren, um ihre nationale Loyalität als Patrioten und ihren dezidierten Antikommunismus zu demonstrieren".[31]

„Die sozialdemokratische Reichstagsfraktion, von der sich bereits einige Abgeordnete in Schutzhaft befanden, stimmte am 17. Mai 1933 sogar der außenpolitischen Erklärung der Reichsregierung, die Hitler vortrug, aus patriotischen Überlegungen zu"[32] und vollbrachte damit die endgültige Kapitulation vor dem Nationalsozialismus, um dann am 22. Juni 1933 verboten zu werden.

4. Die Präsentation des Propagandamittels der „politischen Rede" im Spielfilm

Die innerfilmische NS-Agitation übernimmt das Propagandamittel der politischen Rede, deren Wirkung dem Faschisierungsprozeß von Vater Brand Plausibilität verleihen soll.

An der für die Konversion von Brands Vater signifikanten Stelle wird eine Propagandarede in den Film eingespielt. Fritz

Brand wird die Rolle des behenden Agitators unterlegt, der fanatisch engagiert mit aufgesetzter Mimik und wilder Gestik seinem Vater gegenübertritt und eine zur Peinlichkeit werdende Anlehnung an Hitler erahnen läßt./171/

Die Rede, die der Sohn seinem Vater hält, beschränkt sich inhaltlich auf den Vorwurf der Manipulation und sucht in der Erhärtung dieser Behauptung die Schwäche des politischen Gegners, um so die demagogische Überlegenheit der eigenen Position zu demonstrieren. Diese Taktik beabsichtigt: Verhinderung einer konkreten Auseinandersetzung mit den politischen Zielen und Inhalten des Gegners, um sich dem Nachweis einer eigenen allgemeingültigen politischen Programmatik zu entziehen.

Die Argumentationsstruktur der innerfilmischen Rede ist nahezu kongruent mit den Reden Hitlers, die er nach seiner Ernennung zum Reichskanzler am 30.1.1933 gehalten hat, in denen er sich „...über das Chaos, das ihm die Weimarer Parteien nach 14jähriger Tätigkeit hinterlassen hatten und über das Verbrechen der Inflation"[33] weitläufig erging. „...Sie (die Parteien der Weimarer Republik U.S.) haben vernichtet, was sie vernichten konnten in 14jähriger Arbeit (...). Deshalb ... habe ich mich bereit erklärt, am 30. Januar die unterdes von sieben Mann zu zwölf Millionen emporgewachsene Bewegung einzusetzen zur Rettung des Vaterlandes. Die Gegner fragen nun nach unserem Programm. (...) ich könnte jetzt die Frage an diese Gegner richten: Wo war euer (i. Org. herv.) Programm? Habt ihr das, was ihr in Deutschland angerichtet habt, gewollt? War das euer Programm, oder wolltet ihr das nicht? Wer hinderte euch, das Gegenteil zu tun? (...) Nach eurer Wirtschaft, nach eurem Wirken, nach eurer Zersetzung aber muß man das deutsche Volk von Grund auf neu aufbauen, genau so, wie ihr es bis in den Grund hinein zerstört habt! Das ist unser Programm!"[34]

Hitler hat der politischen Rede in der Reihe der NS-Propagandamittel absolute Priorität beigemessen. „Die Macht aber, die die großen historischen Lawinen religiöser und politischer Art ins Rollen brachte, war seit urewig nur die Zauberkraft des gesprochenen Wortes. Die breite Masse eines Volkes vor allem unterliegt immer nur der Gewalt der Rede."[35] Auch Goebbels sah „die Suggestion einer wirkungsvollen Rede (...) turmhoch über der papierenen Suggestion eines Leitartikels."[36]

Um die „Zauberkraft des gesprochenen Wortes" wirksam werden zu lassen, bedurfte es bestimmter ‚formaler' Voraussetzungen. So war für Hitler die Tageszeit von großer Bedeutung. „...morgens und selbst tagsüber scheinen die willensmäßigen Kräfte der Menschen sich noch in höchster Energie gegen den

Versuch der Aufzwingung eines fremden Willens und einer fremden Meinung zu sträuben."[37] Er bevorzugte die Abendstunden, in denen seine Zuhörer „...bereits eine Schwächung ihrer Widerstandskraft in natürlichster Weise erfahren"[38] hatten. Den Widerstand ihrer geistigen Kräfte zu erlahmen, „war für Hitler zunächst einmal die Hauptaufgabe jeder großen Rede. Er legte es mit voller Absicht darauf an, in der ersten Hälfte seiner gewöhnlich 1 1/2-2stündigen Reden das Publikum durch langatmige Erzählungen, endlose geschichtliche oder ‚philosophische‘ Betrachtungen körperlich und geistig zu ermüden"[39]. „In diesem Ringkampf des Redners mit dem zu bekehrenden Gegner"[40] waren Dispositionen zu treffen, die einem der Ringer erhebliche Vorteile brachten, der so aus der Position des Stärkeren seinen Zuhörern „...Schlag um Schlag das Fundament ihrer bisherigen Einsichten (...) zertrümmern (...) (konnte, um U.S.) sie schließlich hinüberzuleiten"[41] in das Lager des Nationalsozialismus.

Die Präsentation der Propagandarede im Film zeichnet sich durch die Verwendung einer als typisch zu bezeichnenden Argumentationsstruktur aus und übernimmt ebenfalls einen inhaltlichen Topos von NS-Reden: die Unterlassung konkreter Thematisierung von politischen Problemen, die Beschränkung auf ihre demagogische Intention. In der ästhetischen Präsentation wird der Versuch unternommen, den Redner Fritz Brand an den Standards von NS-Rednern zu orientieren.

Die innerfilmische Rede des NS-Protagonisten muß aber ohne die umfassenden manipulativen Maßnahmen auskommen, denen sich die leibhaftigen Verfechter der nationalen Sache in so erfolgreicher Weise zu bedienen wußten, um die „Zauberkraft" und die „Suggestion" des gesprochenen Wortes evident werden zu lassen.

Kann der NS-Propagandaredner durch begleitende Maßnahmen und den unmittelbaren Kontakt zu seinen Zuhörern deren Phantasieproduktion bewegen und ihre Emotionen durch kollektive Reaktionen in seine Aufmerksamkeit zwingen, so ist der Film gezwungen, in einer Abfolge von Bildern dies als realisiert zu präsentieren.

Die Übernahme der politischen Rede als schärfste Waffe des NS-Propagandaarsenals in den Film dekuvriert die Propagandisten und offenbart dem Zuschauer die Methode des Zaubers.

5. Die Selbstdarstellung der Nationalsozialisten anhand der Lohners

Zu den Nationalsozialisten im Haus pflegt der SA-Mann Brand natürlich gute Beziehungen. Frau Lohner, nomen est omen, und ihr sechzehnjähriger Sohn und Hitlerjunge Erich verkörpern die Opferbereitschaft der einfachen Leute, die „Bewegung" von unten.

Frau Lohners Mann, im Ersten Weltkrieg gefallen, hatte vor dem Krieg einen kleinen Handwerksbetrieb im Schneidergewerbe, den nun seine Frau allein weiterführen muß. Frau Lohner ist dem Kleinbürgertum zuzuordnen. Sie ist gezwungen, Näharbeiten zu verrichten, um sich und ihren Sohn zu ernähren. Ihr Sohn Erich spricht sie auf die schlechten Arbeitsbedingungen an, sie antwortet ihm: „Aber Erich, ich arbeite doch gern, ein Leben ohne Arbeit könnt' ich mir gar nicht vorstellen". Erich Lohner: „Ja, aber nicht solche Arbeit, bei der du dir die Augen verdirbst und ein Hungerlohn für bezahlt wird." Frau Lohner (lachend): „Tja, das verstehst du nicht, mein Junge, du sollst dich auch nicht drum kümmern..."/102/ Der Versuch des Sohnes, die miserablen Arbeitsbedingungen zu thematisieren, wird von der Mutter abgewiegelt. Still fügt sie sich ökonomischer Übervorteilung und flieht aus der sozialen Realität: Sie erträgt die Erniedrigung, den Hausbesitzer um die Stundung der Miete zu bitten /104/, nimmt die hochnäsige Absage seiner Frau ohne Murren hin/107/. Am sechzehnten Geburtstag bekommt Erich von seiner Mutter trotz der Not eine HJ-Uniform und er darf den letzten Brief des gefallenen Vaters lesen, dessen Bild in einer altarähnlichen Nische hängt. Das Geschenk von Fritz Brand, ein Bild Hitlers, wird als Ersatzvater und -mann daneben gehängt. Dieser Mannbarkeitsritus wird von der Mutter eingestimmt. Frau Lohner: „...aber sein letzter Brief /—/ der hat mich auf den Weg geführt /—/ den eine deutsche Frau und Mutter gehen muß. Er hat mir die Kraft gegeben, den Kampf mit dem Leben aufzunehmen und dich in seinem Geiste zu erziehen."/200ff/ Erich liest den Brief im Beisein Fritz Brands vor: „Ich weiß, du bist eine vernünftige Frau (sic) und wirst mich verstehen (...), wenn es sein muß, sterbe ich gern für mein Vaterland(...), dann mußt du das Unabwendbare/—/ als deutsche Frau tragen und unser'n Jungen zu einem aufrechten deutschen Mann erziehen /—/ der sein Vaterland /—/ seine Heimat liebt, wie sein Vater's geliebt hat und für das er jeden Tag zu sterben bereit war..."/210ff/

Für Erich Lohner ist die HJ eine notwendige Ergänzung zum Familienleben. Frau Lohner kann ihrem Sohn nicht sehr viel Zeit widmen, sie muß arbeiten, auch nachts. /99/ Die HJ soll Erich Lohner einen Freiraum verschaffen, der unberührt ist von den Niederungen des Lebenskampfes seiner Mutter. Während sie den Hausbesitzer um die Stundung der Miete bittet, ist Erich mit der HJ unterwegs: im Gleichschritt auf einer „Wanderung". Seine Mutter kann ihm kein Geld mitgeben, trotzdem wird Erich kostenlos verpflegt, ein für sich schon wichtiges Argument für die HJ, bei der herrschenden Not in der Familie.

Während der HJ-Wanderung wird eine Pause eingelegt, der HJ-Scharführer hält eine Rede: „Jungens /—/ seht ihr denn überhaupt, wie schön es hier ist? Haben wir nicht ein schönes Vaterland..." (Die Kamera macht einen leichten Rechtsschwenk über die Landschaft, verweilt bei dem Wort Heimatliebe auf der mittelalterlichen Silhouette von Rothenburg ob der Tauber) „...begreift ihr jetzt, warum 2 Millionen deutscher Männer ihr Leben opfern mußten /—/ sie kämpften und starben für ihr Vaterland /—/ für *Deutschland* /—/ deshalb sollt ihr die Heimatliebe in euren Herzen tragen und pflegen, denn euch, der Jugend, gehört die Zukunft /—/ und eu're schönste Tugend soll die Liebe zu eurem Vaterlande sein."/123ff/ Zu Hause berichtet Erich dann noch seinem Vorbild Fritz Brand: „Also herrlich! wir haben sogar 'ne richtige Felddienstübung gehabt (...) ich war Meldegänger (...) wie unser Führer im Kriege (...)" /130/ Erich Lohner stirbt dann auch entsprechend: „Mußt nicht weinen Mutter, du hast doch selbst oft gesagt /—/ man muß /—/ für sein Vaterland /—/ auch sterben können /—/ wie der Vater (...) Mutter /—/ ich geh /—/ jetzt zum Vater /—/ im Himmel" /366ff/ Ihre hilflose Erkenntnis: „Aber du bist doch noch ein Kind" /367/ ist gespenstisch-prophetisch und sicher vielen Eltern des Jahres 1945 ähnlich über die Lippen gekommen, als ihre HJ-Söhne als letztes Aufgebot an die Front geschickt wurden.

Diese Sequenzen um die Lohners bebildern das Verhältnis zur Geschichte, das seinen Ausgangspunkt bei den gefallenen Soldaten des Ersten Weltkrieges nimmt, als deren Erben und Vollender sich die Nationalsozialisten verstanden. „Die deutsche Armee war niemals besiegt worden, der Krieg wurde durch den Verrat und die Feigheit der führenden Männer der Heimat verloren, die Kapitulation vom November 1918 war ein Versagen der politischen, nicht der militärischen Führer."[42]

Die NSDAP verstand sich als konsequentesten Kämpfer gegen die „Dolchstoßbrüder" und den von ihnen zu verantwortenden „Versailler Vertrag", ihn zu annullieren, hieß die Ehre Deutschlands wiederherzustellen. Das bedeutete natürlich auch: wenn nötig, durch die Wiedereröffnung der abgebrochenen Kriegshandlung. Der Kampf der SA um die Vorherrschaft der Straße war gewissermaßen die Generalprobe, er galt der Ausschaltung des innenpolitischen Gegners, der Arbeiterbewegung, diente aber gleichzeitig dazu, „die Mentalität des Krieges und der totalen Mobilmachung schon im Frieden zu organisieren"[43], um die patriotische Begeisterung des August 1914 nochmals zu bewirken.

Die Kontinuität der „nationalen Sache" wird im Film als quasi „genetische Eigenschaft aller Deutschen" in einer mystischen Mief verbreitenden Weihestunde als heilige Verpflichtung der Jugend gegenüber den Vätern zelebriert.

Unter dem Pseudonym Peter Hagen veröffentlichte Willi Krause, Chef vom Dienst des „Angriff", der von Goebbels herausgegebenen Propagandapostille, Trivialliteratur. In einem „Jugendroman" schildert Krause das Schicksal arbeitsloser Jugendlicher auf der Walz. Hans der Held hat soeben zur HJ gefunden, er sagt in einem Gespräch mit ihnen: „... ,ein Deutscher bin ich auch. Und mein Vater war auch einer... der ist in Frankreich gefallen...' Nun machen sie keine langen Worte mehr. Sie denken an den einen Soldaten (...) dessen Junge hier bei ihnen sitzt, arbeitslos, ohne Geld, heimatlos..., nein, nicht heimatlos! Hier die 15 (Hitler/U.S.)-Jungen sind ihm Heimat, der Fluß und die dunkle Nacht über ihm."[44] „Nachts, mit der HJ im Heu, kann Hans nicht schlafen, er denkt an den Brief, der die Nachricht vom Tod des Vaters brachte. Sein Nachbar im Heu ist wach, Hans erzählt ihm ,...er starb als tapferer Soldat für seine Kameraden und für sein Vaterland'. Jetzt tastet langsam eine Hand herüber; Hans faßt sie. Der Junge neben ihm beugt sich weit herüber. ,Ja', flüstert er, ,und vergiß nicht, es gibt heute Leute, die sagen, unsere Väter sind auf dem Felde der Unehre gefallen (...), die sind ihnen im Krieg in den Rücken gefallen... im Munitionsarbeiterstreik (...). Die Toten sind in dieser Nacht erwacht."[45]

„Der Vater. — Und der Graben, über den die singenden Kugeln gehen. Der Drahtverhau und das mörderische Tacken des Maschinengewehrs drüben im feindlichen Graben. Der Vater. —, Er starb für seine Kameraden, für sein Vaterland... Das hat heute wieder Sinn. Auch heute gibt es wieder Deutsche, die für ihre Kameraden, für ihr Vaterland sterben können. (...)saß nicht der eine, der ihr SA-Lied dichtete (...) einsam in seiner Stube? (...) Schlich nicht der Mord jäh und brutal über die Schwelle... Auch das ist Krieg. Mitten im Herzen Deutschlands. (...) Krieg, ebenso grausam wie die vier Jahre der Väter. (...) durch alles Entsetzen hindurch geht schon der Marschtritt einer neuen Zeit. (...) Formieren sich die Bataillone der zwei Millionen Toten. Sie sind die Väter der Jungen, über deren singenden Trupps das Wort schwebt: Deutschland soll leben, und wenn wir sterben müssen!"[46]

So stellen die NS-Protagonisten ihre „Bewegungstoten" und die gefallenen Soldaten des Ersten Weltkrieges in eine Traditionslinie. Der Tod Erich *Lohners* als „politischer Soldat" Adolf Hitlers soll den Beweis für den immer gültigen Kreislauf erbringen: Keiner, der sein Leben für die nationale Sache opferte, hat es umsonst getan: Unmittelbar nach seinem Tod wird Hitler Reichskanzler!

Frau Lohner ist Trägerin dieser ungebrochenen Tradition, verkörpert sie in der Rolle der stillen Dulderin, auf die Funktion einer Gebärmaschine reduzierten Frau, als Objekt nationalen Interesses, ohne die Möglichkeit zu autonomer Reagibilität. Die Filmhandlung unterstellt sie der nationalen Sache als einer Macht, die aus sich heraus zwingend wirkt, der sie sich als „deutsche Frau und Mutter" nicht zu entziehen vermag.

Diese zwanghafte Argumentation des Films versucht die eigentlichen Ursachen zu unterschlagen, die Frau Lohner bewogen haben, sich für die nationale Sache zu entscheiden. Ihr Streben zielt auf die Schaffung eines konfliktfreien Raumes, der jede Thematisierung sozialer Probleme des Alltags ängstlich vermeidet.

Frau Lohners Bewußtseinsstruktur ist durch den Tod ihres Mannes im Ersten Weltkrieg und die Bewältigung dieser Lebenssituation geprägt; um den Verlust des Ehemannes zu ertragen, um weiterleben zu können —, „ich hab damals geglaubt /—/ alles wär zu Ende (...)" /200/ — verleiht sie ihm einen Sinn. Dazu bietet sich der Rückgriff auf seinen letzten Brief an, sein „politisches Testament", mit dem sie sich rückhaltlos identifiziert, und das ihr die Möglichkeit gibt, die sie existentiell bedrohende Lebensangst einzugrenzen.

Darüber hinaus vermag sie bei der Realisierung des politischen Testaments an ihrem Sohn ihre Angst zu kompensieren.

Die sich in der Folge des Ersten Weltkrieges vollziehende Deklassierung des Mittelstandes bedroht Frau Lohner; sie sieht sich in gefährlicher Nähe zur Arbeiterklasse, deren materielle Bedürftigkeit sie bereits erreicht hat, von der ihr die Gefahr der Zerstörung ihrer „nationalsozialistischen Moral" droht, auf der sich ihre psychophysische Stabilität gründet.

Mit ihren Streiks und Demonstrationen gegen den Krieg, der ihnen aus den Reihen der Reaktion die Bezeichnung „Dolchstoßbrüder" und „Novemberverbrecher" eintrug, waren die Arbeiter als Verräter an der nationalen Sache ausgewiesen, die Frau Lohners Rolle als „opferbereite deutsche Frau und Mutter" ad absurdum führen wollten, was zum Einsturz ihres mühsam errichteten Weltbildes geführt und die Entgrenzung ihrer Lebensunsicherheit zur Folge gehabt hätte.

Die Filmhandlung beläßt dabei das „deutsche Vaterland", für

das Erich Lohner und sein Vater bereit waren, ihr Leben zu opfern, nicht nur als abstrakten Wert in den Dialogen der Akteure, sondern realisiert ihn in der ausführlichen Bebilderung der Landschaft um Rothenburg o.T. Die im Gleichschritt durch die Bilder marschierende HJ soll die symbiotische Beziehung von Vaterland und NS-Bewegung verdeutlichen.

Der Film trennt dabei durch seine Präsentation des „Vaterlandes" in Form ansprechender Landschaftsbilder den Begriff von der Ideologie. Vor den Bildern verkommen die Worte des HJ-Scharführers zu hohler Phraseologie.

Bei der Eindeutigkeit dieser Szenen liegt der Schluß nahe, den Filmautoren vorsätzlich denunziatorisches Handeln zu unterstellen. Diese Vorstellung muß bei Gesamtwürdigung des Films und seiner eindeutig profaschistischen Intention verworfen werden.

Unseres Erachtens haben die Autoren durch die genaue Übernahme von NS-Propgandatopoi in das Medium Film die Brüche des NS-Weltbildes visuell erfahrbar gemacht.

6. Das bolschewistische Feindbild

Alexander Turrow, mit russischem Akzent redend, ist Führer der Kommunisten, ein Lebemann, der sich mit ausgesuchten Möbeln und hübschen Frauen umgibt. Er trägt feinste Garderobe, aber auch einen Russenkittel, dessen Metallknöpfe an Manschetten und Kragen ihm uniformähnlichen Charakter verleihen. Er soll die unmittelbar drohende „bolschewistische Gefahr" signalisieren. Die Rote Armee lauert, bereit zum Sturm. Zu allem Überfluß wird Turrow auch noch ein Monokel umgehängt, Statussymbol preußischer Dekadenz. Kein Klischee ist ausgelassen, ihn als Bourgeois auszustaffieren.

Turrow gibt Fritz Brand gegenüber eine Einschätzung seiner Genossen ab, die sie mitanhören. „Sind sie nicht alle liebe anständige Kerle, wie Kinder hahaha." / 196 / Diese unmündigen Kinder, mit denen er sein Spiel treibt, folgen ihm willig, vergessen bei einer Lokalrunde Wodka, daß sich Turrow mit ihrem Feind Fritz Brand an einen Tisch setzt, den sie gerade noch mit Biergläsern bewarfen und ihm ein fanatisches „Nazi verrecke" entgegenschleuderten, den sie kurz zuvor erschießen wollten, „weil er ein gefährlicher Agitator" ist. Die kriminellen Handlanger des russischen Agenten: Vater Baumann und seine beiden Söhne, ohne Beschäftigung, scheinbar zu allem fähige, finstere Figuren. Sie versuchen, im Dunkel der Nacht Fritz Brand aus dem Hinterhalt zu erschießen. / 735 / Anni Baumann warnt Brand, zu Hause verteidigt sie den Verrat: „Arbeiter ist er, jawohl. Verräter seid ihr, arbeitsscheue Faulenzer, Kommunisten wollt ihr sein, Feiglinge seid ihr,..." / 74 / Der Vater verprügelt seine Tochter, sie flieht aus dem Haus und geht zu dem Kommunisten-Treff, dem Cafe Diana. Dort angekommen, wird sie schon von Turrow erwartet, als Motiv für ihren Verrat unterstellen ihr die Kommunisten ein Liebesverhältnis zu Fritz Brand. Turrow spekuliert: „Könnte eventuell für Partei sehr wertvoll sein". / 84 / Er geht zu Anni Baumanns Tisch: „Sie sind doch Kommunistin / — / oder nicht?" Anni Baumann (zögernd): „Ja." Turrow: „Was gelingt einer Frau nicht, wenn sie will und wenn der Mann in sie verliebt ist (...) Außerdem, ist doch sein eigener Vorteil." Anni Baumann: „Warum?" Turrow: „Hmm, weil er heut' oder morgen umgelegt wird" / 93 ff / Turrow beobachtet gespannt und genüßlich die Wirkung seiner Worte auf dem Gesicht von Anni Baumann. Sie willigt ein, Fritz Brand zu einem kommunistischen Spitzel anzuwerben. Turrow ist während der Unterhaltung so dicht an sie herangerückt, daß er fast ihr Gesicht berührt, bietet ihr jede Unterstützung, auch Geld an, das sie natürlich ablehnt. Der kommunistische Führer wird in die Rolle eines Zuhälters gesteckt, die KPD zu einer Institution degradiert, die sich der Prostitution als Mittel der Politik bedient. Nach getaner Arbeit erhebt Turrow die rechte Faust und ruft ein kräftiges „Heil Moskau", liefert so noch die genaue geographische Bestimmung seiner Auftraggeber nach.

Die Anni Baumann unterschobene Liebe zu Fritz Brand läßt sich aus den Gesten und dem Verhalten, das sie Fritz Brand entgegenbringt, nicht erkennen. Er zeigt eine sehr körperfeindliche Haltung ihr gegenüber, hält sich stets auf Distanz. Der Körperkontakt der beiden beschränkt sich auf artiges Händegeben. Selbst als sie sich Brand offenbart: „Ja, man glaubt nämlich, daß wir ein Verhältnis miteinander hätten" / 174 /, bleiben beide reserviert und lassen kein emotionales Engagement erkennen.

Die Präsentation der Kommunisten als haltlose Kriminelle verfolgt die Absicht, den Kampf gegen sie zu einer Selbstverständlichkeit werden zu lassen, die keiner weiteren Begründung bedarf.

Die Abwendung Anni Baumanns von den Kommunisten, allein unter dem Aspekt, sich von Kriminellen zu lösen, würde Fritz Brand und der SA lediglich bestätigen, die besseren Kriminellen oder Zuhälter zu sein. Anni Baumanns Parteinahme für Fritz Brand, „ihre Liebe", eröffnet ihm die Möglichkeit, sein politisches Legitimationsdefizit und das ihm auferlegte Prädikat, der „bessere Arbeiter" zu sein, über seine charakterliche Integrität in Konkurrenz zu den Kommunisten unter Beweis zu stellen. Er nimmt nun den aktiven Kampf gegen die Kommunisten auf und indem er sie besiegt, „befreit" er Anni Baumann aus den Klauen des roten Molochs, der auch ihre Familie bereits fest im Griff hat. Die Entmenschlichung des Vaters wird evident: Untersetzt, von kräftiger Statur und einem breiten brutal wirkenden Gesicht, das stark slawische Züge erkennen /9, 293/ läßt, fällt er wüst grunzend über seine Tochter her und verprügelt sie.

Im Gegensatz dazu vollendet der arische Protagonist Fritz Brand seine Heldentat. Indem er Turrow /10, 252/, seinem direkten Gegenspieler, der persönlich nichts wagt und nur im Hintergrund agiert, die Waffen klaut, Gewehre als männliche Potenzsymbole, entmannt er ihn.

So befreit Fritz Brand nicht nur Anni Baumann, sondern die deutsche Frau schlechthin von dem roten Politzuhälter.

Die Filmautoren haben sich bei der Darstellung der Kommunisten im Spielfilm „SA-Mann Brand" an Goebbels' Buch „Kampf um Berlin" gehalten, in dem er die Kommunisten als „Horde" hinterhältiger Straßenräuber schildert, deren Haupttätigkeit es war, SA-Männer hinterrücks zu meucheln. „Es verging kein Abend, ohne daß unsere heimkehrenden Parteigenossen vom roten Straßenmob angefallen und zum Teil schwerverwundet wurden..."[47] „bei Nacht und Dunkel niedergestochen und niedergeschossen, man überfiel sie mit zehn und zwanzigfacher Übermacht"[48] und nur weil der SA-Mann das Braunhemd anzog, war er „...zum politischen Freiwild gestempelt (...). Schon der Gang zu einer Versammlung war gleichbedeutend mit Einsatz von Gesundheit und Leben. Man schlug ihn auf der Straße blutig und verfolgte ihn, wo er sich nur zu zeigen wagte."[49] Diese Beschreibung der Kommunisten als Aggressoren und der die Verfolgung erleidenden SA finden sich als Einspielungen im Film unmittelbar wieder.

Darüber hinausgehend haben die Filmemacher die familiäre Situation der Kommunisten konsequent weitergeführt; wer nachts für die Partei meuchelt, der ist auch im Familienleben brutal und rücksichtslos. Die ästhetische Präsentation ist entsprechend: „Bolschewistische Untermenschen" lungern vorwiegend nachts in dunklen Kleidern und Schiebermützen an Hausecken, begleitet von einer Kameraführung, die sich durch penetrante Untersicht auszeichnet.

Die in der NS-Propaganda auf allen Ebenen betriebene Verteufelung der Kommunisten gerinnt mit ihrer Bebilderung im Spielfilm zu einer neuen Qualität. In Leitartikeln, Flugblättern, Plakaten, in der politischen Rede ist den NS-Propagandisten die Projektion der kommunistisch/bolschewistischen Gefahr als eine für den Rezipienten dieser Medien abstrakte Bedrohung formulierbar, die sich durch eine räumliche Distanz zu ihm auszeichnet.

Der Spielfilm „SA-Mann Brand" argumentiert auf der Ebene des Alltags, er konkretisiert die kommunistische Gefahr, indem er sie personifiziert. Sie gerät so für den Zuschauer in den Vergleich mit seinem Alltag, die Überprüfung drängt sich auf; der kommunistische Nachbar, der Arbeitskollege vermögen ihm die demagogische Absicht und die Brüchigkeit der NS-Propaganda zu offenbaren.

Schlußbemerkung

Der Spielfilm SA-Mann Brand intendiert die „Bewegung" von unten als eine Auseinandersetzung unter Arbeitern vorzustellen, er skizziert das Alltagsmilieu „kleiner Leute".

Der NS-Protagonist bezieht die Legitimation seines Standpunktes von der demoralisierten, die Sozialdemokratie verkörpernden Figur des Vaters. Die Überlegenheit Fritz Brands resultiert aus seinem Glauben an die nationale Sache. Seine so präsentierte Position der Stärke reicht nicht hin, den Nationalsozialismus als politische Alternative auszuweisen. Die Filmhandlung sucht in der unmittelbaren Übernahme und Bebilderung von zentralen NS-Propagandatopoi die „innere Überlegenheit" der Verfechter der nationalen Sache zu konkretisieren und unter Beweis zu stellen.

Dieser Versuch, die NS-Ideologie direkt in den Spielfilm zu transportieren und ihr so Gestalt zu verleihen, hat eindeutig dekuvrierende Wirkung. Gerade die in „SA-Mann Brand" gestaltete Tendenz, in Form der Kommunisten, der NS-Selbstdarstellung, der Bebilderung des „Vaterlandes" als Ideologiebegriff und der Einfügung der „politischen Rede", verleihen dem Film ein hohes Maß an Unglaubwürdigkeit und offenbaren dem Betrachter die Brüchigkeit der NS-Idee und ihre demagogische Absicht.

Die nachweisbare Bezugnahme auf die Schilderungen des Parteigeschichtsschreibers Goebbels bei der innerfilmischen Gestaltung von NS-Gesinnung und die sie begleitende unmodifizierte Übernahme von NS-Propagandatopoi dürften entscheidend dazu beigetragen haben, keine weiteren Filme zu produzieren, in deren Mittelpunkt der „Erlebniswert der SA" oder die „nationalsozialistische Idee" standen.

Anmerkungen

1 Jo Stöckel, Coautor des Drehbuches, verkörpert einen trottelig-spießigen Hausbesitzer, dessen Frau dem katholischen Zentrum nahesteht. Der Part der Hubers ist ein Seitenhieb auf das Zentrum, der im Film zur Klamotte gerät. Wir verzichten deshalb auf eine Darstellung.

2 Goebbels, 1932, S. 75
3 Broszat, 1969, S. 108 f.
4 ebenda, S. 95
5 ebenda, S. 109
6 ebenda, S. 102
6a Zahlen in Schrägstrichen geben die Einstellungen gemäß dem Einstellungsprotokoll von „SA-Mann Brand" an (Schriefer 1980).
7 Goebbels, 1932, S. 105
8 Leiser, 1978, S. 52
9 Goebbels, 1932, S. 99
10 Ästhetik u. Kommunikation, Nr. 26, 1976, S. 37
11 vgl. Goebbels, 1932, S. 168 ff.
12 Völkischer Beobachter Ausg. A, 24.2.33
13 Vossische Zeitung, 27.9.1929
14 Der Angriff, 10.8.1931
15 Unger, Winkelried, 1932
16 Völkischer Beobachter, Ausg. A, 27.2.1933
17 Bracher, 1978, S. 336
18 Mason, 1975, S. 28
19 Bracher, 1978, S. 510
20 ebenda, S. 525 f.
21 ebenda, S. 519
22 ebenda, S. 525
23 Pirker, 1965, S. 24
24 ebenda, S. 25
25 Domarus, 1973, S. 239
26 Pirker, 1965, S. 29
27 ebenda
28 Domarus, 1973, 240 f.
29 ebenda, S. 245
30 Broszat, 1969, S. 113
31 Pirker, 1965, S. 29 f.
32 ebenda, S. 30
33 Domarus, 1973, S. 48
34 ebenda, S. 204
35 Hitler, 1933, S. 116
36 Goebbels, 1932, S. 19
37 Hitler, 1933, S. 531
38 ebenda, S. 532
39 Domarus, 1973, S. 48
40 Hitler, 1933, S. 532
41 ebenda, S. 522
42 Bullock, 1977, S. 35
43 Broszat, 1969, S. 40
44 P. Hagen, 1933, S. 38
45 ebenda, S. 40 f.
46 ebenda, S. 90 f.
47 Goebbels, 1932, S. 32
48 ebenda, S. 58
49 ebenda, S. 94

Kapitel 5
„Hitlerjunge Quex": Nationalsozialistische Gesinnung — der Verlauf einer politischen Karriere „bis in den Tod"

Ulrich Schröter

1. Vorbemerkung

Der Film ‚Hitlerjunge Quex'[1] „wurde im ersten Sommer der NS-Herrschaft in Deutschland zu einem wirkungsvollen Werbemittel für die Partei und vor allem für deren Jugendorganisation, die Hitlerjugend"[2] und galt — im Unterschied zu den beiden ‚SA-Filmen' — „als ein auf der ganzen Linie gelungener (Versuch), (...) die nationalsozialistische Ideenwelt filmkünstlerisch zur Darstellung zu bringen."[3] Goebbels sah sogar in der Gestaltung des Films den ersten schlagenden Beweis seiner (bereits am 25. März 1933 in einer Ansprache vor Filmschaffenden im Kaiserhof dargelegten) These, daß „wenn Kunst und Charakter sich miteinander vermählen und eine hohe ideelle Gesinnung sich der lebendigsten und modernsten filmischen Ausdrucksmittel bedient, ein Resultat gezeitigt wird, das der Filmkunst der ganzen Welt gegenüber einen fast uneinholbaren Vorsprung einräumen wird."[4]

Nicht nur die Partei und die Propagandaleitung, sondern ebenso zahlreiche zeitgenössische Buchveröffentlichungen ‚zum Filmschaffen', sowie auch die Mehrzahl der Rezensionen und Besprechungen in den verschiedenen Zeitungen und Filmzeitschriften[5] nach der Uraufführung sehen im „Hitlerjungen Quex" den „ersten großen zeitnahen Film aus dem Bereich der deutschen Revolution"[6]; auch viele der nach 1945 erschienenen Veröffentlichungen zum Film im Dritten Reich betrachten ‚Hitlerjunge Quex' als „den ersten wirklichen Nazi-Film."[7]

Im besonderen Maße ist es aber die Reichweite des Films, die ihn wegen seines regelmäßigen Einsatzes in den ‚Jugendfilmstunden' ab 1934 bedeutsam macht: „Es dürfte kaum einen Jugendlichen in der Zeit der NS-Herrschaft gegeben haben, der ‚Hitlerjunge Quex' nicht bei einer dieser Gelegenheiten sah."[8]

Dadurch, daß es dem Regisseur Hans Steinhoff (aus nationalsozialistischer Perspektive) gelungen war, „alles menschlich gefühlt und dennoch mit der reinen Entschiedenheit und dem reinen Bekenntnis zur nationalsozialistischen Idee (zu) gestalten"[9], und er dabei eines der ersten ‚propagandistischen Gesetze' befolgte, nämlich daß „die im Film ausgedrückte Weltanschauung als die einzig richtige erscheinen muß"[10], ist es „als sicher anzusehen, daß dieser Film im ersten Jahr des Dritten Reichs manchen Kinobesucher erlebnismäßig für den Nationalsozialismus gewonnen hat."[11]

Betrachtet man nun die Film-Fabel[12], zumindest deren genaue Kenntnis muß im folgenden vorausgesetzt werden, dann läßt sich das komplexe Handlungsganze auf folgende wesentliche Punkte reduzieren, die gewissermaßen die propagandistische Stoßrichtung des Filmes und sein zentrales Anliegen herauspräparieren[13]:

— Die Haupthandlungslinie erfaßt den Werdegang des Knaben Heini Völker und versucht über die Zeichnung seines tugendhaften Charakters, verbunden mit dem Herausstreichen der zerrütteten familialen Verhältnisse sowie auch mit dem Verweis auf die Trostlosigkeit der weiteren sozialen Umgebung, seine Entscheidung für die HJ und darüber hinaus seine kämpferische Moral ‚bis in den Tod' zu begründen. Damit liegt das Hauptanliegen des Films in der glaubwürdigen und nachvollziehbaren Beantwortung der Frage ‚wo ein Junge heute hingehört'[14], d.h. der Frage, wie man Faschist (bzw. HJler) wird, und liegt darüber hinaus in einer nachdrücklichen Heroisierung des Todes als soldatischem Opfer für die ‚Bewegung'.
— In zweiter Linie geht es dem Film um eine Kriminalisierung und Verteufelung des politischen Gegners der ‚Kampfzeit' (der sich hier auf die KPD reduziert), aber gleichzeitig (aus der Perspektive von 1933) um eine differenzierte Zeichnung der kommunistischen Akteure. „Offensichtlich sah man den Kommunismus als den gefährlichsten Gegenspieler, den einzelnen Kommunisten aber als möglichen Parteigenossen."[15]
— Damit einhergehend und in stetem Bezug versucht ‚HJ Quex' eine Überhöhung und Glorifizierung der HJ (als Repräsentanten der ‚Bewegung') zu leisten, deren aufopfernder Einsatz als kämpferischer Beitrag begriffen wird, der die Wende von 1933, die ‚das Tausendjährige Reich' einleitete, herbeiführen half.
— Weiterhin zeichnet der Film ein Reibungspotential zwischen familialer Eingebundenheit bzw. Banden der Familie und Forderungen des Staates bzw. Verpflichtung ‚höherer Ordnung', welches vollständig zu Gunsten der Staatsopportunität aufgelöst wird.

Einerseits nimmt also der Film ‚HJ Quex' — gemessen an seinen ‚medialen Qualitäten' und an der Eingängigkeit und

Eindringlichkeit seiner Handlung — gegenüber den beiden anderen Filmen der Trilogie eine herausragende Stellung ein. Andererseits und im Unterschied zu ‚Hans Westmar‘ und ‚SA-Mann Brand‘ wird uns in der Zeichnung der Figur des Heini Völker der Verlauf einer ‚politischen Karriere‘ vorgeführt, d.h. es wird ein Handlungsbogen gespannt, der den politisch desinteressierten Heini Völker zum Ausgangspunkt und den engagierten, für die NSDAP (bzw. HJ) kämpfenden und sterbenden ‚Hitlerjungen Quex‘ zum Endpunkt hat. Entsprechend dieser Besonderheit liegt das Hauptanliegen der folgenden Seiten in der Beantwortung der Frage, wie es dem Film gelingen konnte, die ‚Karriere‘ des Protagonisten ‚glaubwürdig‘ und ‚nachvollziehbar‘ in Szene zu setzen. Es wird versucht, die Mittel darzustellen, mit denen der Film arbeitet, um den Werdegang eines Arbeiterjungen aus dem ‚roten Beusselkietz‘ in Berlin zu Beginn der 30er Jahre (dessen Vater Kommunist ist) zur HJ und über die Auflösung der Familie (Selbstmord der Mutter) hinaus in die Reihen der ‚heldenhaften Kämpfer für das Tausendjährige Reich‘ so zu schildern, daß selbst noch die nachdrückliche Heroisierung seines Todes als ‚soldatischem Opfer‘ für ‚die Bewegung‘ gelingen kann.

Die Beantwortung dieser Frage leitet eine dramenanalytische Perspektive der Filmbetrachtung ein, die als Analyse der Konfliktstruktur am Beispiel der Hauptfigur und unter Bezug auf die Motivkonstellation des Protagonisten die Handlung — der Filmchronologie folgend — in thematische Blöcke einteilt (die durch ‚dramatische Wendepunkte‘ eingeleitet werden) und die auf Grundlage der sich jeweils neu ergebenden Konstellationen nachzeichnet, welche Faktoren die Handlung vorantreiben und mit welchen unterstellten Handlungsmotiven gearbeitet wird. Filmchronologische Betrachtung der Motivkonstellation des Protagonisten heißt nicht deren Auffächerung auf der Grundlage des jeweiligen Standes der Zuschauerinformation, sondern verfährt rekonstruktiv im Lichte der Kenntnis des Films als auch des zur Verfügung stehenden Kontextwissens: Es geht nicht um die Erfassung zu rekonstruierender Rezeptionsprozesse[16], es soll keine Wirkungspsychologie des Films entwickelt werden. Es sei aber hervorgehoben, daß sich die affektiven Komponenten der erlebenden Teilhabe[17] in der Rezeptionssituation selbst erst über den bruchlosen und ‚nachvollziehbaren‘ Aufbau der Handlung vermitteln, die in den einzelnen Schritten ihrer Entfaltung auf diese Weise entscheidend das Identifikationsangebot lenkt. „Der Zusammenhang des Erlebens wird im Wesentlichen durch das Schicksal der Parteinahme bestimmt.“[18] Es ist im Besonderen die gelungene Verkoppelung affektiver Rezeptionsanteile bezüglich des Protagonisten mit politisch-weltanschaulichen Inhalten, bzw. das Herausarbeiten identifikationsfördernder Merkmale der Hauptperson und der damit korrespondierenden Motivkonstellation und das sukzessive Anhängen ideologisch-manifester Anteile, die sich ‚unter der Hand' einmischen, wodurch Brüche in der Glaubwürdigkeit der Vermittlung der ‚Karriere' des Protagonisten weitgehend vermieden werden. Damit bleiben die Ausführungen stark auf die Filmhandlung bezogen. Die diesem Abschnitt zugrundeliegende Fragestellung läßt sich also über eine narrative, der Filmchronologie folgende Darstellungsweise beantworten und macht mitunter eine (interpretierende) Handlungsrekonstruktion und die Zitation zentraler Dialogstellen unumgänglich.

Bietet sich die Auffächerung der Motivkonstellation der Hauptfigur im Hinblick auf die Frage nach der ‚bruchlosen' Vermittlung der intendierten Sinnstruktur vom Film selbst her an, so wird eine solche Verfahrensweise auch durch den praktischen Umgang mit dem Film nahegelegt. Besonders die Verwendung von ‚HJ Quex' im Rahmen von Unterrichtsveranstaltungen (im weitesten Sinn), ob als eindrucksvolles Beispiel der NS-Propaganda im Medium Film oder als Aufhänger für zeitgeschichtliche Themen, wie beispielsweise NS-Jugendpolitik, Geschichte der HJ etc.: Allemal sollte eine filmhandlungsbezogene Reflexion über den dramaturgischen Aufbau und die subtile Verweisstruktur des Filmes erfolgen, da sich Betroffenheitserlebnisse und die Wirkung der filmischen Qualitäten nur auf diese Weise in den Griff bekommen lassen und erst über diesen Weg kritische Distanz zum Gegenstand erreicht wird.

Die dramenanalytisch orientierte Betrachtungsweise versucht nur einen — wenn auch wichtigen — Aspekt des Filmganzen herauszuarbeiten. Auf eine systematische Darstellung des in ‚HJ Quex' präsentierten Feindbildes, welches sich von ‚Hans Westmar' und ‚SA-Mann Brand' durch Differenziertheit ‚abhebt', und auf eine entsprechende Interpretation im Sinne der Offenlegung der gesellschaftlich-politischen Rückbezüge mußte ebenso verzichtet werden[19], wie auf die Darstellung des Verhältnisses von filmisch präsentierter HJ zur HJ vor 1933 (Organisationsformen, Sozialstruktur, Frage der Angebundenheit an die NSDAP etc.). Der Anmerkungsteil versucht allerdings in Ansätzen diejenigen Daten und zeitgeschichtlichen Bezüge einzuarbeiten, die auch für eine dramenanalytische Perspektive und filmimmanente Betrachtungsweise notwendig sind, um den Film zu ‚erfassen'.

2. Motivkonstellation des Protagonisten — Analyse der Konfliktstruktur am Beispiel der Hauptfigur

2.1 Die Einführung des Protagonisten — Soziales Umfeld und Familiensituation

Ausgangspunkt des Films ist die räumlich-zeitliche Einbettung der Handlung in das proletarische Milieu des Berliner Arbeiterviertels Beusselkietz zur Zeit der Endphase der Weimarer Republik. Vor der Einführung des Protagonisten wird in der ersten Sequenz[20] über das Motiv einer Ladenplünderung das soziale Spannungsfeld umrissen, die Situation von Armut, Hunger und Arbeitslosigkeit thematisiert und in geschickter Weise auf die soziale Lage der Familie Völker übergeblendet. Der durch Hunger motivierte Apfeldiebstahl eines Jungen, die Ohrfeige des Ladenbesitzers und dessen übertriebener Ruf nach der Ordnungsmacht — „Der Bursche gehört ins Gefängnis" /8/ — führen im Gefolge zu einem Massenauflauf und zur Plünderung des Ladens, die durch das gewaltsame Eingreifen der Polizei beendet wird.[21]

Das Straßenbild und die Zeichnung der Passanten vermitteln eine durch Not überschattete trübe Atmosphäre: arbeitslose Kommunisten mit Schiebermützen und abgetragenen Jacketts lehnen ‚Rote Fahne' lesend an Hauswänden, Hausfrauen mit verschlissenen Schürzen und Einkaufskörben bevölkern die Straße, die Gesichter wirken verhärmt, von den Verhältnissen gezeichnet.[22] Es bedarf nur weniger agitatorischer Worte redegewandter Kommunisten, und das nur scheinbar friedliche Straßenbild vor dem Laden des Gemischtwarenhändlers ‚von nebenan' wandelt sich zu einer tumultuarischen Plünderungsszene, während der sich die Umherstehenden auf die Auslagen stürzen und andere Passanten hinzugeeilt kommen: als ‚Verführer' erscheinen zwar die Kommunisten, aber es bedarf keiner politisch geschulten Rede, denn die ‚Proleten' werden so gezeichnet, als lauere unter der dünnen Oberfläche geordneter Alltäglichkeit ihr ‚triebhaft-eruptiver Anarchismus'.

Was für die so gezeichnete Menge gilt, gilt nicht für Vater Völker. Zwar ist auch er ein Arbeitsloser, ein ‚Prolet', ein einfacher Mann, Mitglied der KPD aus Tradition[23], aber sein Auftreten während der ersten Szene trägt moralische Züge: die Parteinahme für den Apfeldieb macht sich an der inadäquaten Reaktion des Ladenbesitzers fest: „So'n Junge ins Gefängnis, — wegen einem Appel?" /9/ (im Gegensatz zum kommunistischen Agitator Wilde, der die eigentlich ‚angemessene' Reaktion, die Ohrfeige, als Aufhänger nimmt „... hier hat nicht bloß dieser

Junge eine Ohrfeige bekommen — hier habt ihr alle, wie ihr da seid, Ohrfeigen gekriegt!" /11/). Vater Völker distanziert sich von dem daraufhin abfolgenden Geschehen und die ‚ironische Wendung' besteht nun gerade darin, daß er (als einziger?) von einem Polizeiknüppel getroffen und verletzt wird.

Die anschließende Szene in der Wohnung der Völkers, in die der Verletzte von Stoppel gebracht wird, dient der Zeichnung der privaten Lebensverhältnisse und familialen Situation des Protagonisten, im Besonderen aber der Charakteristik seiner Eltern und dem Aufzeigen der spezifischen Konfliktsituation in der Familie: Die Atmosphäre der Wohnung erscheint als die Verlängerung des örtlichen Rahmens der Straßenszene: beeengte, dunkle Räume, die zwar gepflegt und sauber wirken, aber in ihrer Ärmlichkeit deutlich die materielle Not erkennen lassen.[24] Frau Völker, die immer im Hintergrund bleibt und meistens mit häuslichen Arbeiten beschäftigt ist, wirkt verhärmt und abgearbeitet, sorgenvoll und gebeugt, fast verzweifelt. Mit Bügelarbeiten verdient sie mühsam etwas Geld und sichert so den Lebensunterhalt der Familie.

Im folgenden versteht es der Film geschickt, den Kontrast zwischen der gesellschaftlichen Ohnmacht des Vaters Völker und seinen verzweifelt-cholerischen Versuchen, seine Autorität in der Familie aufrechtzuhalten, aufzuzeigen. Er ist ‚der Geschlagene' in mehrfacher Hinsicht: die langjährige Arbeitslosigkeit, das Nichtstun („vom Rumsitzen bin ich so dick geworden" /330/), seine Verletzung im Ersten Weltkrieg und endlich seine über die Familie verstärkten Gefühle ökonomischer Impotenz haben ihn gebrochen —, die Familie erscheint als Kompensationsraum.[25]

Auf der Grundlage der so geprägten Lebensumstände erfolgt die Einführung des Protagonisten: Heini Völker wird an seinem Arbeitsplatz in einer Druckerei (seine Lehrstelle)[26] gezeigt, wo er für einen wartenden Kunden offensichtlich Überstunden macht. Er wirkt flink und fleißig, ehrlich und freundlich: In seiner Erscheinung verkörpert er das faschistische Ideal einer Jugend, die aufrecht und mit rassistisch positiv gewerteten Merkmalen ‚den Geist der neuen Zeit' versinnbildlichen soll. Das redlich verdiente Trinkgeld des Kunden von einer Mark, die er „nicht verplempern" /50/ soll, steht im auffälligen Kontrast zu den „paar Jroschen", die der Vater von der Mutter zu erbetteln versucht, um sich ein Bier zu genehmigen.

Mit dieser Mark kann Heini im letzten Moment verhindern, daß sein tobender Vater, der in einem Anfall cholerischer Raserei die Wohnung nach Geld durchwühlt hat, die eingeschüchterte Mutter schlägt. Heini, der während dieser Szene die Wohnung betreten hat, drückt der Mutter das Geld heimlich in die Hand, Ausdruck der Solidarität mit der Mutter und gleichzeitig der Angst vor dem Vater, aber v.a. Ausdruck bzw. Andeutung der ‚Motive‘, die Heini gegenüber dem randalierenden Vater in einer die Situation beherrschenden, fast ‚abgehobenen‘ Position erscheinen lassen, einer Art Erhabenheit, die für die spätere ‚Überwindung des Vaters‘ konstitutiv bleibt.

Die für die Glaubwürdigkeit seiner späteren Entscheidung grundlegende Charakterzeichnung des Protagonisten, das Motiv der Reinheit seiner Gefühle, seine ungebrochene Knabenhaftigkeit, das Nicht-verdorbensein[27] von den so erbärmlichen Verhältnissen in seiner weiteren Umgebung (dem sozialen und politischen Umfeld) und im engeren Kreis der Familie, wird durch folgende, weitere Momente verstärkt:

— Stoppels Frage „Biste Mitglied?" /61/, die von jedem anderen Jungen im Beusselkietz verstanden worden wäre, beantwortet Heini mit Unverständnis: „Was denn Mitglied?" /61/: er ist politisch ein unbeschriebenes Blatt, ist nicht nur kein Mitglied, sondern weiß auch nicht, wo man Mitglied sein kann! Die wie selbstverständlich klingende Bemerkung Stoppels „Na ja, man ist doch Mitglied" und seine grinsend vorgebrachte Gegenfrage „... oder willste vielleicht Nazi werd'n?" /61/, nachdem Heini jede Mitgliedschaft verneint hat, zeigen nicht nur auf, wie von Beginn an die politische Landschaft auf die beiden Alternativen KPD und NSDAP reduziert wird, sondern deuten bereits das Motiv der ‚Entpolitisierung der Entscheidung‘ für eine der jeweiligen Gruppierungen an: man ist Mitglied, ohne daß dies argumentativ zu begründen wäre, und die Frage, wer wo Mitglied wird, ist keine Sache des politischen Standpunktes (der erscheint dann als ‚abgeleitet‘), sondern ‚menschlicher Qualitäten‘.

— Nachdem Stoppel und Vater Völker die Wohnung verlassen haben, weicht die Sorge um die niedergeschlagene Mutter („... Mutter, sei doch nich immer so traurig" /63/) und sein Mitgefühl ganz plötzlich der strahlend vorgebrachten Bitte um einen Groschen für ein Los, mit dem er auf dem Jahrmarkt das „Universal-Patent-Taschenmesser mit acht Klingen und einer Säge ganz bestimmt" /63/ gewinnen will: Ausdruck seiner kindlichen Naivität und knabenhaften Faszinationsbereitschaft.

— Das von Anfang an gehegte Mißtrauen gegenüber Stoppel, der es in der Wohnung selbst da nicht für nötig hielt, den tobenden Vater Völker zu beruhigen, als dieser seine Frau zu schlagen drohte, aber sich um den „strammen Bengel" /59/

außerordentlich bemüht, Heini nicht nur das ersehnte Taschenmesser verspricht, sondern ihn auch zum Zeltlager des KJVD am nächsten Tag einlädt, bricht erst, als dieser von „Baden, Zelten und Spielen" erzählt und vorher erwähnt, „daß Geld keine Rolle spielt" /70/.

Zusammenfassung:

In dem durch Not, Hunger und Arbeitslosigkeit geprägten Umfeld ‚auf der Straße', in welchem der Proletarier als von Kommunisten verführter, triebhaft aufbegehrender Charakter gezeichnet wird, und der in diesem Milieu eingebetteten Situation der Familie Völker erscheint der Protagonist als von den Verhältnissen ‚unberührt': Er arbeitet, steht jenseits jeden politischen Selbstverständnisses und ist mit den Zügen reiner, unverdorbener Knabenhaftigkeit und Abenteuerlust gezeichnet. Sein unzweifelhafter Charakter ‚überstrahlt' die schäbigen Lebensverhältnisse und führt zu einer Überhöhung, einem Außerhalb- und damit Über-der-Situation-stehen gegenüber seinem Vater, dessen Brutalität als Versuch des Aufrechterhaltens seiner familialen Autorität zu werten ist, die durch die Situation von Arbeitslosigkeit und ökonomischer Impotenz gesellschaftlich in Frage gestellt scheint. Der politische Entscheidungsraum wird auf die beiden extremen Alternativen KPD und NSDAP, bzw. Kommunistischer Jugendverband Deutschlands (KJVD) und Hitler-Jugend (HJ) eingeengt.

2.2 Der situative Rahmen der ‚Entscheidung' für die HJ —
Vor- und Gegenüberstellung der alternativen Gruppierungen

Dienten die Einleitungssequenzen der Charakterisierung des sozialen und politischen Umfeldes und der familialen Situation des Protagonisten, im Besonderen aber seiner Stellung in diesem Umkreis und der Beschreibung seiner Persönlichkeitsmerkmale, so erfolgt in den drei nachfolgenden Sequenzen: Bahnhof, Zeltlager der Kommunisten und Zeltlager der HJ /72-138/ über die kontrastive Gegenüberstellung der alternativen Parteien und über deren Selbstdarstellung die Fundierung der eigentlichen Handlungsdynamik und -dramatik:[28] Es erfolgt die ‚fast wortlose' Grundlegung jener Idee, die den Protagonisten über den Widerstand der Familie hinweg zu einem HJler macht und darüber hinaus zu „einem kleinen tapferen Soldaten, der den Heldentod stirbt, für seine Sache, für die Kameraden, für die heißgeliebte Fahne und den Führer".[29] Die Zeichnung der Kommunisten und Faschisten, die sich qua Eigendarstellung für den Protagonisten selbst qualifizieren bzw. disqualifizieren, entspricht der im Film weiterhin durchgehaltenen Konstitution des Feindbildes einerseits und der Eigendarstellung andererseits. Es sollen hier die filmischen Motive herausgearbeitet werden, die manifest oder latent Heinis Zuwendungen zur HJ plausibel und nachvollziehbar erscheinen lassen.

Die Betrachtung der Motivkonstellation des Protagonisten in bezug auf seine ‚Entscheidungssituation' muß auf der Grundlage und im steten Bezug von 1. seinem zerrütteten Elternhaus und der Desolatheit der weiteren, sozialen Umgebung und 2. Heinis spezifischer Chrakteristik erfolgen. Zwischen diesen beiden Polen liegt die Spannung, die qua ‚Entscheidung' für die HJ virulent wird und über die ‚Auflösung der Familie' gelöst wird.

Bahnhof/Zeltlager des KJVD:

Schon auf dem Bahnhof, wo beide Gruppen zusammentreffen, bringt Heini seine geheime Bewunderung für die in militärischer Disziplin auftretende HJ zum Ausdruck. Offenbar hat er sie aber noch nie (bewußt) gesehen, da er Stoppel fragen muß, was denn das „für Jungens" seien /75/. Dies, obwohl die HJ in Uniform und mit Hakenkreuzwimpel aufmarschiert ist. Ungläubig und erstaunt fragt er nochmals: „Das sind die Nazis??" /75/ und versteht bereits hier nicht, warum ihn sein Vater wegen dieser Jungens „eher totschlagen" /62/ würde. BDM und HJ, die getrennt aufmarschieren, bieten ein Bild der Geschlossenheit: es herrschen Ordnung und Disziplin. Im scharfen Kontrast zu deren selbstbewußt disziplinierter Präsentation erscheinen die kommunistischen Jugendlichen: Im regellosen Haufen, vornweg der Kleinste, mit bezeichnenderweise eingerollter KPD-Fahne, kommen sie den Bahnsteig entlang, begrüßen sich mit mehrfach durcheinandergerufenem ‚Rot Front' und imitieren das Salutieren der HJ („Kameradschaft Rotzlöffel zur Stelle" /78/)[30]. Der für die HJ zentrale Begriff der Kameradschaft, das Motiv der Zusammengehörigkeit, der Solidargemeinschaft, welches für den ‚entwurzelten' Heini von so großer Bedeutung werden soll, wird nicht nur verhöhnt, sondern es wird damit gleichzeitig angedeutet, daß der Kameradschaftsgedanke innerhalb der kommunistischen Jugendgruppe nicht existiert, was durch die folgenden Einstellungen im Zeltlager eindrucksvoll illustriert wird. Den Zurufen und provokatorischen Rempeleien der Kommunisten halten die HJler ‚aufrecht' stand, nur als ein geworfener Apfelkrotzen einen ‚Kameraden' ins Gesicht trifft, zeigen die Provozierten spontane Kampfbereitschaft, werden aber von ihrem Bannführer barsch zurückgerufen, als einige im Begriff sind vorzustürmen.

Die Organisation HJ, die hier in ihrer Gesamtheit provoziert wurde, läßt sich durch derlei Geplänkel nicht von ihren Zielen abbringen, man ist in der Lage, den Zeitpunkt des Handelns selbst zu bestimmen und läßt ihn sich nicht vom Gegner diktieren: Die Provokation wird jetzt nicht beantwortet. Gleichzeitig wird eine prinzipielle Kampfbereitschaft demonstriert, die in dieser Situation allerdings aufgrund von strategischen Überlegungen — und nicht etwa aus Feigheit vor dem Gegner — nicht umgesetzt wird.

Heinis verwunderte Frage „... ham die Angst vor euch?" /86/ bzw. Stoppels (sonderbar verdrehte) Antwort: „Im Gegenteil (?!), die haben die Hosen gestrichen voll!" kann an dieser Stelle nicht unglaubwürdiger klingen.

Die folgenden Szenen im Zugabteil und im Lager der Kommunisten dienen ihrer näheren Charakterisierung und machen im einzelnen plausibel und nachvollziehbar, warum sich Heini am Ende enttäuscht, verletzt und angewidert abwendet. Vor allem seine ‚unbefleckte Knabenhaftigkeit', seine Unschuld und Unerfahrenheit gegenüber dem anderen Geschlecht wird kontrastiert mit der sexualisierten, feucht-fröhlichen Stimmung in der kommunistischen Jugendgruppe. Heinis Unbedarftheit wird zum Anlaß allgemeiner Belustigung, als er nach Gerdas ‚unfreiwilligem' Kuß empört aufspringt und erstaunt feststellt: „Du bis ja ein Mädel!" /89/. Heini fühlt sich auch im folgenden v.a. durch die Anwesenheit von Gerda bedroht, die ihn — allerdings ‚spielerisch' — über ihre Weiblichkeit zu vereinnahmen versucht. Für seine Unbedarftheit gegenüber dem anderen Geschlecht wird er bestraft und in der Gruppe isoliert. Auch sind die von Stoppel in Aussicht gestellten Spiele eher Vergnügungen der ‚Erwachsenenwelt', mit denen Heini nichts anzufangen weiß[31]: Zur Akkordeonmusik wird (von Älteren) getanzt[32], andere lagern mit Bierflaschen auf dem Boden und spielen Skat. Alkohol und Rauchen erscheinen bei den Kommunisten gerade auch für die Jüngeren selbstverständlich[33]; es kreisen Schnapsflaschen und auch die Frauen trinken. Angesichts der Erfahrung mit seinem Vater, der für ein Bier seine Mutter fast prügelte, versteht man Heinis heftige Abwehrreaktionen.

Bei der ‚Essensausgabe' wird nicht an alle verteilt, sondern Wurst und Brot fliegen durch die Luft, und es bekommt der noch mehr, der schneller ist. Heini bekommt eine Stulle, in die er gerade beißen will, von hinten aus der Hand gerissen /100/. Berücksichtigt man die Ärmlichkeit der Lebensverhältnisse in Heinis Elternhaus — seine Mutter muß für den nötigsten Lebensunterhalt für andere Leute Wäsche bügeln — so wird hier plausibel, warum dieser Umgang mit Lebensmitteln und die

118

Maßlosigkeit bei ihm Befremden hervorruft. Die innere Abkehr, die Heini längst vollzogen hat, wird aber noch verstärkt durch die äußere Isolation: keiner scheint sich (außer Gerda) für ihn zu interessieren oder nimmt sich seiner an. Selbst Stoppel, auf Grund dessen Versprechungen er überhaupt mitgefahren ist und der ihn zum Kartenspielen (!) ruft, schickt ihn barsch weg, als Heini sagt, er „kenne keine Karten" /105/. Die Tanzlieder, die bei den Kommunisten gesungen werden, erscheinen auf der selben ,Stufe' wie der Gesang der Internationale, die im Zugabteil genau in dem Augenblick einsetzt, als Stoppel Gerda eine geschälte Banane in den Mund stopft (!) und stehen im starken Kontrast zum Marschrhythmus des HJ-Liedes, welches den bedrückt davonlaufenden Heini ,anzieht'.[34]

HJ-Zeltlager:
Was es bei den Kommunisten die durch Nähe (v.a. auch körperliche) hergestellte Isolation, die zur Abkehr führte, so ist es bei den Faschisten die — allerdings unfreiwillige — Distanz, die zur unbedingten Hinwendung leitet, oder anders: erfährt Heini (der Zuschauer) einerseits alles über die Verderbtheit der kommunistischen Charaktere durch Unmittelbarkeit[35], so verharrt sein Blick gegenüber dem HJ-Lager in der distanzierten Totale. Seine Hinwendung zur HJ und die durch keinen Widerstand zu brechende Faszination fußt (zunächst!) auf keiner persönlichen Bindung (er kennt nicht nur niemanden, sondern hat bislang auch nur Schlechtes über die Faschisten erfahren), sondern ist ausschließlich durch die Präsentation der HJ im Lager (und auf dem Bahnhof) bedingt. Die Distanz stellt sich über den ,dramaturgischen Kniff' der Verwechslung her[36] und bedeutet für Heini, daß diejenigen, zu denen er nie wollte und nach seinen unmittelbaren Erfahrungen erst recht nicht will, ihn auch noch daran hindern, sich der HJ anzuschließen. In der Szene, als er von Fritz barsch aus dem Lager geschickt wird, bringt Heini nochmals seine politische Unbedarftheit zum Ausdruck, als er gegenüber den HJlern versichert: „Ich bin keine Kommune!" /114/. Daß es Heini daraufhin vorzieht, im Freien zu schlafen, unterstreicht sowohl seine Abneigung gegenüber den Kommunisten, bringt aber gleichzeitig zum Ausdruck, daß seine Zuneigung zu den HJlern so groß zu sein scheint, daß er, wenn er schon nicht unmittelbar bei ihnen sein kann, zumindest doch in ihrer Nähe übernachten will.
Insgesamt präsentieren die HJler für Heini das Gegenteil dessen, was er im KJVD-Lager erfahren hat. All die nicht eingehaltenen Versprechungen von Stoppel werden hier erst eingelöst:

Das für ihn ‚Kolossale', wie er später der Mutter berichtet, sind die Aktivitäten, die an Pfadfindertum und Abenteuer erinnern: „Du, die haben abgekocht[37] und geturnt und geschwommen und gesungen!" /140/. Es sind genau diese Momente (durchaus in der Rangfolge), alles Attribute — wie auch Lagerfeuer und Zelte — die zunächst nichts ‚spezifisch Faschistisches' beinhalten[38], die ihn ‚in den Bann' gezogen haben; Fahne, Uniform und militärische Disziplin sind zunächst abgeleitete Begleiterscheinungen[39], die für ihn als unpolitische Symbole für Zusammenhalt und Dazugehörigkeit stehen. Viel weniger noch bedeuten ihm die markigen Worte des Bannführers, ‚Deutschland' und ‚Heil Hitler'[40] oder gar der Text des HJ-Liedes[41], den er später (siehe /140/) der Mutter vorsingt (obwohl während der HJ-Lager-Szene das Lied nur instrumental vorgetragen wurde): Was ihn fasziniert, ist der Marschrhythmus und die Melodie des Liedes (er beginnt ‚auf der Stelle' mitzumarschieren, als die Spielschar das Lied anstimmt), die Inhalte, der Liedtext, werden in geschickter Weise ‚angehängt'.

Zusammenfassung:

Für die ‚Lagerszenen' ist bedeutsam, daß mit einem Auseinanderfallen zwischen ‚Zuschauerinformation' und den Entscheidungsdeterminanten, die für den Protagonisten in Ansatz gebracht werden, gearbeitet wird: Das, was aus der Position des zeitgenössischen Rezipienten der HJ zugeordnet wird, ist deren politisch-weltanschauliche Ein- und Angebundenheit an die faschistische Bewegung, ihre Funktion als Jugendorganisation der NSDAP, jedoch sind die Motive des Protagonisten ganz anderer Natur: er trifft keine politische Entscheidung — er hat, und dies ist glaubwürdig eingespielt, noch nicht einmal einen Begriff von Politik —, sondern findet eine Jugendgruppe, in der seine Träume von Abenteuer, die Möglichkeit von Spiel und Sport und unbeschwerter, weil im Ordnungsrahmen stattfindender Freizeit eingelöst werden könnten und so seine Isoliertheit überwindbar und der Anschluß an gleichgesinnte ‚Kameraden' möglich erscheint. Die Hinwendung zur HJ gewinnt auf Grundlage dieser Motivkonstellation an Glaubwürdigkeit, da sich die andere Alternative als Antipode seiner Bedürfnisstruktur präsentiert und sich die HJ als die ‚Alternative' anbietet, in der seine Moralität und Tugendhaftigkeit erst eingelöst zu werden verspricht.

2.3 Widerstand in der Familie und Bewährungsdruck vor der HJ

Die nächsten Sequenzen /5-11/ dienen der Verdichtung der beiden Spannungsfelder, dem Bereich der Auseinandersetzung zwischen den Kommunisten und der HJ und dem Problemfeld Familie, an deren Ende der Selbstmord der Mutter als dramatischer Höhepunkt steht.

Das Spannungsfeld zwischen HJ und kommunistischer Jugendgruppe:
Durch den dramaturgischen Trick der ‚Verwechslung‘ ist der Protagonist, dessen ‚unabwendbare Hinwendung‘ zur HJ auf dem sicheren Fundament der letzten Sequenzen aufgebaut wurde, in das Spannungsfeld der beiden Parteien so eingebaut, daß der Bewährungsdruck vor der HJ im Zuge der Eskalation der von den Kommunisten betriebenen Auseinandersetzung (von dem auf dem Bahnhof geworfenen Apfelkrotzen bis zum geplanten Sprengstoffanschlag auf den HJ-Keller) zunimmt, er aber gleichzeitig von den Kommunisten (Stoppel) umworben wird und sich über dessen Informationen erst /225-229/ bewähren kann. Dies dient v.a. dem Unterstreichen und der Überhöhung seines zweifelsfreien Charakters und seines moralischen Standpunktes: was ihn gewissermaßen ‚wie von selbst‘ in die Nähe der Faschisten gerückt hat (deren ‚Tugenden‘ als die seinigen und umgekehrt ausgegeben werden), umwerben auch die Kommunisten.

Im Zuge der sich radikalisierenden Auseinandersetzungsformen und dem so gesteigerten Bewährungsdruck (zunächst wird er nur für einen Kommunisten, nach dem Überfall auf den HJ-Keller aber sogar für einen Spitzel gehalten), wächst demnach auch seine ‚moralische Qualifikation‘, denn was für ihn als geradezu selbstverständlich erscheint, die Vereitelung des Attentats (zu Stoppel in der Druckerei: „Du, ich werde was machen (...) ich werde die Jungs warnen." /228/), ist mit den größten Risiken verbunden (Stoppel zu Heini: „Nu hör‘ mal mein Junge, — det kannste nur einmal machen, verstehste mich, (drohend) nur ein einziges Mal!" /228/). Mit der sich zuspitzenden Bedrohung der HJler wächst also Heinis Kampfbereitschaft für sie, das Motiv, welches ihn später noch aus den Reihen der Mitkämpfer heraus zum ‚unsterblichen Heroen‘ leitet. Im Kontext des außerfamiliären Konfliktfeldes ist es demnach der politische Gegner, der sich für den Protagonisten auf der Ebene ‚unpolitischen Treibens‘ durch eine Eigenpräsentation selbst desavouiert hat, die im Verlauf des ‚Kampfes um die Straße‘ seine zunächst sehr ‚privaten‘ Motive der Hinwendung zur HJ im Nachhinein nicht nur legitimiert, sondern ihn zwangsläufig ‚politisiert'. Dies meint keinen politischen Bewußtwerdungsprozeß im Sinne inhaltlicher Auseinandersetzung mit den eigenen ‚Zugehörigkeitsgefühlen' und den Positionen und Motiven der anderen, sondern gewissermaßen die Einsicht in die Notwendigkeit des Kampfes als Verteidigung. Heinis Motive bleiben ausschließlich moralischer Natur und gewinnen innerfilmische Plausibilität nicht zuletzt dadurch, daß im Verlauf der sich eskalierenden Auseinandersetzungen sich nicht mehr zwei Gruppen von Jugendlichen gegenüberstehen, sondern die kommunistischen Aktivitäten in zunehmendem Maße von Stoppel bzw. später von Wilde getragen werden und während der entsprechenden Szenen ‚unmerklich' Erwachsene dominieren (vgl. KPD-Lokal und Angriff auf den HJ-Keller /185-215/, KPD-Lokal /265-268, 281, 285/, Jahrmarkt/besonders 341-349/ und v.a. die Verfolgungsszene /391-437/).

Entscheidend für die Verstärkung der Hinwendungsmotive und Solidaritäts- bzw. Kampfbereitschaft des Protagonisten ist die persönliche Kontaktaufnahme und über Unmittelbarkeit hergestellte Faszination für die ‚Auserwählten': Vor der Berufsschule spricht Heini Fritz Dörries an: „Ich möcht gern zu euch" /162/ und dieser reagiert nach anfänglicher Zurückhaltung fast überschwenglich: „Ist ja fabelhaft! Und nun willst du natürlich wissen, wie man das anstellt, nicht? ..."/162/. Obwohl er ihn noch ‚vor einiger Zeit'[42] aus dem HJ-Lager als Kommunisten vertrieben hat, steht der Mitgliedschaft Heinis nichts im Wege, und Fritz Dörries lädt Heini sogar zu sich nach Hause ein. In einer kurzen Einstellung/163/ sieht man die Beine der beiden, und Heini korrigiert seinen Schritt, um mit Fritz im Gleichschritt zu laufen: er gehört, obwohl noch ohne Uniform, schon dazu.[43] In der elterlichen Wohnung von Fritz, deren Einrichtung und Atmosphäre im auffälligen Kontrast zu den beengten und düsteren Wohnverhältnissen der Völkers steht/166-168 u. 170-175/ — der Vater von Fritz ist Arzt —, lernt Heini auch Ulla Dörries, die Schwester von Fritz kennen, die in ihrer gesamten Erscheinung das Gegenteil von Gerda verkörpert.[44] In ihrer entsexualisierten und abgehobenen Erscheinung, ihrer geschlechtsrollenkonformen Häuslichkeit und ‚zurückhaltenden' Freundlichkeit hat sie für Heini nichts Bedrohliches und entspricht seiner vorpubertären und verklärten Vorstellung des anderen Geschlechts.

Seine anfängliche Befangenheit nach Betreten der Wohnung ist jedoch unangebracht: soziale Unterschiede spielen keine Rolle[45] — durch die besonderen Umstände sogar im Gegenteil: Heinis höfliche Antwort „Ich lerne Buchdrucker"/168/

auf Ullas Frage, welche Schule er denn besuche, wird von Fritz begeistert aufgegriffen: „Großartig. Unser letzter Bannführer war auch Buchdrucker" /168/. Weiterhin braucht Heini sich nicht für die Teilnahme am KJVD-Lager zu rechtfertigen, sondern wird wie selbstverständlich zum Essen (Ulla: „Bei uns ist jeder herzlich willkommen" /168/) und darüber hinaus gleich zur Einweihung des neuen HJ-Heimes am selben Abend eingeladen.[46] Seine zweifelnde Rückfrage: „Wenn ich aber nun von zu Hause nicht weg kann?" /173/ und damit der Verweis auf den massiven Widerstand in seiner Familie bedarf keiner weiteren Stellungnahmen von Ulla und Fritz, denn: „Wenn man will, kann man vieles." /174/[47] (so die Antwort von Fritz).

Das Spannungsfeld Familie

Das zweite Spannungsfeld, der Bereich der Familie, wird im folgenden durch den Selbstmord der Mutter zur ‚Auflösung' gebracht. Der eigentliche Konflikt zwischen Heini und seinem Vater ist durch eine sukzessive ‚Selbstentmachtung' des Vaters flankiert. Berücksichtigt man, daß das innerfamiliale Konfliktpotential im wesentlichen über Heinis Hinwendung zu den Faschisten aufgebaut wird, der Selbstmord seiner Mutter als Folge daraus erwachsener Verstrickungen zu betrachten ist, so stellt sich die Frage, wie es dem Film gelingen kann, von jeder Schuldzuweisung abzulenken bzw. die Gründe für die Auflösung der Familie ‚unabhängig' vom Protagonisten zu verankern. Die Szene, in der Vater Völker versucht, seinen Sohn durch Prügel zur Internationalen[48] zu ‚bekehren' /141-147/, nachdem dieser in aller Unschuld begonnen hat, seiner Mutter das HJ-Lied vorzusingen, bezieht ihre Dramatik im wesentlichen aus den unmittelbar vorausgegangenen Einstellungen am Bahnhof und in den beiden Lagern. War es nämlich dort gelungen, die Internationale zum ‚Schwoflied' zu reduzieren und mit den „heimatlosen, lasterhaften und vulgären Gesellen"[49] im KJVD-Lager zu identifizieren, so wurde andererseits gerade glaubhaft vermittelt, daß Heinis Faszination keineswegs den politischen Attributen, sondern dem „Pfadfindertum im Sinne von Ordnung und Ertüchtigung"[50] galt. Der erschrockenen Mutter konnte er zunächst nur sagen, daß er bei „den anderen Jungs mit dem — na, mit dem Hakenkreuz" /140/ war, nicht bei der HJ oder gar den Nazis oder Faschisten. Was der Vater an ihm verprügelt, ist er also gewissermaßen ganz: „der junge, so unschuldige, so germanische Heini".[51] In diesem letzten cholerischen Aufbegehren des Vaters vor dem unbeirrbaren Sohn reduziert er sich deshalb selbst auf seine rein physische Überlegenheit[52], auf die schon hier brüchige Hülse väterlicher Autorität und Macht, deren Inhalt kein moralisch-erzieherisches Fundament mehr hat, sondern sich für den Protagonisten als politischer ‚Standpunkt' geriert, der den Vater in die Nähe der inszenierten Verdorbenheit seiner politischen Gesinnungsgenossen rückt. Es erscheint somit auch keineswegs als filmischer Bruch, daß Heini in der unmittelbar folgenden Szene (vor der Berufsschule /162/) nichts Eiligeres zu tun hat, als sich um die Mitgliedschaft in der HJ zu bemühen. Daß er währenddessen durch die ‚selbstverständliche' Unterschrift seines Vaters zum eingeschriebenen Mitglied des KJVD gemacht wird /176, 177/, verstärkt in diesem Moment seine Problemsituation und ist Ausdruck der väterlichen Machtposition, über ihn (noch) entscheiden zu können, und nochmals der Beweis, daß der Vater (bis dahin!) keine andere politische Alternative für seinen Sohn zuläßt. Aber in der unmittelbar folgenden Szene werden die Verhältnisse relativiert: gelingt es einerseits, die innere Gebrochenheit und gesellschaftlich bedingte Ohnmachtssituation des Vaters Völker, die sich bis dahin lediglich als blindwütiges Aufrechterhalten zumindest seiner familialen Autoritätsposition ausgewirkt hat, nun als manifeste Entmachtung in der Familie und v.a. gegenüber seinem Sohn darzustellen, so verschafft sich andererseits die aufrechte Haltung und Rechtschaffenheit des Sohnes, die bis dahin mit dem Vater in Konflikt geriet, Geltung. Auf der Basis der für Heini unerwarteten, neuen Mitgliedschaft in „der Partei" (so der Vater) erfährt er durch den Vater (!) seinen Eintritt in die Erwachsenenwelt und somit die Zuordnung von Eigenständigkeit und eigener Entscheidungskompetenz, was durch die Übergabe des Hausschlüssels symbolisiert wird.[53] (Vater Völker: „Natürlich kriegst'n Hausschlüssel! Du kommst doch jetzt in de Partei — da biste doch erwachsen!" /180/). Diesem Zuwachs an Eigenständigkeit auf der Seite des Protagonisten, der Stärkung seiner Position, steht der Hilferuf des Vaters („... und nun müßt ihr Jungs uns eben helfen ..." /181/) als Ausdruck seiner Ohnmacht vor dem Sohn entgegen.

Ein Gewissenskonflikt /184/ ergibt sich für den Protagonisten demzufolge auch nur über die ihm zugewachsene neue Position und die Tatsache, daß er jetzt (!) seinen Vater nicht mehr belügen kann — nicht etwa zwischen seiner ‚Entscheidung' für bzw. Hinwendung zur HJ und dem moralischen Appell des Vaters. Die innerfilmische Plausibilität der Motive und die Glaubwürdigkeit des Protagonisten, der unmittelbar nach dieser Konfrontation mit dem Vater nicht das Parteilokal der KPD aufsucht, sondern zielstrebig sich dem neuen HJ-Keller zuwendet, wird an dieser Stelle nicht zuletzt dadurch hergestellt, daß es längst gelungen ist, die Motive der Parteigenossen des Vaters auf höchst partikulare Interessen bzw. die Befriedigung unmittelbarer, sinnlicher Bedürfnisse zu reduzieren und sich schon allein von daher ‚die anderen' als die Alternative anbieten[54], bei denen seine Hoffnungen auf die Zukunft besser aufgehoben erscheinen.

Zusammenfassung

Die Phase zwischen der Hinwendung des Protagonisten zur HJ (Lager) und dem Selbstmord der Mutter (als Wende) ist einerseits geprägt durch die Differenzierung des Konfliktes zwischen HJ und KJVD und andererseits durch die Verdichtung der Probleme in der Familie: Die wachsende Bedrohung der HJ durch die Kommunisten (die in zunehmendem Maße auf die Vertreter der ‚Gesamtpartei' verlagert wird) und die Eskalation in der Wahl der Mittel der Auseinandersetzung verstärken den Bewährungsdruck des Protagonisten vor der HJ, die Moralität seiner solidarischen Haltung, und fördern das Motiv des Kampfes als Einsicht in die Notwendigkeit der Verteidigung. Parallel zu dieser Entwicklung steigert sich zwar das innerfamiliale Spannungsfeld (und dient so zu der Vorbereitung des Selbstmordmotivs der Mutter), aber der manifeste Konflikt mit dem Vater ist begleitet von einer latenten ‚Selbstentmachtung' des Vaters vor dem Sohn und einer Stärkung der Position des Protagonisten. Da zusätzlich sein folgenreiches Handeln (der Verrat des Waffenlagers) als Reflex auf der Grundlage seiner tugendhaften Haltung erscheint und der moralische Appell des Vaters mit dem ‚niederen Motiv' seiner Parteigenossen verkoppelt wird, kann ein Gewissenskonflikt für den Protagonisten (familiale Bindung versus Hinwendung zur HJ) ausgeblendet bleiben, ohne daß Zweifel an seiner Haltung die Folge wären.

2.4. Auflösung der Familie und Aufnahme in die ‚Reihen der jugendlichen Kämpfer'

Das mehrfach angedeutete Motiv der Zerrüttung der Familie und das ‚stille Leiden' der Mutter bilden den allgemeinen Hintergrund ihres ‚dramatischen Entschlusses'. Die doppelte Belastung von Hausarbeit und harter, alleiniger Arbeit für den Unterhalt der Familie, ihr Ausgeliefertsein gegenüber den cholerischen Ausbrüchen ihres Mannes und ihre ausweglose Position, zwischen dem rechtschaffenen Sohn, der zu den ‚Anderen' will, und dem ‚gebrochenen' Vater vermitteln zu müssen, erscheinen zwar als die Grundlage des Selbstmordmotivs[55], der konkrete Anlaß jedoch und die Begründung dafür, daß sie sich und Heini umbringen will, wird als direkte Folge der Bedrohung ihres Sohnes durch die Kommunisten eingespielt. Es ist einer der filmischen Brüche, daß es gerade Stoppel ist, der die Morddrohung gegen Heini vor der Mutter ausspricht /278/, da er bisher ein persönliches Interesse an „dem Bengel" /59/ bekundet hat und auch späterhin seine Bemühungen um ihn nicht aufgibt /255/.

Angesichts der massiven Drohung durch die Kommunisten hielt es die Mutter dennoch nicht für nötig, den ,ahnungslosen', fast stolzen Sohn zu unterrichten oder gar wegen seines folgenreichen Handelns zu tadeln bzw. zur Rechenschaft zu ziehen. Ihr letzter verzweifelter Versuch, das schon von Beginn an vorausgesehene Unheil (zu Vater Völker: „... du wirst uns nochmal alle ins Unglück bringen" /48/) abzuwenden, besteht in der unter Tränen vorgebrachten eindringlichen Bitte an Heini: „Versöhn' dich lieber mit Stoppel, Heini. Ich bitt' dich, vertrag dich mit dem! — Sonst ist alles aus!" /284/. Heinis lachende Antwort: „Aber Mutter, jetzt fängt's doch erst an!" /284/ steht hier gleich für mehrfaches:

— Als Ausdruck der vorweggenommenen Mitgliedschaft und — kontrapunktisch zu: „Sonst ist *alles* aus", welches den drohenden Tod umschreibt —, als die Vorstellung des eigentlichen Lebens, welches *dann* erst anfängt.
— In der Vorwegnahme der ,neuen Familie' als Indiz für die Notwendigkeit der Aufhebung alter Bande[56]: das Führerprinzip als Ersatz für den gebrochenen, entmachteten Vater, die Nation als Inbegriff der Mutter; Gehorsam und Pflicht als Ausdruck der ,Liebe für das Vaterland'.
— Als Verweis auf das Kampfmotiv; darauf, daß sich seine bisherigen Aktivitäten noch im Vorfeld des eigentlichen, durch die ,Uniform geweihten' Kampfes bewegt haben.

So erscheint der Selbstmord der Mutter in Übersteigerung der Verzweiflungsmotive als notwendiges Opfer und schicksalhafte Einfügung, um Heini den Weg in die ,Reihen der jugendlichen Kämpfer' zu ebnen. Im Sinne innerfilmischer Logik bzw. unterstellter Motive erscheint der Selbstmord zwar einerseits als Folge der ausweglos gewordenen Lebensumstände[57], ist aber vor allem als Versuch zu sehen, ihren Sohn vor einem Mord der Kommunisten zu ,schützen', ihn dem Zugriff von potentiellen Mördern zu entziehen. Bezüglich der Motive des Protagonisten vor dieser dramatischen Szene bleibt festzustellen, daß die Beweggründe für seine Handlungen, die in letzter Konsequenz den Entschluß der Mutter bedingen, über jeden Zweifel erhaben bleiben, daß selbst noch die Mutter eher dazu neigt, den Gashahn zu öffnen als ihren Sohn zu belehren: Damit bekommt ihr

Selbstmord nicht nur den Charakter eines Opfers, welches notwendig wird, um die Bande der Familie zu sprengen und den Weg zu einer neuen Identität zu öffnen, sondern es erscheint so, als fordere die bis dahin noch ‚eingeengte' Moralität und Tugendhaftigkeit den Selbstmord der Mutter heraus, um zur äußeren Vollendung (die Aufnahme in die HJ) zu gelangen. Es gehört zu den geschicktesten Verzerrungen und ‚Informationslenkungen' des Films, daß — wie schon bei der Auseinandersetzung mit dem Vater — ein innerer Konflikt, ein Gewissensdruck, eine Reflexion von ‚Standpunkten', Haltungen und Handlungen auf der Seite des Protagonisten selbst noch in dieser ‚dramatischen Situation' glaubwürdig ausgeblendet bleiben können, ohne daß es zu offensichtlichen Brüchen in der Kontinuität der Entwicklung seiner ‚Karriere' kommt.

Die lange Überblende von der dunklen Küche der Völker-Wohnung, wo in der letzten Einstellung die verzweifelte Mutter, nachdem sie den Gashahn geöffnet hat, weinend auf das Bett des schlafenden Sohnes gesunken ist, in das helle Krankenhaus auf den erwachenden Heini steht nicht nur für Heinis Todeskampf — unheilverkündende, bedrohliche Fanfaren weichen fröhlichen Harfenklängen —, sondern symbolisiert den Wendepunkt in der ‚Karriere des Protagonisten' — als Auflösung der Lebensumstände, die bis dahin die Entfaltung seines inneren Wesens gehemmt haben. Die filmische Vermittlung dieses Motivs bedarf aber noch der Berücksichtigung des Vaters, dessen Überwindung sich zwar bis dahin latent entwickelt, aber noch nicht manifest vollzogen hat. Im Wartezimmer bzw. im Garten des Krankenhauses treffen der Bannführer der HJ und Vater Völker, dessen sozialer Abstieg und ‚psychischer' Verfall durch zwei Einblendungen /300, 313/ hinreichend eingespielt wurde, aufeinander. Es ist dies eine Konfrontation des Neuen, Jungen und Aufbrechenden — der neuen Zeit — mit dem Alten, Überlebten und Verkommenen — der alten Zeit.[58] Der Vater kann nicht mehr als Perspektive für Heini gelten. Schon bei der Begrüßung im Krankenhausgarten ‚überstrahlt' der Bannführer die gebeugte, gebrochene und heruntergekommene Figur des Vater Völker, der im Kontrast zu dessen ‚zackigem' Auftreten steht. Er, der Bannführer (nicht der Vater), hat sich beim Arzt erkundigt, wann Heini entlassen werden kann und weiß auch bereits, wo der Junge hingehört. Dem Vater, der Heinis entmutigte Frage: „Wo soll ich'n hin?" /325/ mit dem ‚selbstverständlichen' Verweis auf sein ‚Zuhause' beantwortet hat, hält der Bannführer eine Ansprache entgegen, die zunächst ganz auf der Ebene knabenhafter Fantasie verbleibt.[59] Er thematisiert genau die Motive Heinis, die für dessen Hinwendung zur HJ konstitutiv waren und erweitert „Abkochen, Turnen, Schwimmen und Singen" / 140 / hier noch auf „Schiffsjunge, Inseln, Palmen, Afrika" und verweist auf die Selbstverständlichkeit „des Ausrückens als Fünfzehnjähriger, obwohl er (der Bannführer) gute Eltern hatte."

Der mißmutige Einwand des Vaters, „daß das eben Lausejungs waren", die da „zu Tausenden schon ausgerückt sind" (so der Bannführer), fordert einen tadelnden Blick des Bannführers heraus — der sich wenige Augenblicke später ‚erklärt' — und veranlaßt ihn, eine fast ‚kulinarische' Begeisterung für Jungs zum Ausdruck zu bringen, die „etwas Wunderbares" seien, „ein großes Geheimnis, — zu allen Zeiten schon" / 325 /.[60]

Diese ‚begeisternden' Worte haben ihre Wirkung auf Heini nicht verfehlt[61], sein bedrückter Gesichtsausdruck ist einem verträumten Strahlen gewichen. Der Aufforderung des Bannführers folgend, „er (der Vater) solle doch mal seinen eigenen Jungen fragen", reißt Vater Völker Heini aus den Träumen, indem er ihn fragt: „Nu' du, nun sag schon'n Wort!" / 325 / und ihn dabei unsanft anrempelt. Heini schaut den Vater nur erschrocken an. Die Wende vollzieht der Bannführer, indem er nun auf „die zwei Millionen Jungs"[62] zu sprechen kommt, die sich damals „freiwillig gemeldet haben" und die „alle Söhne eines Vaters, — vor allem einer Mutter" waren und nachdrücklich fragt „wo die hingehörten" / 326 /. Das „Ausrücken zu Tausenden" und „der große Zug, der sie gepackt hat", die Fantasien eines pubertierenden Knaben, die Suche nach Abenteuer und Identität außerhalb des Elternhauses werden in den Kontext des „Kampfes für Deutschland" im Ersten Weltkrieg gerückt und im Sinne der Opferbereitschaft latent daran appelliert, daß dies ja ein verlorener Kampf war, den es offensichtlich jetzt zu gewinnen gilt. Dieser unerwarteten Wende kann Vater Völker, der auch „im Felde" war, nichts anderes mehr entgegensetzen als den Verweis auf seine Klassenidentität: „Ich bin 'n einfacher Mann. Ick bin 'n Prolet!" / 327 /. Die Beantwortung der Frage des Bannführers, ob er denn schon etwas von „der Bewegung" gehört habe, wird zur Offenlegung seiner subjektiven Leidensgeschichte, von der Verletzung im Ersten Weltkrieg bis zum „Humpeln zur Stempelstelle" / 328 /, und in der Ironisierung der Bedeutung von „der Bewegung" („... sonst hat mich nichts bewegt" / 228 /) bekundet er genau den Subjektivismus, den der Bannführer dann für seine ‚Argumentation' gegen Internationalismus und für Deutschland aufgreift. Die Wirkung der Eingrenzung auf den Begriff Deutschland, des Gemeinsamen im Allgemeinen, des wiederentdeckten Nationalbewußtseins, diese ‚Offenbarung des Selbstverständlichen' wirkt ‚infizierend' auch auf den Proletarier Völker, der sich (bis dahin) zur Internationalen bekannt hat: wenig später konfrontiert er den erstaunten Stoppel mit der ‚Argumentation‘ des Bannführers und bringt auf diese Weise sein durchschimmerndes, neues Bekenntnis zum Ausdruck. Durch die Konfrontation mit dem Bannführer erscheint Vater Völker nicht nur in seiner Rolle als Vater endgültig überwunden, sondern auch seine politische Identität als letzter Halt und damit die Hoffnung auf bessere Zeiten (siehe / 181 /).

Zusammenfassung

Der Selbstmord der Mutter und der Versuch, ihren Sohn durch Gas umzubringen, erscheinen zwar als Folge der desolaten Lebensumstände und der sich steigernden innerfamilialen Konflikte, aber es gelingt, die ‚Auflösung der Familie‘ einerseits als Konsequenz der manifesten Bedrohung von Heini durch die Kommunisten zu inszenieren und ihr andererseits den Charakter eines schicksalhaften Opfers zu geben, welches als Wendepunkt in der Karriere des Protagonisten den Zugang zur HJ erst ermöglicht. Die Tugendhaftigkeit seiner Motive, das Waffenlager zu verraten, bleibt selbst dann noch unangetastet, wenn als direkte Folge seiner Handlungen die Existenz der Familie auf dem Spiel steht, oder anders: der Kameradschaftsgedanke übersteigt die Mutterbindung (ohne daß dies filmisch manifestiert würde). Die Zeit im Krankenhaus erscheint als Übergangsphase zwischen Elternhaus und ‚neuer Gemeinschaft‘, die im Sinne der Glaubwürdigkeit der Wende vom ‚Knaben Heini‘ zum ‚Kämpfer Quex‘ als Latenzzeit anzusehen ist, in der einerseits der Schmerz über den Verlust der Mutter zwar thematisiert wird, aber dann der Begeisterung für und Aufgehen in seiner ‚neuen Gemeinschaft‘ weicht und in der andererseits die Entmachtung des Vaters manifest vollzogen wird und sich so ein neues ‚Vaterprinzip‘ anbietet.

2.5. Neue Identität ‚bis in den Tod‘ — das Motiv der kämpferischen Selbstaufgabe

Die Wende zu Heinis neuer Identität und den kämpferischen Motiven vollzieht sich deshalb nicht als Bruch, weil Kampfbereitschaft bzw. unbedingte Solidarität trotz aller widrigen Umstände (Kommunisten, Familie) auch vorher schon entscheidendes Charakteristikum seiner Persönlichkeit waren, nur daß die Gründe, die unterstellten Motive für die Intensität der Hinwendung vollständig auf der Ebene der Glaubwürdigkeit seiner Ausbruchsversuche aus dem beengten Elternhaus und der Nachvollziehbarkeit seiner knabenhaften Faszination für ‚Lagerleben als Abenteuerspielplatz' verblieben sind. In dem Maße, wie es gelungen ist, Heini als den Jungen zu zeichnen, mit dem man sich identifizieren kann[63], und seine Sehnsüchte als die aus widrigen Umständen heraus zunächst noch nicht zu erfüllenden Erwartungen an die ‚erwählte' HJ-Gruppe, so wenig erweisen sich die Wünsche und Hoffnungen jetzt lediglich als Projektionen seiner knabenhaften Fantasie. Im Gegenteil, die Wende bezeichnet nicht nur seine erworbene Mitgliedschaft, sondern vollzieht sich als radikaler Bruch zu den vorherigen Lebensumständen; was ihm die Familie war, bevor er mit der HJ in Berührung kam — der zentrale Bezugspunkt seines Lebens —, ist ihm jetzt die neue Gemeinschaft. Der neue Bezugspunkt aber beinhaltet all jene Anteile, die zwar als Ersatz für Mutterliebe und verlorenen Vater gelten können, aber gerade deshalb glaubhaft seine neue Identität ausmachen: Waren vorher Lagerleben, Turnen, Schwimmen, Abkochen die ‚Fluchtpunkte' seiner Fantasie, so erweisen sich jetzt seine Führer und die Kameraden, der Kampf und die Fahne (siehe den Dialog mit Stoppel / 335 /) als die neuen Lebensinhalte. Unter der Hand ist aus dem ehrlichen und fleißigen Knaben Heini Völker mit seinen jugendlichen Träumen der Hitlerjunge Quex geworden, dessen neue Tugenden Gehorsam, Pflichterfüllung, Disziplin und Kameradschaft sind. Dabei gelingt es dem Film, nachdrücklich herauszustreichen, daß die Anteile der alten Identität erst in der neuen Gemeinschaft eingelöst und erfüllt werden, daß der Kampf und das Opfer nichts anderes sind als das Abenteuer (vgl. den Dialog Bannführer — Vater Völker / 325, 326 /), welches die HJ zu werden versprach. Waren die Glaubwürdigkeit und Nachvollziehbarkeit seiner Sehnsüchte und Fantasien untrennbar mit der Zeichnung der beengten Verhältnisse, Not und Elend in der Familie und seiner weiteren Umgebung verknüpft, so erscheint die Entfaltung der neuen Inhalte seines Strebens als Folge der Befreiung aus diesen Verhältnissen: Erst im HJ-Heim und im Kreise seiner Kameraden, und erst, nachdem die alten Bande der Familie endgültig gesprengt worden sind, erfolgt die Offenbarung seines wahren Charakters, Kampfgeist und Opferbereitschaft für Inhalte und Ziele, die erst mit der Uniform in sein Bewußtsein getreten zu sein scheinen.

Der Opfergeist und das Motiv der kämpferischen Selbstaufgabe impliziert jedoch ein Heraustreten oder Hervortreten aus den Reihen der Mitkämpfer. Der Film leistet die Besonderung Heinis gegenüber den anderen HJlern in einer kontinuierlichen Steigerung, an deren Endpunkt sein ‚Heldentod' steht. Zunächst erfolgt im Bann-Heim / 333, 334 / die Gegenüberstellung mit Grundler, dessen Abstieg, der bis zum Verrat an der HJ reicht, schon sehr früh angedeutet wurde und dessen dramatische Rolle im weiteren Verlauf des Geschehens als Katalysatorfunktion gegenüber dem Protagonisten interpretiert werden kann. Das gesamte Auftreten von Grundler, seine laxe und nur halbherzige Haltung vor dem Bannführer, Rauchen und das Singen von Schlagern, aber besonders Grundlers Anspielungen vor Heini bezüglich Ulla („Für mich ist das ein strammes Mädel! — Sehr stramm sogar!!" /334/), veranlassen Heini zur entschiedenen Abgrenzung („Du bist ja ein feiner Kamerad." /334): Richtige Kameradschaft und Gedanken an das andere Geschlecht, die seine mystifizierende und entsinnlichte Vorstellung überschreiten, erscheinen unvereinbar. Die Aufgaben und Gedanken eines richtigen Hitlerjungen stehen jenseits der ‚niederen' Motive von Grundler. Schon bald bekommt Heini wegen seines Übereifers den Spitznamen „Quex" (abgeleitet von Quecksilber) und erhält in einer weiteren Szene //336-338/ Gelegenheit, zu beweisen, daß er sich Hänseleien von Grundler nicht gefallen läßt und sich dagegen zur Wehr setzen kann. Seine Besonderung erfolgt aber auch gegenüber den anderen Hitlerjungen, sie verbleibt nicht auf der Ebene innerer Abgrenzung von halbherzigen Mitstreitern, sondern vollzieht sich im folgenden als Überhöhung seiner Kampfmotive im Kontext der realen Auseinandersetzungen auf der Straße. Zwar gibt ihm der Bannführer noch eine Belehrung über Pflicht und Gehorsam („Wer eine solche Uniform trägt, hat zu gehorchen" /351/), die sich offensichtlich auf Heinis Drängen, doch auch in den Beusselkietz gehen und kämpfen zu dürfen, bezieht (siehe /340/)[64]. Schon wenig später aber, als Fritz, der während der Wahlkampfaktivitäten verletzt worden ist, Verstärkung für den Beusselkietz anfordert (siehe /367/), wird Heini, der sich jetzt erneut für den Kampf freiwillig anbietet und seinem Verlangen durch das Andeuten einer ‚Befehlsverweigerung' Nachdruck verleiht („Dann geh ich so!" /369/), vom Bannführer barsch zurückgewiesen („Quex, jetzt hältst du's Maul!" /369/). Kurz darauf jedoch erscheint Heini erneut vor dem Bannführer /372/ und setzt das Unabwendbare durch, indem er den Bannführer mit dessen eigenen Worten konfrontiert (vgl. die Andeutung des Bannführers im Krankenhaus: „Zwei Millionen Jungen haben sich damals freiwillig gemeldet!..." /326/): Er appelliert an das soldatische Bewußtsein des Bannführers, an dessen Fronterlebnisse im Ersten Weltkrieg („Und du bist im Felde Offizier gewesen. (...) Hast du da deinen Soldaten auch verboten, nach vorn' zu gehen, wenn's mal geschossen hat?" /327/) und vollzieht manifest, was der Film bis dahin latent vorbereitet hat.

Er selbst stellt seine Motive in den Kontext soldatischer Pflichterfüllung, als Opferbereitschaft und Kampf für Inhalte, die innerfilmisch bislang als bloßes Beiwerk, als Abstrakta in das konkrete Geschehen eingewoben waren. Durch seinen Bezug auf soldatische Ehre im Kampf für Deutschland im Ersten Weltkrieg, dem der Bannführer als ehemaliger Frontkämpfer nichts mehr entgegenzusetzen vermag, erfolgt die filmische Manifestation der Motive, die sowohl in der Rede des Bannführers im HJ-Lager („...Deutschland!! — das in Sklavenketten liegt — die wir — Jungen — einst zerbrechen werden. ..." /112/), als auch durch den Text des mehrfach eingespielten HJ-Liedes und nicht zuletzt durch die Worte des Bannführers im Krankenhaus, zwar permanent anklangen, aber bislang den Hinwendungsmotiven des Protagonisten angehängt bzw. sogar als nicht handlungsrelevant inszeniert waren. Die Offenbarung dieses seines wahren Charakters gilt gleichzeitig als die manifeste Überhöhung gegenüber den anderen HJlern.

Erst auf der Grundlage dieses Heraustretens aus den Reihen seiner Mitkämpfer, eine Zeichnung seiner Person, die ihn gewissermaßen noch zu Lebzeiten mystifiziert und zum ‚einsamen Kämpfer' überhöht und stilisiert, vollzieht sich in den Schlußsequenzen des Films sein nächtlicher Alleingang inmitten der ‚Stellungen' des politischen Feindes, von dessen Morddrohungen er sich nicht abschrecken läßt, sondern im Gegenteil, denen er seine Kampfentschlossenheit entgegensetzt. Das so vorbereitete Motiv der kämpferischen Selbstaufgabe mündet bruchlos ein in das Pathos und die Mystifizierung seines Todes als heroisches Schicksal, welches den Protagonisten als Kämpfer für die ‚Bewegung' Unsterblichkeit bereiten soll. Der Film leistet diese Übertragung durch die Überblendung der Schlußszene, die den in den Armen seiner Kameraden sterbenden Heini zeigt, mit marschierenden SA-Formationen /437/ und der Hakenkreuzfahne in Großaufnahme. Der Tod erscheint somit nicht als bloß dramaturgischer Schlußpunkt und Folge verhängnisvoller Verstrickungen, als reale Umsetzung der kommunistischen Morddrohungen im Sinne spannungsheischender Melodramatik, sondern ist als die notwendige, sich aus dem Charakter des Protagonisten entfaltende Entwicklung zu interpretieren. Der Tod hat nichts Zufälliges, Schicksalhaftes, sondern ist der konsequente Endpunkt in der geraden Linie der Karriere des Protagonisten, die durch ‚keine Innerlichkeit als sich regendes Gewissen, Zaudern oder Wankelmut' gebrochen erscheint und in der Gesamtdiktion des Films der Handlungskonstruktion von Beginn an unterlegt ist.[65]

Das Herausarbeiten des Motivs der kämpferischen Selbstaufgabe auf der Grundlage der neuen Identität des Protagonisten im Kreise der HJ ist andererseits begleitet durch eine ‚Differenzierung' auf der Ebene der Zeichnung der Kommunisten bzw. Konkretisierung des Feldes der Auseinandersetzungen zwischen KPD (KJVD) und NSDAP (HJ). Beschränkte sich der Raum des aufgezeigten Konfliktes vor der ‚Wende' auf die Aggressionen und das geplante Attentat der Kommunisten gegen die HJ im Beusselkietz und waren dementsprechend die Motive des Protagonisten geprägt durch die Einsicht in die Notwendigkeit des Kampfes als Verteidigung, so erfolgt nach der Aufnahme in die HJ eine Ausweitung und Politisierung des ‚Kampfes um die Straße', indem die Auseinandersetzungen in den Kontext des Wahlkampfes von 1932[66] gestellt werden. Dies geht mit der Politisierung der Kampfmotive des Protagonisten einher, die dadurch eine offensive Wende erfahren. Über die direkte Bezugnahme auf historische Fakten[67] als unterlegtem Hintergrund gewinnen einerseits die Agitations- und Propagandaaktivitäten der HJ (und die Motive des Protagonisten) an Glaubwürdigkeit[68], andererseits wird der politische Gegner auf verbreiteter und damit im Sinne filmischer Präsenz gewissermaßen anonymer Ebene gezeichnet. Dieser ‚Erweiterung' des politischen Gegners, der jetzt filmisch als Wahlkampfgegner der HJ gegenübertritt, steht die filmische Konzentration des ‚Hauptfeindes' KPD auf Heini Völker entgegen. Mit der Focussierung und Radikalisierung der kommunistischen Aggression auf den Protagonisten, die in der Parallelmontage KPD-Lokal / Jahrmarkt — HJ-Heim vorbereitet wurde /341-349, 356-356/ und in seiner Verfolgung, Einkreisung und Ermordung gipfelt, erfolgt nicht nur die Kriminalisierung des politischen Gegners, da der Mord durch das „Rollkommando" mit dem Gegner auf der Ebene des Wahlkampfes identifiziert wird, sondern gleichzeitig eine zusätzliche Heroisierung des Protagonisten: In dem Maße wie seine Besonderung in den Reihen der HJ durch die Überhöhung seiner Kampfmoral betrieben worden ist und er selbst das Verteilen von Flugzetteln im kommunistischen Viertel in den Kontext eines freiwilligen Einsatzes an der Front gestellt hat, ist er zur ‚realen' Bedrohung der Kommunisten geworden, und sein Tod bekommt auch aus dieser Perspektive den Charakter eines heroischen Opfers im Sinne soldatischer Pflichterfüllung.

Zusammenfassung

Die Wandlung in der Motivkonstellation des Protagonisten, die aus dem ‚Knaben Heini' den ‚Kämpfer Quex' werden läßt, vollzieht sich unmerklich als die vermeintliche Erfüllung seiner jugendlichen Träume und Sehnsüchte, die in der HJ die Möglichkeit des Ausbruchs aus den desolaten Lebensumständen und die Möglichkeit von Abenteuer, Spiel und Freizeitvergnügen sahen. Diesen ,reinen' und ,unverdorbenen' Motiven auf der Suche nach Identität außerhalb des Elternhauses können politisch-manifeste Inhalte deshalb angehängt werden, weil die Auflösung der Familienbande und Aufnahme in die ,neue Familie' ihm neben Schutz und Überwindung seiner Isolation jetzt die Ideale und Autoritäten anbietet, welche der Vater als Repräsentant des ,Alten und Überlebten' (gekoppelt mit allen Anteilen der Zeichnung der Kommunisten) nicht bieten konnte. Es erscheint so, als sei der Inhalt dieser neuen Ideale die Ausgeburt seiner Moralität und Tugendhaftigkeit und in seinem zweifelsfreien Charakter angelegt, und als sei das Motiv der kämpferischen Selbstaufgabe die Verlängerung von Rechtschaffenheit und Solidarität: War vor der HJ-Mitgliedschaft sein ,kämpferischer Einsatz' über die Bedrohung der ,Kameradschaft Beusselkietz' durch die ,KJVD-Beusselkietz' motiviert als Schutz vor (filmisch manifest inszeniertem) Unheil, so ,erweitern' sich seine Kampfmotive jetzt gegen die gesamte KPD auf der Ebene des Wahlkampfes als Schutz vor größerem Unheil, welches nun nicht mehr nur der ,Kameradschaft Beusselkietz', sondern Deutschland droht. Mit diesem filmischen Ebenenwechsel, der sich gewissermaßen unter der Hand vollzieht, gelingt es, nicht nur die negativen Anteile der kommunistischen Akteure wirkungsvoll auf die Gesamtpartei zu übertragen, sondern auch das filmisch inszenierte Bedrohungsmotiv auf die gesamte Nation zu lenken.

Anmerkungen

1 Zum zeitgeschichtlichen und filmpolitischen Hintergrund und zu den Produktionsdaten siehe Kapitel 1.
2 F.P. Kahlenberg 1978, S. 8
3 O. Kalbus, 1935, S. 123.
4 ,Der Angriff' vom 25.9.1933, Dr. Goebbels über ,Hitlerjunge Quex'. Ein Brief an den Ufa-Direktor Correll.
5 Vgl. z.B.: ,Filmwelt', Berlin, Nr. 33 v. 13.8.1933; ,Die Filmwoche', Berlin Nr. 39, 1933/Nr. 40 v. 4.10.1933; ,Illustrierte Filmpost', Nr. 176 v. 12.11.1933/Nr. 182 v. 20.11.1933; ,Morgenpost', Berlin, v. 20.9.1933; ,Völkischer Beobachter' v. 21.11.1933. An zeitgenössischen Besprechungen in ,Film-Büchern', die auf die Filmhandlung genauer eingehen, seien exemplarisch genannt: O. Kalbus, 1935, O. Kriegk 1943 und A.U. Sander 1944.
6 O. Kriegk 1943, S. 213.
7 F. Courtade/P. Cadars 1975, S. 43.
8 F.P. Kahlenberg 1978, S. 9
9 O. Kalbus 1935, S. 123.

10 G. Eckert 1969 (1938), S. 506.

11 ebenda

12 „Der Beusselkietz ist eine unruhige Gegend, die der Schupo nicht gern
ohne Gummiknüppel betritt. Arbeitslose lungern herum und beleben
den Rummelplatz, dessen Lichter auch die Kinder anlocken. Lüstern sehen die Halbwüchsigen auf die unerschwinglichen Genüsse, und freche
Großstadtmädels suchen Freunde für türkischen Honig und Karussel.
Die laute Freude hat etwas Gekrampftes, Ungesundes, die Stimmung ist
vergiftet von Klassenhaß, denn der Beusselkietz ist rot bis auf die Knochen, eine Hochburg der Kommune. — Ein kleiner Anlaß genügt, um den
Funken ins Pulverfaß zu schleudern. Mit hungrigen Augen stiert ein
Junge auf den Korb Äpfel vorm Laden. Ein rascher Griff, zu dem sein Ge-
fährte ihn ermuntert. Aber der Kaufmann, wütend, haut ihm eine Ohrfeige. Schon ist der Auflauf fertig. Geifernd hetzt ein kommunistischer
Agitator die rasch anwachsende Menge gegen den Laden. ‚Warum nehmt
ihr euch denn nicht, was ihr braucht?‘ Schon klirren Fensterscheiben.
Die Obstkörbe werden umgestürzt. Dem Kaufmann fährt eine Faust unter die Nase. Frauen kreischen ‚Polizei!‘ Gummiknüppel sausen durch
die Luft. Ein Schlag trifft den Arbeitslosen Völker am Kopf, ein anderer
Arbeitsloser, Stoppel, führt den Taumelnden fort. Mutter Völker, freud-
los und zermürbt, schreckt von ihrer Plätterei auf. Was ist denn schon
wieder los? Ein neues Unglück? Stoppel verbindet den Völker und beruhigt die Frau. Aber Völker, ein robuster schwerer Mann, hat Durst bekommen. Immer heftiger fordert er Geld von seiner Frau, die verbissen
ablehnt. Da wird der Mann zornig, räumt die Schubläden in der ärmli-
chen Wohnung, wie ein Wilder tobend, aus. Schon zuckt seine klobige
Hand gegen die verzweifelte Frau, da fühlt sie, wie eine Kinderhand ihr
eine Münze in die Hand schiebt. Heini ist dazu gekommen, ihr Junge,
der kleine flinke Druckerlehrling, und die Mark ist ein Lohn für Überstunden. — Dem Stoppel gefällt dieser Junge, den er zu gern für die kommunistische Jugend-Internationale werben will. Diese Absicht wird an
der innerlichen Sauberkeit Heinis vorläufig zunichte. Heini ist aber
auch noch ein Kind mit kindlichen Sehnsüchten: er bettelt seiner Mutter einen Groschen ab, weil er beim Glücksrad auf dem Rummelplatz das
schöne Universal-Patent-Taschenmesser gewinnen will. Hier trifft Stoppel den kindlich Enttäuschten und lädt ihn ein zur Propagandafahrt der
kommunistischen Jugend an den Seddin-See. Da gibt es Zelte, da wird
gespielt, das ist was für einen Jungen. Auf dem Bahnhof der ungeordnete
Haufen der kommunistischen Jugend in aller Losgelassenheit. In schar-
fem Gegensatz dazu, stramm in Reih und Glied, in sauberer Uniform
eine Kameradschaft der Hitlerjugend. Höhnische Zurufe der Roten, aber
eiserne Disziplin der Hitler-Jungen; Heini hat große Augen gemacht.
Der grundanständige, saubere Bengel fühlt sich in dieser Gesellschaft
nicht wohl. Er, der Sohn durch Arbeitslosigkeit unglücklicher, aber im
Grunde guter, ordentlicher Eltern, sucht Zusammenhalt, Kameradschaft und Ordnung bei seinen Fahrtgenossen, sieht und fühlt mit seinen noch ungeweckten Sinnen Verkommenheit, Roheit und Haß. Er
schleicht sich fort von dem wüsten Treiben und stößt im Walde auf das
Lager der Hitler-Jugend. Mit großen glänzenden Augen sieht der ein-
same Junge in seinem Versteck die Sonnenwendfeier der Jungen, hört
die Worte des Bannführers. Feierlich und begeistert hallt das: Sieg! Heil!
durch die Nacht. Die Flammen des Holzstoßes lodern. Dann klingt mäch-

tig und stark das Lied auf: Unsere Fahne flattert uns voran, in die Zukunft ziehn wir Mann für Mann, wir marschieren für Hitler durch Nacht und Not ... Die Hitlerjungens finden bei ihrem Lager den einsamen Jungen, halten ihn für einen Spion der Kommune und jagen ihn fort. — Aber seiner geliebten Mutter muß Heini sein volles Herz ausschütten. Er hat das herrliche Lied noch im Kopf: Unsere Fahne flattert uns voran ... — Vater Völker hört im Nebenzimmer das ‚Nazilied'. Mit Backpfeifen lehrt er den Jungen die Internationale: ‚Die Internationale erkämpft das Menschenrecht!' Heini aber bleibt ‚seiner Fahne' treu, zu der es ihn zieht mit magischer Gewalt. Er lernt auf dem Schulweg Fritz Dörries kennen, einen Hitlerjungen, und seine Schwester Ulla und soll abends in das neue Heim in der Beusselstraße kommen. Aber auch Stoppel fordert ihn auf, denselben Abend ins kommunistische Parteilokal zu kommen. Hier ist beschlossen, das neue Hitlerheim gleich am ersten Abend zu zerstören. Es kommt zum wilden Kampf, und wieder halten die empörten Hitlerjungen Heini für einen Spion der Kommune. — Stoppel gelingt es nicht, Heinis Herz und Verstand zur Kommune zu bekehren. Als er ihm einen schändlichen Plan erzählt, wie die Kommune das Hitlerjugendheim ‚mit Dynamit' ausräuchern will, ist Heinis Stunde gekommen. Er warnt die Hitlerjungens. Die Kommune tobt über das Mißlingen des Plans. Heinis Leben ist verwirkt. Seine Mutter weiß, was ihrem Jungen bevorsteht. Dann schon lieber den Gashahn auf und Schluß! Hilfreiche Nachbarn haben Heini noch retten können, seine Mutter ist tot. Im Lazarett besuchen ihn die neuen Freunde von der Hitlerjugend, die nun von seiner Ehrlichkeit überzeugt sind. Sie bringen ihm die Uniform, das von ihm ersehnte Ehrenkleid, und er zieht ins HJ-Heim. Der neue Hitlerjunge ist der Eifrigste von allen, beweglich wie Quecksilber. Quex nennen ihn die Kameraden. Zu jedem gefährlichen Auftrag drängt sich Quex. Im Wahlkampf gilt es, Zettel zu verteilen, im Beusselkietz, mitten im rotesten Viertel. Quex meldet sich, aber der Bannführer will es nicht erlauben. Da schreit der Junge ihn an: ‚Hast du als Offizier im Felde deinen Soldaten auch verboten, nach vorn zu gehen, wenn es geschossen hat?' ‚In Gottesnamen geh!' sagt der Führer, und Quex geht. Treppauf, treppab trägt er seine Zettel, pflichttreu und eifrig. Das kommunistische Rollkommando ist längst alarmiert. Heini Völker soll ‚umgelegt' werden. Unermüdlich arbeitet der tapfere kleine Kerl, er kennt ja den Beusselkietz wie keiner. Verdächtige Gestalten versperren ihm den Weg. Er läuft nach der anderen Seite. Auch da taucht das Mordgesindel auf. Ein Todesschrei verröchelt in der Nacht. Der kleine tapfre Soldat ist den Heldentod gestorben, für eine Sache, für die Kameraden, für die heißgeliebte Fahne und den Führer. Aber andere deutsche Jungens reißen die Fahne wieder hoch, die mit dem Blut eines der Besten geweiht ist. Trotzig und sieghaft hallt das Lied: Wir marschieren für Hitler durch Nacht und durch Not. Mit der Fahne der Jugend für Freiheit und Brot. Unsere Fahne flattert uns voran.'"

Der hier verwendete Text ist dem ‚Illustrierten Filmkurier' mit der Seriennummer 2016 (ohne Datum), Verlag ‚Illustrierter Filmkurier GmbH' entnommen. (Vgl. auch T. Fürstenau 1965, S. 26-28) Üblicherweise erschien der ‚Illustrierte Filmkurier' bereits vor dem Uraufführungsdatum (11.9.1933, vgl. auch Kapitel 1) und hatte die Funktion der Filmwerbung. Angesichts der Bedeutung von ‚HJ Quex' ist es möglich, daß der Filmkommentar von einem Vertreter der Reichsjugendführung oder des RMVP verfaßt wurde. (Vgl. auch Courtade/Cadars 1976, S. 18ff.).

13 Anders als ein Filmprotokoll — detailliert, zergliedernd und synthetisch: ‚objektiv' — gibt diese Form der Filmwiedergabe bereits wesentliche Einsichten und Informationen: durch den Bezug auf audiovisuelle Rezeptionsmodalitäten im Medium tatsächlichen Filmerlebens und durch entsprechende Komprimierung, Gewichtung und Bewertung werden genau die Themen und Motive, Verzerrungen, Überhöhungen und Verzeichnungen benannt, die als Filmidee und intendierte Diktion der letztendlichen Ausgestaltung und Differenzierung (des noch arbeitsteiligen) Produktes zugrundeliegen. Sie sind zudem aus der Perspektive eines Schreibers formuliert, dessen hohe Affinität zu der über die Spielhandlung zur Anschauung gebrachten Wirklichkeitshaltung — ob aus Opportunität oder tatsächlicher Überzeugung ist dabei nicht von Interesse — sich allein schon in der verwendeten Begrifflichkeit ausdrückt. Diese ‚Interpretation' des Films (im Sinne des Benennens relevanter Gehalte) ist keine subjektive Variante anderer denkbarer Lesarten, sondern benennt ‚zuverlässig' und ‚gültig' die Punkte des komplexen Handlungsganzen, die tatsächlich den Film ausmachen.
Daß es sich hierbei nicht um ein überstiegenes Herausstreichen von ‚Selbstverständlichkeiten' handelt, sei nochmals mit dem Verweis auf die Vorgehensweise quantifizierender Verfahren angedeutet. Vgl. die Filmanalyse von J. Kortmann (1977), die über die Auszählung von Einstellungen in ‚HJ Quex', in denen Kommunisten bzw. Faschisten auftauchen und über die Einbeziehung der jeweiligen Gesamtlänge derselben zu der erstaunlichen Feststellung kommt, daß „eine Parteinahme des Films für die Nationalsozialisten deutlich und insbesondere Heini als Protagonist hervorgehoben (wird)."(S. 32)

14 So die Frage des Bannführers der HJ, der nach der Konfrontation mit Vater Völker sich Heinis ‚Schicksal' annimmt.

15 E. Leiser 1968, S. 31.

16 Eine solche wirkungspsychologische Perspektive als Rekonstruktion von Erlebnisprozessen während der Filmbetrachtung verfolgt Ch. B. Melchers (1977) anhand von ‚HJ Quex' (vgl. S. 81-131) und anderer NS-Propagandafilme. Er kommt zu dem Ergebnis, daß „der Strukturierungsprozeß des Erlebens bei ‚Hitlerjunge Quecks' (sic) (sich zeigt) als das Schicksal einer ‚Selbstbestimmung' (...) als ein in strenger Rhythmik verlaufendes Alternieren vom Auftreten einer Entscheidungsnotwendigkeit zwischen Alternativen, dem Versuch, eine Vermittlung als ‚Zwischenweg' zu konstituieren und dessen Scheitern, was wiederum vor Alternativen stellt." (S. 114).

17 Es ist davon auszugehen, daß „Gefühl der Angst oder der Macht, des Glücks und der Freude oder der Einsamkeit, der Trauer, der Bedrohung, auch Todesschrecken, ebenso Meinungen, Haltungen, Einstellungen, Erfahrungen vom Subjekt des settings (z.B. den Spielfilmheld, d. Verf.) übertragen werden als wiederholende Neubelebung von vormals in eigenem (‚naturwüchsig' — vermittelten) Zusammenhang erlebten Regungen und Szenen. (...) Eindrucksvoll und aus bloßer Beobachtung heraus diagnostizierbar ist die Übertragung, wenn in den Figuren und Szenen des Materials die spezifische Komponente einer direkten Identifikation mit dem Spielfilmhelden (und Filmgeschehen) beispielsweise in diesem selbst angelegt ist, gleichsam als besondere Ausformung, Steuerung und als Katalysator der Übertragungsreaktion." (G. Salje 1977, S. 271).

18 Y. Ahren / Ch. B. Melchers 1979, S. 29.

19 Ein genaueres Eingehen auf die spezifische Konstitution des Feindbildes ,Kommunismus' wird für ,HJ Quex' in Kapitel 6 geleistet, — für die beiden anderen Filmbeispiele in den entsprechenden Einzelfilmbetrachtungen.

29 Die Sequenzangaben beziehen sich auf die Numerierung der ,Gliederung von ,HJ Quex' in Sequenzen und Subsequenzen' (siehe Kapitel 2). Zahlen in Schrägstrichen verweisen auf die Einstellungsnummer des Filmprotokolls von ,HJ Quex' (vgl. Th. Arnold / J. Schöning / U. Schröter 1980); — die Zitation von Dialogen ist ebenfalls dem Filmprotokoll entnommen.

21 In dem 1932 in Berlin erschienenen Reisebericht des amerikanischen Journalisten H.R. Knickebocker, ,Deutschland so oder so?', der im Auftrag der ,New York Evening Post' nach Deutschland geschickt wurde, ,um das Reich im Automobil zu bereisen und genau zu studieren' (S. VII) und sehr präzise Schilderungen der Lebenssituation „der Ärmsten der Armen im roten Herzen der rötesten Stadt Deutschlands" (S. X) und in anderen Städten des Reichs lieferte, wird darauf verwiesen, daß die „Kommunisten Plünderungen in Nahrungsmittelgeschäften der Stadt (gemeint ist hier Braunschweig, d. Verf.) versucht, aber keinen Anklang damit gefunden hätten." (S. 96)
    In einem anderen zeitgenössischen Reisebericht werden Ladenplünderungen in Berlin erwähnt. (Vgl. Graf A. Stenbock-Fermor 1931, S. 146 f.)

22 Ohne an dieser Stelle eine auch nur annähernd erschöpfende Beschreibung der sozialen Lage der Arbeiterschaft im Jahre 1932 liefern zu können, ist es dennoch für die Frage der Filmrezeption ab September 1933 und später von Bedeutung, das Ausmaß von Arbeitslosigkeit, Hunger und Not, an die der Film im folgenden manifest und latent anknüpft, zumindest anhand einiger Eckdaten grob zu erfassen: „Nach den Angaben des Arbeitsamtes in Neukölln beträgt (1932, d. Verf.) der Reichsdurchschnitt der Unterstützung, die ein beschäftigungsloser Arbeiter mit Frau und Kind bezieht, 51 Mark im Monat. Gemäß der Berechnungen dieser offiziellen Stelle kommen über Miete, Beleuchtung, Beheizung und unvermeidliche Nebenausgaben auf ein unerbittliches Minimum von 32,50 Mark im Monat. Für die Ernährung dreier Menschen bleiben also 18 Mark 50 im Monat übrig. (...) Nach einer Statistik des Arbeitsamtes kann der Berliner Unterstützungsempfänger 45 Pfund Brot für 6 Mark kaufen, einen Zentner Kartoffeln für 2 Mark 50; 9 Pfund Margarine für 3 Mark; 15 Liter Milch für 4 Mark 40; 20 Pfund Kohl für 2 Mark; 10 Heringe, Salz und Zucker für 1 Mark — und damit wären seine 18 Mark 50 aufgebraucht. Das bedeutet täglich ein halbes Brot, ein Pfund Kartoffeln, hundert Gramm Kohl, fünfzig Gramm Margarine und dreimal im Monat einen Hering pro Kopf." (H.R. Knickebocker, 1932, 14 f).

32 Vgl. den Dialog zwischen Vater Völker und dem Bannführer der HJ / 325 - 330 /.

24 In dem Reisebericht von Graf A. Stenbock-Fermor, 1931, der sich bei der Schilderung der Wohnsituation in Berliner Arbeitsvierteln auf einen ,Bericht des Bezirksamtes Wedding über die Wohnverhältnisse' bezieht, wird erwähnt, daß „als völlig ungeeignete Wohnungen Lagerkeller, Viehställe, Schuppen, Baracken, fensterlose Räume usw. benutzt (werden)", ... „die Räume in kaum glaublicher Weise überfüllt (sind)" ... und

„nicht selten auf 13 bis 16 Quadratmeter Fläche 10 Bewohner (kommen)". (S. 152 f.) „Am 1. Mai 1928 fehlten nach offiziellen Berechnungen im Deutschen Reich insgesamt 1 168 000 Wohnungen." (O. Rühle, 1971, S. 385)

Bezieht man diese Schilderungen von Wohnverhältnissen in Arbeitervierteln zur Zeit der Krise aus zeitgenössischen Quellen mit ein, so muß man die Wohnsituation der Familie Völker noch als relativ begünstigt bezeichnen. Der Film deutet an, daß es den aufopfernden Mühen der Mutter zu verdanken ist, daß sie durch ihre Arbeit die Familie bislang vor weiterem sozialen Abstieg und Zerrüttung aufgrund ökonomischer Zwangssituationen (beispielsweise Kündigung) bewahren konnte, was durch den sozialen Abstieg des Vater Völker nach ihrem Tod (Verkauf der Möbel /313/ im Nachhinein zusätzlich nahegelegt wird.

25 „Unter den sozialen Folgewirkungen der Arbeitslosigkeit nehmen die Veränderungen der familialen Situation eine besondere Rolle ein. (...) Arbeitslosigkeit verändert zunächst und vor allem die Stellung des Mannes in der Familie, erzwingt eine Umstrukturierung alter Rollenbeziehung, indem sie ihn seiner Funktion als ‚Ernährer' und Träger materieller Existenzsicherung beraubt." (Ali Wacker 1976, S. 75 ff.) „Von der autoritativen Stellung des Mannes in der Familie hängt im wesentlichen die autoritätsfördernde Wirkung ab, seine häusliche Machtstellung folgt aus der Rolle als Ernährer. Wenn er aufhört, Geld zu verdienen oder zu besitzen, wenn er seine soziale Position verliert, kommt auch sein Prestige in der Familie in Gefahr." (M. Horkheimer, 1936, S. 71)
In der Zeichnung der familialen Situation und der psychischen Disposition des arbeitslosen Vater Völker knüpft der Film offensichtlich an verbreitete Erfahrungsmuster an. (Zur Auswirkung der Arbeitslosigkeit auf die Situation der Familie vgl. auch: M. Jahoda, P. Lazarsfeld, H. Zeisel 1975 (1933), besonders S. 64 ff.)

26 Im Katalog: Arbeiterjugendbewegung in Frankfurt 1904-1945 (1978), sind eine Reihe recht eindrucksvoller zeitgenössischer Berichte abgedruckt, die u.a. das Problem der Lehrstellenknappheit, aber auch die psychische Situation der Jugendlichen im Übergang von der Schule zur Arbeit thematisieren.
Unter Berücksichtigung dieser Informationen wird deutlicher, daß der Film über den Verweis auf die Lehrstelle nicht nur die ‚besonderen Qualitäten' des Protagonisten wie Strebsamkeit, Fleiß und seine so vermittelte Besonderung gegenüber den kommunistischen ‚Gassenjungen' herausstreicht, sondern auch zur Glaubwürdigkeit und Nachvollziehbarkeit der Motive beiträgt, die den Protagonisten nach Identität außerhalb der Arbeit und der Familie suchen lassen.

27 Materielles Elend wird vom Nationalsozialismus als sittliche und moralische Verelendung, selbst als ‚Entartung' thematisiert. Vgl. z.B. Hitlers Schilderungen der Situation der Arbeiter während seiner „Wiener Lehr- und Leidensjahre" (Mein Kampf (1925/27), 1933, S. 18 ff.:
„Schon während meines Wiener Existenzkampfes war mir klar geworden, daß die soziale Tätigkeit nie und nimmer in ebenso lächerlichen wie zwecklosen Wohlfahrtsduseleien ihre Aufgabe zu erblicken hat als vielmehr in der Beseitigung solcher grundsätzlicher Mängel in der Organisation unseres Wirtschafts- und Kulturlebens, die zu Entartungen einzelner führen müssen oder wenigstens verleiten können. (...) Ich weiß nicht, was mich zu dieser Zeit am meisten entsetzte: das wirtschaftliche

Elend meiner damaligen Mitgefährten, die sittliche und moralische Rohheit oder der Tiefstand ihrer geistigen Kultur."

28 Obwohl die folgenden Sequenzen in dramaturgischer Hinsicht eigentlich ‚handlungsarm‘ sind, spiegelt sich ihre Bedeutung im Hinblick auf die Glaubwürdigkeit des daraufhin Abfolgenden, nicht zuletzt in ihrer zeitlichen Ausdehnung von fast 9 Minuten, etwa 10 % der Gesamtlänge des Filmes, wider.

29 ‚Illustrierter Filmkurier‘ 1933, Nr. 2016.

30 Zur Frage der Präsentation von HJ und kommunistischer Jugendgruppe bemerkt G. Bateson (1953, S. 310 Anm. 25): „The general opinion of informants who were in Germany at this time and in touch with the Youth Movements is that the Leftest groups were slightly more disciplined than the Hitler Youth."

31 Im Gegensatz zur HJ-Gruppe (Jungen und Mädchen im Alter von 14-18) handelt es sich hier um keine homogene Jugendlichengruppe; Jungen und Mädchen ganz unterschiedlichen Alters, aber auch Erwachsene gehören dazu.

32 Fürstenau (1965, S. 23 f.) weist darauf hin, daß im kommunistischen Lager zweimal der bekannteste Schlager aus dem Film ‚Bomben auf Monte Carlo‘ gesungen wird und bemerkt: „Kontrast hierzu ist das HJ-Lied ‚Unsere Fahne flattert uns voran‘. Abdankende Zeit (Symbol: der Schlager des Juden Heymann) — neue Zeit (Symbol: das Hitlerjugend-Lied). Verkommenheit gegen jungen Optimismus, der natürlich siegt."

33 „Es erübrigt sich hier wohl, einzelne Beispiele dafür anzubringen, daß der ‚Teufel Alkohol‘, der die Familien zerrüttete (...) in der Literatur der zwanziger Jahre geradezu als ein konstitutiver Teil des ‚proletarischen Milieus‘ angesehen wurde" (H. Kluth 1955, S. 95), aber gerade in den proletarischen Jugendorganisationen hatte ein „Kampf gegen Nikotin und Alkohol Tradition" (Katalog: Arbeiterjugendbewegung, 1978, S. 40). Daß die „Neigung zu asketischen Prinzipien in der proletarischen Jugendbewegung eine Rolle gespielt hat" (H. Kluth 1955, S. 96), wird auch von K. Bednarik (1953, S. 73 ff.) hevorgehoben.

34 Zur Verwendung dieses Symbols in Verbindung mit der ‚Internationalen‘ bemerkt G. Bateson (1953, S. 311): „The kiss might appear sufficient to smear the Communists with the combined reproach of sexuality and mouthiness, but the propagandist was apparently not satisfied and he borrows a Freundin recipe to drive the point home."

35 Dieser Eindruck wird durch die Wahl von vornehmlich Nah- und Halbnah-Einstellungen verstärkt und der „rasche Wechsel des Kamerastandpunktes erweckt, unterstützt durch unübersichtlichen Bildaufbau (...), den Eindruck von Regellosigkeit, ja, der Gesetzlosigkeit". (J. Kortmann 1977, S. 133)

36 Daß hier eine, wenn auch nicht sehr auffällige Inkonsistenz in Kauf genommen wurde (vgl. die Szene vor der Berufsschule, und besonders die begeisterte Reaktion von Fritz, nachdem Heini schlicht bemerkt, daß er „zu der HJ wolle" / 162 /), läßt mehrere Zwecke erkennen: 1. das HJ-Lager und die dortigen Aktivitäten aus der Totalen (als der Perspektive des Protagonisten = der Perspektive des Zuschauers) wirken zu lassen: der Zuschauer rezipiert die spezifischen Anteile, die das Lager als HJ-Lager ausmachen und identifiziert sie mit ‚dem Blickwinkel‘ des Protagonisten, auf den jedoch zunächst ganz andere Dinge wirken; 2. zu dokumentieren, daß Wachsamkeit vor Überfällen der Kommunisten geboten ist (Heini wird von

zwei HJlern ergriffen, die offenbar Wache halten) und 3. zwar aufzuzeigen, daß nicht jeder Fremde sofort aufgenommen wird, sondern daß es einer Bewährung bedarf, aber gleichzeitig damit auch anzudeuten, daß die HJ prinzipiell offen ist (siehe /116/).

37 In Einstellung 114, als Heini von der Wache in das Lager gebracht wird, sieht man im Hintergrund die Kochstelle, kurz darauf /116/ verschiedene HJler um die Feuerstelle sitzen und aus Eßgeschirren die vorher verteilte Suppe löffeln: diese Form des gemeinschaftlichen Essens ,aus einem Topf' steht in schärfstem Kontrast zur ,Essensverteilung' im KJVD-Lager und hat auf Heini die entsprechende Wirkung, da er ,Abkochen' der Mutter gegenüber an erster Stelle nennt!

38 Im Kontext der Betrachtungen zum ,subjektiven Faschismus im Spiegel von Massenromanen' erwähnt R. Stollmann (1978a, S. 144), um die Motive von Jugendlichen für deren HJ-Engagement zu erklären, daß „die HJ jugendliche, einfache Natürlichkeit (verkörpert), aus welcher der Störfaktor Politik verschwunden ist, der die SAJ kompliziert und gekünstelt macht. Gesellschaftliches Bewußtsein, eingefangen in Begriffen wie ,Kapitalismus', ,Gewerkschaften' wird entqualifiziert auf die sinnliche Anschauung der Erscheinung: ,Hunger', ,Arbeiter'." Er begründet seine These, daß „(der Faschismus) in der Ferne, in der Natur, in Fluchtrichtung von der ,Masse' die Lösung suggeriert", u.a. mit einer Passage aus dem 1932 erschienenen Propagandaroman ,Die Straße zu Hitler' von Peter Hagen. „Hans (die Hauptfigur des Romans, U.S.) schließt sich nach allerlei Erlebnissen der Sozialistischen Arbeiterjugend an: ,Gott, sind die Jungen klug! Sie reden über Politik wie die Erwachsenen. Sie sagen nicht etwa schlankweg ,Hunger', sondern ,Kapitalismus', sie sagen nicht ,wir Arbeiter', sondern ,die Gewerkschaften'. Und so reden sie in einer eigenartigen Sprache, die alles umschreibt.

Sie diskutieren über Kollektivismus, Internationale, Marxismus, Leninismus und Sozialismus. — Aber das ist alles nur ein Jonglieren mit Worten, Begriffen und Lehrkomplexen; und sie geben sich wissenschaftlich und reden doch am warmen Leben vorbei.

Bald darauf gerät Hans in die Hitlerjugend: ,Die Hitlerjugend hat in der Jugendherberge Quartier gemacht. Hans ist bei ihnen. Er überlegt, wie das eigentlich zugegangen ist, aber ... das kam eben alles so. Unter Lachen und Singen. Und jetzt tun die Jungen so, als wenn er schon fest zu ihnen gehöre. Dabei haben sie von Politik überhaupt nicht gesprochen, nur herumgetollt, geklotzt und gesungen. Abgekocht, gebadet, gerungen, Fußball gespielt.'" (S. 144)

39 Unabhängig von den Hinwendungsmotiven des Protagonisten, die über die konkreten Betätigungen der HJ plausibel gemacht werden, die in ihm die Vorstellung von Lagerleben als ,Abenteuer' wachrufen und in denen er die Möglichkeit ungetrübten ,Freizeitvergnügens' entdeckt, wird in der Zeichnung des HJ-Lagers besonders der Aspekt von militärischer Ordnung und Disziplin hervorgehoben, der nicht nur mit dem Chaos des KJVD-Lagers kontrastiert wird, sondern als Kontrapunkt auch zu den ,ungeordneten Verhältnissen' in der Familie und auf der Straße wirksam wird.

Durch die Hervorhebung des militärischen Charakters bleibt der Film in der Zeichnung des HJ-Lagers durchaus realistisch. Schon vor 1933 hatten „neben der körperlichen Ertüchtigung quasi-militärische Ordnungsübungen, Marschdienst von Einheiten, ,Antreten', Exerzierübungen, Appelle und ähnliches bevorzugten Platz." (...) Nach 1933 setzte sich „in der HJ die Tendenz zu Lagern (zumal Großlagern) mit militärischer Disziplin, mit Dienstplan, Marschübungen usw. vollends durch." (A. Klönne 1960, S. 28)

40 Auch in der Romanvorlage von A.K. Schenzinger, Berlin 1932, wird darauf hingewiesen, daß die Worte des Bannführers für Heini zunächst ‚inhalts- leer‘ bleiben: „Warum war er nicht einfach vor den jungen, großen Men- schen (gemeint ist hier der Bannführer, d. Verf.) hingetreten: ich will mit euch gehen, nehmt mich auf? Weil er nicht wußte, was sie wollten? Was da gemeint war mit dem ‚Führer‘ und mit der ‚Bewegung'? (...) Es gab hier nichts zu wissen für ihn. Er fühlte, daß er mit diesen Jungen gehen möchte, daß hier das gerade Gegenteil war von dem, was in der Clique (gemeint ist das KJVD-Lager, d. Verf.) vor sich ging, daß hier Ordnung war, Ordnung — das Wort wollte ihm nicht aus dem Kopf." (S. 47 f.)

41 Wegen der dramaturgischen Bedeutung des ‚Fahnen-Liedes‘ und weil der Liedtext die Diktion des Filmes symbolisch zum Ausdruck bringt, sei der Wortlaut hier vollständig wiedergegeben. Der Text stammt von Baldur von Schirach, die Melodie von Hans-Otto Borgmann:

1.

Vorwärts! Vorwärts! schmettern die Helden-Fanfaren.
Vorwärts! Vorwärts! Jugend kennt keine Gefahren.
Deutschland du wirst leuchtend stehn,
Mögen wir auch untergeh'n.
Vorwärts! Vorwärts! schmettern die Helden-Fanfaren.
Vorwärts! Vorwärts! Jugend kennt keine Gefahren.
Ist das Ziel auch noch so hoch,
Jugend zwingt es doch.

2.

Jugend! Jugend! wir sind der Zukunft Soldaten.
Jugend! Jugend! Träger der kommenden Taten.
Ja, durch unsere Fäuste fällt,
Was sich uns entgegenstellt.
Jugend! Jugend! wir sind der Zukunft Soldaten,
Jugend! Jugend! Träger der kommenden Taten.
Führer! Dir gehören wir,
Wir, Kam'raden, Dir!

Kehrreim

Unsere Fahne flattert uns voran.
In die Zukunft zieh'n wir Mann für Mann.
Wir marschieren für Hitler durch Nacht und Not,
Mit der Fahne der Jugend für Freiheit und Brot.
Unsere Fahne flattert uns voran. Unsere Fahne ist die neue Zeit.
Und die Fahne führt uns in die Ewigkeit.
Ja, die Fahne ist mehr als der Tod!
(Vgl. F. Courtade/P. Cadars 1972)

42 Die Lagerszene bzw. der Versuch des Vaters, Heini durch Prügel zur ‚Inter- nationale‘ zu bekehren, sind durch Auf- und Abblende bzw. Schwarzfilm von der Szene vor der Berufsschule getrennt.

43 In der übernächsten Einstellung werden die Beine von Gerda und Grund- ler gezeigt, der seinen Schritt Gerda anpaßt; er gehört, obwohl noch mit Uniform, schon zu den Kommunisten.

44 Bateson (1953, S. 313), der seine These: „the depiction of the Communists is a function of the Nazicharacter" v.a. an der kontrastiven Zeichnung von

Gerda und Ulla festmacht, kommt zu der Feststellung: „They are not just two people, different one from the other; they are a pair of people, each systematically related to the other. Gerda is a postadolescent female with male legs and Ulla is an adolescent or preadolescent boy with female legs." Und „This contrast may be summarized by saying that if Gerda's head and torso were set on Ulla's legs a complete female figure would result; whereas Ulla's torso on Gerda's legs would give us a complete boy." (S. 313). Hier scheint m.E. die Beobachtungsschärfe zugunsten der ansonsten interessanten These (zum projektiven Charakter der Gegnerdarstellung siehe auch Kapitel 6) etwas nachgelassen zu haben, was durch den Film (z.B. /151/) belegt wird.

45 Obwohl „die damals (während der sog. ‚Kampfzeit' von 1926 bis 1933) der HJ angehörigen Jugendlichen vorwiegend proletarischem oder doch proletarisiertem Milieu entstammten", dem „offenbar auch ein großer Teil der damaligen HJ-Führerschaft (angehörte)" (A. Klönne, S. 40) wird hier — aus der Perspektive der ‚Institutionalisierungs'- bzw. ‚System'-Phase faschistischer Herrschaft — der Eindruck mittelständischer Rekrutierung erweckt. Die Egalisierung sozialer Differenzen aus der Mittelstandsperspektive durch Fritz und Ulla (die hier als Repräsentanten stehen) funktioniert im Sinne innerfilmischer Plausibilität der Hinwendungsmotive des Protagonisten als Verlängerung seiner (über das Lagererlebnis) hergestellten Faszination in Richtung der Illusion ‚sozialen Aufstiegs'.

46 In Heinis fasziniertem Nachfragen: „Ein richtiges Heim?" /161/ schwingt unterschwellig die doppelte Bedeutung von ‚Heim' als ‚Zuhause' mit.

47 Die Feststellung der Mutter: „Ach, man kann alles, Heini ..." /184/, die wenig später auf diese Weise dem ‚verzweifelten' Sohn rät, doch dem Vater zu folgen und sich den Kommunisten zuzuwenden, muß auf der Grundlage seiner längst gefallenen ‚Entscheidung' und im Kontext der Äußerung von Fritz geradezu noch als Bestärkung wirken, Widerstände in Kauf zu nehmen.

48 Die behauptete „... etymologische Signalwirkung des Namens ‚Völker' = ‚Mann des Volkes' " (Courtade/Cadars, 1975, S. 46) signalisiert in dieser Szene eher das Gegenteil: ‚Völker' = ‚Internationalismus' und kehrt sich über den Inhalt der ersten Strophe der Internationale (‚... erkämpft das Menschenrecht') zusätzlich gegen den prügelnden Vater Völker.

49 Courtade/Cadars 1975, S. 46.

50 ebenda.

51 ebenda.

52 Dies kommt hier durch die Wahl Heinrich Georges als Vater Völker besonders stark zum Ausdruck und wird durch geschickte Kameratechnik verstärkt (besonders /146/).

53 Im Zusammenhang des Motivs ‚der Auflösung der Familie' kommt G. Bateson (1953, S. 305) bezüglich des ‚Schlüsselmotivs' zur gegenteiligen Interpretation, die allerdings m.E. am Film selbst zu widerlegen ist (siehe /183/): „In order to create a violent emotional adherence to Nazism the family itself is unscrupulously sacrificed. The one feature of the film which appears discrepant with the treatment is the propagandists implicit and probably unconscious confession that there is an other way. The symbol of adult human status, which Heini is not (!) allowed to use, is the house key — a symbol that while conferring freedom also confers the promise of return to the family." Dieses Mißverständnis greift — in Anlehnung an G. Bateson — auch P. Rotha (1960, vgl. S. 586) wieder auf.

54 Außerfilmisch und unter Berücksichtigung der Zuschauerinformation erfahren die Motive des Protagonisten ihre Bestätigung über die Tatsache,
daß zum Zeitpunkt der Filmrezeption schon die geschichtliche Entwicklung den Vater ‚widerlegt' hat. Die Zahl der bei den Arbeitsämtern gemel-
deten Arbeitlosen sank von 6,2 Mill. im Februar 1933 auf 4,5 Mill. im De-
zember des Jahrs und weiter auf 3,1 Mill. im Juni 1934 und 2,7 Mill. im
Oktober des gleichen Jahres. Der Jahresdurchschnitt betrug 1935 2,15,
1936 1,59 und 1937 noch 1,161 Mill. (Angaben nach E. Hennig 1974, S. 55).

55 Das Ausblenden jeglicher Kommunikation zwischen der Mutter und Vater
Völker (der im KPD-Lokal sitzt, während sie den Gashahn öffnet) legt in
Verbindung mit dem Selbstmord den Schluß nahe, daß sie alle aufopfern-
den Mühen (als ‚Alleinverdienerin') eigentlich nur für Heini ertragen hat.

56 Im Kontext der Interpretation des Motivs ‚der Auflösung der Familie'
kommt G. Bateson (1953) zur Einschätzung, „... the film as a whole implies
that Nazism is the total destruction of the family" (S. 305), ebenso P. Rotha
(1960): „Its (the film) first object was not to glorify Nazidom, except by indi-
rection, but to destroy existing institutions and to use the energies thus re-
leased for party purposes. In particular it sought to drive deep wadges into
already desintegrating family life, ...". (S. 586)

57 Im formalen Aufbau, Gestus, Beleuchtung, aber auch in der Dominanz
bildlicher Symbolik (Gashahn) erinnert die Szene an die Stummfilmtradi-
tion, besonders an die Selbstmordszene aus dem Film ‚Mutter Krausens
Fahrt ins Glück' von Piel Jutzi (vgl. auch Courtade/Cadars 1975, S. 46). Er-
win Leiser (1968, S. 31) kommentiert, daß es „zu dem Flirt mit dem Gegner
(auch) gehört, daß gewisse Szenen in ‚Hitlerjunge Quex' bewußt an Klassi-
ker des linken Films erinnern. Wenn Mutter Völker den Gashahn auf-
dreht, um mit ihrem Sohn in den Tod zu fliehen, denkt man an den Tod der
Heldin in ‚Mutter Krausens Fahrt ins Glück'. Die soziale Misere ist in beiden Filmen die gleiche." Dieser ‚Flirt' — was immer das für Leiser in diesem Zusammenhang bedeuten soll — besteht hier allerdings gerade darin,
daß der ‚Gegner' als unmittelbare (auslösende) Ursache für den Selbstmord
verantwortlich erscheint.
  Das Anknüpfen an ‚Sehgewohnheiten' beschränkt sich allerdings nicht
nur auf den Kinosaal, sondern der Film formuliert auch hier seine Aussagen an einem aktuell zeitbezogenen Inhalt: „In einem Zeitungsbericht von
1932 ist (im Zusammenhang mit dem Film ‚Kuhle Wampe') zu lesen: ‚Die
Zeitungen melden jeden Tag, daß die Zahlen der Selbstmorde erschreckend
zunehmen'" (H. Korte 1978, S. 143) und „ein Artikel der Zeitung ‚Die litera-
rische Welt' weist (...) darauf hin, daß die Zahl der Selbstmorde gerade in
den Krisenjahren ‚erschreckend' zugenommen hatte." (S. 194). Zur Zeit der
Krise von 1929-33 waren „Selbstmorde aus materieller Not, die Selbsttö-
tung ganzer Familien in großen Städten an der Tagesordnung." (R. Stollmann 1978b, S. 195)

58 Dies ist nicht nur lebensgeschichtlich, bezogen auf den Protagonisten, sondern durchaus zeitgeschichtlich im Sinne der Wende des 30.1.1933 zu interpretieren.

59 Der Dialog wird hier ausführlich wiedergegeben, da in ihm gewissermaßen paradigmatisch die Diktion des gesamten Films kondensiert zum Ausdruck kommt, zudem erfolgt hier die einzige politisch-weltanschauliche Selbstpräsentation in dialogisch diskursiver Form, was für einige Autoren, die den Film erwähnen, ein Grund war, die entsprechende Filmpas-

sage wörtlich wiederzugeben (vgl. beispielsweise Courtade/Cadars), allerdings lediglich die ‚Argumentation‘ des Bannführers gegen Internationalismus (vgl. dazu Kap. 7) und nicht den für das Verständnis des Films wichtigeren Teil, der die Frage aufwirft, ‚wo ein Junge hingehört‘.

60 H. Scheugl (1974), der seine These, daß „(...) die gedrosselte Heterosexualität und der gleichgeschlechtliche Gleichschritt unweigerlich auch in den Filmen (er bezieht ‚Hans Westmar‘ mit ein, d. Verf.) zur Homoerotik führen“ u.a. mit dieser Filmpassage belegt, bemerkt, daß „... diese Stelle beim Publikum Gelächter auslöste, weniger wegen des Textes als vielmehr wegen der genießerischen Art, mit der der Bannführer strahlend den ersten Satz von sich gibt.“ (S. 231f.) Leider versäumt es Scheugl, eine Quelle anzugeben.

61 „Insbesondere der Fluchtwunsch (...) ist (in den Propagandafilmen der Nazis) ein Stereotyp. In ‚Hitlerjunge Quex‘ bemühen sich der kommunistische Vater und ein SA-Mann um den ans Krankenbett gefesselten Jungen. Der Vater hält das Ideal des proletarisch-bewußten Arbeiters hoch (...) Sein Sohn träumt von Schiffen und der weiten Welt. Der Nazi bestärkt mit leuchtenden Augen diese Fernwünsche, bekräftigt sie als natürliches Jungenrecht. Indem er so nicht alle Regungen der spontanen Phantasie abblockt, gewinnt er Sympathie.“ (R. Stollmann 1978a, S. 204, Anmerkung 94)

62 „Die 2 Millionen“ ist ein feststehender Propagandatopos und meint die deutschen Gefallenen des Ersten Weltkrieges, so daß hier vom Bannführer selbst der Bezug zum ‚heroischen Opfer“ hergestellt wird.

63 Gemeint ist hier im besonderen der zeitgenössische jugendliche Rezipient, dem die vorgestellte proletarische Lebenswelt und die daraus erwachsenden Beschränkungen ebenso nachvollziehbar sind, wie die dadurch bedingten Sehnsüchte nach Orten ‚ungetrübten Freizeiterlebens‘.

64 Der Bannführer, der Heini wegen der massiven Bedrohung durch die Kommunisten — die Heini bekannt ist — vom Beusselkietz fernzuhalten versucht, übernimmt hier genau die Schutzfunktion und gewissermaßen ‚väterliche‘ Aufgabe, die ihn (und damit die Partei, als deren Stellvertreter er anzusehen ist) nochmals im Nachhinein gegenüber Vater Völkers legitimieren.

65 Konstatiert man das über die Technik, „das Apparative“ (Benjamin 1966, S. 24) des Mediums vermittelte, tendenzielle „Austreiben der Motivierung der menschlichen Handlung aus dem Charakter“ (Brecht, GW, Bd. 18, 1967, S. 158), so bleibt dennoch festzustellen, daß das spezifisch ‚Heroische‘, das Tragische der ‚Karriere des Protagonisten‘ sich als das Durchsetzen des ‚letztendlich Sittlichen‘ (Hegel) ausgibt (!), welches mit der Person, dem Charakter des Handelnden untrennbar verbunden scheint. Es ist genau „die Unauflöslichkeit des Bandes zwischen Subjektivität und Inhalt des Wollens“ (Hegel 1971, S. 332), welche den Protagonisten in die Nähe der tragischen Heroen des klassisch-griechischen Dramas rückt: „Sie (die klassischen Heroen, d.Verf.) handeln aus diesem Charakter, diesem Pathos, weil sie gerade dieser Charakter, dieses Pathos sind; da ist keine Unentschlossenheit und keine Wahl (...) Denn die Schwäche im Handeln besteht nur in der Trennung des Subjekts als solchen und seines Inhalts, so daß Charakter, Willen und Zweck nicht absolut in eins gewachsen erscheinen und das Individuum sich, indem ihm kein fester Zweck als Substanz seiner eigenen Individualität, als Pathos und Macht seines ganzen Wollens in der Seele lebt, unentschlossen noch

von diesem zu jenem wenden und sich nach Willkür entscheiden kann."(S. 331f.)

Die Differenz wird hier durch das Resultat der tragischen Verwicklung gesetzt: „Besteht die wahre Entwicklung (der klassisch-griechischen Tragödie, d. Verf.) im Aufheben der Gegensätze als Gegensätze, in der Versöhnung der Mächte des Handelns (als göttliche Prinzipien, d.Verf.)", und darin, daß „das Gemüt wahrhaft sittlich beruhigt ist: erschüttert durch das Los des Helden, versöhnt in der Sache" (ebenda), so erweist sich hier der ‚heroische Opfertod' des Helden zwar als sein ‚Aufheben' (als Bewahren) und Eingang in den ‚Olymp der unsterblichen Kämpfer', aber es verbleibt die Schuldigkeit, den Sinn des Opfers einzulösen, der Ruf nach Sühne am Bösen im Gewand des politischen Gegners.

66 Um den konkreten, historischen Bezug herzustellen, werden Dokumentaraufnahmen eines Wahlkampfes von 1932 (siehe /358/) eingeblendet. Obwohl das Todesdatum des Hitlerjungen Norkus im Januar 1932 liegt, nimmt der Film wohl auf eine der Reichstagswahlen von 1932 Bezug (vgl. dazu auch Courtade/Cadars 1975, S. 43); Bateson (1953, S. 304) erwähnt, „... Heini wants to go to the Communist district to distribute leaflets for the 1933 (!) elections", was sicher nicht zutrifft. Der Bezug auf die 32er Juli-Wahl wird durch den Listenplatz der KPD (vgl./358,389/) und − allerdings nur undeutlich und für einen kurzen Moment während der Dokumentaraufnahmen zu erkennen − den Listenplatz 2 für die NSDAP und nicht zuletzt durch die Bedeutung dieser Wahl für die NSDAP nahegelegt, deren Stimmanteil von 18,3 % im September 1930 auf 37,4 % anstieg. (Angaben nach E. Hennig 1977, S. 189)

67 Die Originalaufnahmen des Wahlkampfes werden mit den inszenierten Aufnahmen geschickt verknüpft; vgl. besonders die Einstellung, als Fritz auf dem Wahlkampfwagen der NSDAP von einem aus der Menge geschleuderten Stein getroffen wird, in welcher man unmittelbar vorher den Kommunisten Wilde hat stehen sehen /362, 363/.

68 Tatsächlich lag „... das Schwergewicht der HJ-Arbeit in dieser Phase (den letzten Jahren vor 1933) in der Demonstrations- und Agitationstätigkeit; (...) von eigentlicher Jugendarbeit kann bei der HJ in diesen Jahren noch kaum die Rede sein". (A. Klönne 1960, S. 11)

„Die Haupttätigkeit der HJ bestand in diesen letzten Jahren der Weimarer Republik in Kundgebungen und Aufmärschen, in Klebeeinsätzen für Parteiaufrufe und Wahlplakate, in Protestaktionen gegen den Friedensvertrag von Versailles und den Young-Plan, in Saalschutz für Parteiveranstaltungen und der Teilnahme an Demonstrationen" (H.Ch. Brandenburg 1968, S. 118). In dem ‚Reichsrundschreiben 3/32' der Reichsleitung der Hitlerjugend vom 26. Februar 1932 (BAK, Slg. Schumacher, 339 I) steht im Zusammenhang der Reichspräsidentenwahl im Frühjahr desselben Jahres: „Vier Regimenter Hitlerjungen wurden im Monat Januar neu rekrutiert. Diese Regimenter werden zusammen mit der gesamten Hitler-Jugend eingesetzt im Kampf um den neuen Reichspräsidenten, der die Geschicke des Deutschen Reiches in den nächsten Jahren lenken soll. Die gesamte Hitlerjugend steht ab sofort im Dienst der Reichspräsidentenwahl. Jede Betätigung erfolgt im Einverständnis mit den SA-Führern und der zuständigen politischen Leitung. Die Reichsleitung wird insbesondere den jungen Sturmtrupp auf die Reichspräsidentenwahl zuschneiden, der als besonders geeignetes Werbemittel für die Jungwählerschaft zu verwenden ist. Hitler-Jungen an die Arbeit!"

146

Kapitel 6:
Die „Kommune" —
das faschistische Feindbild

Thomas Arnold

In den folgenden Ausführungen wird auf die in allen drei
Filmen thematisch werdenden Muster des ‚Feindbildes' eingegangen, wobei deren Gemeinsamkeiten und Unterschiede ansatzweise ausgearbeitet und zusammenfassend gewürdigt
werden.

1. Die Fokussierung der Gegnerdarstellung auf das Feindbild ‚Kommunismus'

Das Komplement des ‚politischen Martyriums' der nationalsozialistischen Filmhelden ist die Schilderung eines politischen
Gegners, der von sich aus gewaltsame Formen der politischen
Auseinandersetzung erzwingt. Dieses Gegnerbild wird in den
Filmen einzig von den Kommunisten bzw. dem Kommunismus
ausgefüllt; andere Parteien oder Gruppierungen (z.B. SPD oder
das bürgerliche Lager) werden nur am Rande abgehandelt, entsprechend dem Propagandatopos:
„Eine Vielzahl von innerlich verschiedenen Gegnern muß
immer zusammengefaßt werden, so daß in der Einsicht der
Masse der eigenen Anhänger der Kampf nur gegen einen Feind
allein geführt wird. Dies stärkt den Glauben an das eigene
Recht und steigert die Erbitterung gegen den Angreifer auf das-
selbe."[1]
Die SPD und die sie repräsentierenden politischen Inhalte
geraten nur in „SA-Mann Brand" in der heftigen Debatte zwischen Fritz Brand und seinem Vater (SPD-Mitglied) und in
„Hans Westmar" durch einen Seitenhieb auf den sozialdemokratischen Polizeipräsidenten von Berlin, (Standartenführer zu
einem Polizeikommissar: „Wir werden dem Herrn Polizeipräsidenten Zörgiebel keine Gelegenheit geben, die Würde des Trau-
erzugs zu stören, verstanden! /W735/) in das Zentrum der hier
noch diskursiv geführten Auseinandersetzungen.[2] In „HJ-
Quex" finden sie nur in einer einzigen, kurzen Szene Erwäh-

nung (in der Druckerei, vgl. /Q50/). In diesem Zusammenhang wird die Sozialdemokratie (die ihre Flugzettel in der Druckerei drucken läßt) als vollständig unbedeutend und im Kontext der Auseinandersetzungen im ‚Kampf um die Straße' als nicht relevant abgetan.

Im Rahmen der propagandistischen Auseinandersetzung mit der Sozialdemokratie in der Endphase der Weimarer Republik betrachtet „die NSDAP die SPD vollständig als System-Partei, deren Funktionäre primär als Karrieristen behandelt werden. Insgesamt wird die SPD als ‚vertrottelt', aber (natürlich) dennoch gefährlich dargestellt. Während aber die von der KPD ausgehende Gefahr die des Terrors, des Aufstandes etc. ist, geht von der SPD die Gefahr der Ruinierung der Staatsfinanzen, der Versicherungen (...) und — generell — der Korrumption aus."[3]

Obwohl die drei Filme in ihrer jeweiligen Zeichnung des politischen Gegners, der Kommunisten, durchaus differenziert vorgehen, läßt sich resümierend feststellen, daß hier offen versucht wird, den Gegner zu kriminalisieren und im Lichte des Halbweltmilieus und der Unterwelt zu zeichnen.

„Der Nationalsozialismus (stützt sich) hier auf die wirklich vorhandenen Verhältnisse, denn schließlich ist es kein neuer Einfall der Nazis, Kommunisten und Verbrecher zu identifizieren, den Kommunismus als Teufel der Zerstörung von Sitte, Anstand, Ordnung, Familie, Ehe an die Wand zu malen, was im bürgerlichen Bewußtsein schon angelegt ist, wird hier nur in neuem Umfang und neuer Skrupellosigkeit manifest. (...) Die faschistische Propaganda hat daher nicht nur den in der Öffentlichkeit verbreiteten Antikommunismus, sondern auch die realen Klassenverhältnisse hinter sich."[4]

Die Kommunisten werden durchweg als gewaltsam beschrieben, Gewaltsamkeiten gehen immer zuerst von ihnen aus, die faschistischen Organisationen befinden sich immer in der Defensive. Brand: „Wir sind doch immer die Angegriffenen." SA-Sturmführer: „Ist doch klar, wir wehren uns doch nur"./B19/

Am pointiertesten findet sich dieses Muster in ‚SA-Mann Brand'. Bereits in der Exposition des Films üben die Kommunisten hinterhältige Anschläge aus: in das SA-Heim wird während einer Versammlung von außen hineingeschossen, wenig später wird dem Titelhelden aufgelauert, die Attentäter verfehlen aber ihr Ziel. Dieses Muster wird den ganzen Film über durchgehalten und gipfelt in dem Anschlag auf den Umzug von SA und HJ, bei dem aus einem Keller (!) auf die Marschierenden geschossen wird und der Hitlerjunge Erich Lohner von einer Kugel tödlich getroffen wird/B343/. Ähnliche Motive ziehen sich durch die anderen Filme:

‚Hitlerjunge Quex': das neu eingerichtete Heim der HJ wird noch am Tage seiner Eröffnung von zahlenmäßig überlegenen kommunistischen Angreifern überfallen, und als diese Aktion nicht den gewünschten Erfolg hat, wird ein zweiter Überfall geplant, bei dem man die „Bude" mit „Dynamit" ausräuchern will/Q198-214 u. 225-229/.

‚Hans Westmar': Den zu einer KPD-Versammlung geladenen SA-Männern wird, als sie von der ihnen zugesicherten Redefreiheit Gebrauch machen wollen, das Wort abgeschnitten, durch die aufgebrachten Versammlungsteilnehmer werden sie in eine Saalschlacht verwickelt. Auf dem Nachhauseweg wird einem von ihnen — dem SA-Mann Kütemeyer — von einer Gruppe von Kommunisten aufgelauert, er wird zusammengeschlagen und in den Landwehrkanal geworfen, wo er ertrinkt. /W317-328/.

Ihren Höhepunkt findet die kommunistische Gewaltanwendung jeweils immer in den Anschlägen auf Leib und Leben der nationalsozialistischen Protagonisten. In ‚SA-Mann Brand' und ‚Hans Westmar' ist der Terror gegen die ‚NS-Helden' dadurch motiviert, daß sie in den ‚roten' Vierteln besonders erfolgreich ‚agitieren' und somit die Mitgliedschaft der NS-Verbände stärken bzw. bei Wahlen der KPD (angeblich) Stimmen zugunsten der NSDAP abjagen.

In ‚Hitlerjunge Quex' wird Heini ein Opfer der in den Reihen der Kommunisten herrschenden Feme-Moral: „Wenn mich einer verpfeift, dann pust' ich ihn aus (...) das ist Naturgesetz." (Stoppel zu Heini)/Q278/

Vom Standpunkt der Nationalsozialisten wird den Kommunisten nicht so sehr verübelt, daß diese Gewalt ausüben, was man zugegebenermaßen auch selbst tut, sondern vielmehr die Art, d.h. daß die ‚Roten' bei Schlägereien in der Überzahl sind, daß sie heimtückisch, meuchlings, feige töten.

Brand, nach dem ersten Anschlag auf ihn: „Diese feige Bande, immer nur aus 'em Hinterhalt und nur auf'n Einzelnen getrauen sie sich loszugehen, offen stellt sich keiner"./B47/

Eine besondere Variante in der Gleichsetzung der Kommunisten mit Ganoven stellt das in allen drei Filmen auftauchende Muster einer von ihnen praktizierten ‚politischen Zuhälterei' dar. Wenn es der Partei nützt, so wird eine Genossin auch auf tapfere Nationalsozialisten angesetzt, um sie auszuspionieren oder „einzuseifen" /Q 149/(Stoppel). Rücksichtslos sollen so persönlich-intime Beziehungen im Interesse der Partei mißbraucht werden.

Die offen und alltäglich praktizierte Gewalt ist aber nur ein Element in dem Versuch, den politischen Gegner als kriminell zu brandmarken. So ist die Zeichnung der kommunistischen Feindfiguren nicht zu trennen von den Orten ihrer Präsentation.

Das Parteilokal, in dem sich die Kommunisten treffen, wird immer nur nachts gezeigt: rauchverhangen und in einer permanenten Dunstglocke eingehüllt ist dies der Ort der Konspiration (der durch die Tatsache, daß die Kommunisten über geheime Waffenlager und straff organisierte ‚Rollkommandos' verfügen, noch zusätzliche Bedeutung erhält). Hier lungern dunkle Gestalten herum, werden die Überfälle und Attentate ausgeheckt, werden Morddrohungen ausgesprochen. Wenn die Straße in Verbindung mit den Kommunisten auftaucht, ist es meist Nacht, dann sind es die Ecken, die Winkel, die Torbögen und die Schatten, aus denen ‚die Kommune' agiert, Anschläge auf SA-Männer durchführt, sich zusammenrottet[5] oder ihren Wahlkampf betreibt.

Einen besonderen Stellenwert hat in ‚Hans Westmar' das Karl-Liebknecht-Haus, in dem der ‚Moskauer' seine verschwörerischen Aktivitäten entfaltet, und in ‚Hitlerjunge Quex' der Jahrmarkt. In besonderer Weise ist es dieser Ort, der unheilvolle Bögen in die Handlung dieses Films schlägt und als bevorzugter Raum[6] ‚kommunistischer Umtriebe' erscheint:

Auf dem Jahrmarkt wird Heini in das KJVD-Lager eingeladen, dort läßt Gerda gegenüber Grundler ihre ‚Verführungskünste' spielen und lockt mit türkischem Honig, dort lauscht Heini gebannt der blutrünstigen Geschichte des Moritatensängers — die symbolisch sein eigenes Schicksal vorwegnimmt, und an der Losbude kann er das heißersehnte ‚Universal-Patent-Taschenmesser' nicht gewinnen, mit dem er von kommunistischer Hand am Ende des Films umgebracht wird. Auf dem Jahrmarkt schießen Stoppel und Wilde auf ‚imaginäre Nazis', der verhängnisvolle Hinweis von Gerda, daß Heini jetzt im Bannheim wohnt, erfolgt dort und schließlich auch Heinis Ermordung. Außer durch Dunkelheit, Durcheinandergedränge von Menschen und wirre Drehorgelmusik wird der Hintergrund der Szenen auf dem Jahrmarkt, in denen Kommunisten auftauchen, häufig durch bewegte Objekte gebildet (das Karussell, das Lotterierad und die drehbare Zielscheibe des Schießstandes) und verstärkt auf diese Weise den Eindruck von Unruhe und Chaos.

2. Das Feindbild auf der Ebene der Figuren

Auf der Ebene der Zeichnung der Figuren, die das feindliche Lager konstituieren, finden sich filmspezifische Schattierungen und Abstufungen. Am klarsten wird das Feindbild in Schwarz-weiß-Muster in ‚SA-Mann Brand' ausgedrückt. Das inszenierte Kommunisten-Bild setzt sich maßgeblich zusammen aus den (männlichen) Mitgliedern der Familie Baumann und dem Anführer der kommunistischen Gruppe, Turrow. Dieser wird in einer Mischung aus verschlagenen, zynischen, arroganten und vertrottelten Charakterzügen gezeigt. Durch Erpressung will er Brand zur Kooperation zwingen, andernfalls droht er, ihn umbringen zu lassen. Trotz verschiedener Warnungen aus den eigenen Reihen läßt er es zu, daß Brand das kommunistische Waffenlager auskundschaften kann, was dieser danach auch prompt mit einigen Kameraden leerräumt. An Turrows Position kann dieser Fehlschlag allerdings nicht rütteln: Spitzer: „In Rußland gäb's für sowas Sibirien!" Turrow: „Och, Blödsinn ... is' schon größerer Fehler gemacht worden"./B 290/

Vater Baumann und seine Söhne werden gänzlich in den Farben der Niedertracht, der Gemeinheit, des „Sumpfes" gemalt. Sie fungieren als die Hilfstruppe Turrows, die für ihn die schmutzige Arbeit seines ‚politischen Geschäfts' ausführt. Bezeichnend für sie die Einstellungen, als Vater Baumann unter dem hämischen Gelächter der Söhne seine Tochter Anni prügelt, da sie einen ihrer hinterhältigen Anschläge vereitelte. Durch ihre Person spricht der Film eine explizite Charakterisierung und Wertung der Baumanns aus, wodurch sie — innerfilmisch — besonderes Gewicht bekommt:

Bruder Baumann: „Ein Arbeiterverräter is' es". Anni Baumann: „Arbeiter ist er, jawohl. Verräter seid ihr, arbeitsscheue Faulenzer. — Kommunisten wollt ihr sein? Feiglinge seid ihr, die nachts einem einzelnen auflauern, um ihn abzuschießen wie einen tollen Hund ... Pfui!"/B73-74/

Eine gewisse Auffächerung des Feindbildes demgegenüber findet sich in ‚Hans Westmar'. Hier werden durch die kontrastive Gegenüberstellung der Mitglieder des ZK, des ‚Moskauers' und seiner — mit stark semitischen Zügen gezeichneten — Gehilfen Kupferstein und Cohn zu dem ‚deutschen Arbeiter' Camillo Ross, die Kommunisten nicht pauschalierend als schlechthin charakterlich böse abgeurteilt, vielmehr wird der propagandistische Topos des verhetzten deutschen Arbeiters bemüht. Der deutsche Arbeiter ist nicht schlecht, er ist verhetzt[7] von „Fremdrassigen" und somit „Undeutschem". Der skrupellosen

Machtpolitik des ‚Moskauers' — „Das Elend ist unser bester Bundesgenosse, all das treibt die Kommune voran" /W19-20/— der sogar vor politischem Mord nicht zurückschreckt, wird die idealistische und moralische Haltung Ross' gegenübergestellt: „Ich für meine Person kann da nicht mehr mit! (...) Seit Jahren arbeite ich für die Partei, weil ich an die Heiligkeit dieser großen Idee glaubte"./W691/

Die aufrechte und ehrliche Haltung Ross', die es ihm unmöglich macht, die niederträchtige Politik des ‚Moskauers' weiter billigend und stillschweigend hinzunehmen, versieht dieser spöttisch mit dem Attribut ‚deutsch'. „Immer noch so doitsch, Genosse Ross?" /W691/ Die damit aus dem Munde des politischen Gegners stammende Gleichsetzung des ‚Guten' mit dem ‚Deutschen' wird durch die später angedeutete Konversion Ross' zum Faschismus/W831-832/ sogar noch auf diesen verlängert. Das ‚Gute' ist demnach auch das ‚Deutsche' und findet letztlich seinen adäquaten Rahmen in den Reihen der SA. Vor diesem Hintergrund erhält der ‚aufopfernde Kampf', den Hans Westmar und seine SA-Kameraden gegen den Kommunismus und damit gegen das ‚Böse' führen, eine höhere Weihe, da er sich nicht nur für irgendeine Partei im allgemeinen Parteienhader der Weimarer Republik selbstlos einsetzt, sondern mit seinem Einsatz in den Reihen der SA dem ‚Guten' schlechthin widmet.

Waren vor allem in ‚SA-Mann Brand' „noch die Gegensätzlichkeiten der Nationalsozialisten und der Kommunisten zu sehr aus der Leidenschaftlichkeit des Kampfes gesehen", so ist in ‚Hitlerjunge Quex' „alles bis auf's feinste abgetönt, ist alles menschlich gefühlt und dennoch mit der reinen Entschiedenheit und dem reinen Bekenntnis zur nationalsozialistischen Idee gestaltet"[8].

Auch die Mehrzahl der Veröffentlichungen nach 1945, die auf den Film genauer eingehen, charakterisieren seine propagandistischen Ambitionen insofern als bemerkenswert, „als er den Versuch unternimmt, den Kommunisten als Menschen positiv zu sehen, ihn nicht zu attackieren, sondern um ihn zu werben."[9]

Auf der Ebene der Figuren ist es besonders Vater Völker, dem der Film „Gelegenheit gibt ..., um Verständnis zu werben."[10] „Dieser einfache Mann, den die Umstände, die sozialen Verhältnisse und sein Umgang wie selbstverständlich dem Kommunismus in die Arme getrieben haben, ist für das künftige Deutschland nicht verloren."[11]

Er ist „keineswegs eine unsympathische Figur"[12], sondern ein „höchst unglücklicher Mensch, Opfer einer bösen Gesellschaftsordnung — der Weimarer Republik". Als Arbeitsloser und ‚einfacher Mann' repräsentiert er den „aus dem Geleise geworfenen" Proletarier, den die Verhältnisse gebrochen haben, dessen gesellschaftliche Ohnmachtssituation zersetzend auch auf seine familiale Autoritätsposition rückwirkt und der seine Parteimitgliedschaft in der KPD ebensowenig argumentativ untermauert wie offensiv vertritt: in der „Kernszene des ‚HJ-Quex'"[13] bekommt er Gelegenheit, seine subjektive Leidensgeschichte (als repräsentative Lebensgeschichte: Verletzung im Ersten Weltkrieg, Lazarett, Arbeitslosigkeit) zu verbalisieren und mit einem resignativen Unterton auf seine so abgeleitete Klassenidentität hinzuweisen: „Wo wer' ick also schon hingehören?? Zu meinen Klassengenossen gehör' ick." /Q 330/

Die eher mitleiderregende Situationsumschreibung, verbunden mit dem über die Auflösung der Familie vermittelten endgültigen sozialen Abstieg, wird auf diese Weise mit seiner politischen Identität verkoppelt, die in der Konfrontation mit der offensiven Phraseologie des Bannführers seine ‚Konversion' einleitet und (gegen Internationalismus) ein Bekenntnis für ‚Deutschland' herbeiführt. Der ausschließlich über das magische Wort ‚Deutschland' vermittelte Gesinnungswandel bringt in seine hoffnungslose Situation offenbar ein neues Ziel und impliziert scheinbar eine Aufwertung seiner Person, nämlich ‚Deutscher' zu sein.[14]

Daß Heini der „Sohn durch Arbeitslosigkeit unglücklicher, aber im Grunde guter, ordentlicher Eltern"[15] ist, wird filmisch (für Vater Völker) spätestens in der Szene manifest, als er fast unter Tränen an seinen Sohn appelliert, daß ‚die Jungen den Alten' helfen müssen, da sie sonst „ewig stempeln gehen müssen" /Q 181/. Waren noch wenige Einstellungen zuvor die Emotionen des Zuschauers gegen den brutalen Vater gerichtet, der seinem Sohn die ‚Internationale' einzuprügeln versuchte, so korrigiert sich das Bild hier: die gesellschaftlichen Verhältnisse, die Arbeitslosigkeit haben den Vater ‚zermürbt'. Hier zeigt sich nicht nur seine resignative Haltung bzw. seine nur noch sehr vagen Hoffnungen auf die Zukunft, sondern auch sein letztendlich ‚guter Kern'.

Die Figur des Wilde vereinigt auf sich all jene negativen Anteile, die in den beiden anderen Filmen für das Bild des politischen Gegners (mit Ausnahme des Camillo Ross; s.o.) verwendet wurden. Skrupellos, kalt und fanatisch ist er als kommunistischer Rädelsführer in der Rolle des ‚Volksverführers', des ‚Drahtziehers' hinter den Kulissen, der keine ‚wachsweichen Sachen' macht, Rollkommandos alarmiert und kaltblütig Morde ausführen läßt. Er repräsentiert damit in dem Spektrum der kommunistischen Feindfiguren den extremen Typus, der das

‚Böse' verkörpert. „Die Regie macht daraus ein Klischee, ein Paradebeispiel des ‚Untermenschentums'. Schwarze Haare, hartes Profil, scharfe, untergründige zynische Stimme markieren die negative Schablone."[16] Da er in seiner absoluten Führungsposition innerhalb der organisierten Kommunisten neben Stoppel als Funktionär und Repräsentant der ‚Gesamtpartei' fungiert, versucht der Film seine Amoralität und Charakterlosigkeit, das Kalte, Gnadenlose und die Gewalt als Selbstzweck in personifizierter Gestalt auf die KPD als filmisch ‚abstrakten' Gegner zu übertragen. So wie Vater Völker für den durch die Umstände gebrochenen ‚Proleten' steht, so steht Wilde als Repräsentant der aktiven Führungskader der KPD, also für die Personen, die nach dem 30. Januar 1933 verhaftet oder ermordet wurden und bezogen auf die es jetzt — Ende 1933 — gilt, gegenüber dem Rezipienten den ‚harten Zugriff' zu legitimieren.[17]

Die anderen zentralen kommunistischen Figuren bewegen sich zwischen diesen Extremen und für sie gilt, daß sie „Menschen von ‚beträchtlicher Ansehnlichkeit' (sind), für die Zukunft potentielle Nationalsozialisten: Verführte, mit der Möglichkeit zur Einsicht."[18]

Dabei trägt die Figur des Stoppel ausgesprochen ambivalente Züge. Zwar ist auch er Funktionär, aber er bewegt sich — anders als Wilde — in der Gruppe (und organisiert z.B. ‚Fahrten ins Grüne' für die kommunistischen Jugendlichen). Schon sein starkes Interesse an dem ‚strammen Bengel' Heini, das Entdecken der positiven Qualitäten wie Tugendhaftigkeit, Aufrichtigkeit, Unschuld und Unverdorbenheit, die zu einem späteren Zeitpunkt des Films in ‚Idealismus' und Tapferkeit, Kampfgeist und Führerglaube einmünden und an denen Stoppel als Mensch scheitert, lassen ihn als Bindeglied zwischen der Moral und passiven Resignation des Vater Völker und der kalten Gewalttätigkeit des Agitators Wilde erscheinen.

Lassen sich an der Figur des Stoppel über die Motive, sich Heinis anzunehmen und besonders auch über seinen Versuch, Heinis Verfolger (das ‚Rollkommando') in der Schlußszene abzulenken, für Heini ‚Zeit rauszuholen', ‚positive' Züge entdecken, die „hier und da einen guten Kern verraten"[19], so bleibt er doch der „Kommunist Stoppel, der mit Verschlagenheit und Tücke"[20] den Überfall auf den HJ-Keller organisiert, das Sprengstoffattentat plant und zuguterletzt mit der vor Mutter Völker ausgesprochenen Morddrohung gegen Heini ihren Selbstmord verursacht.

Sein Auftreten, die Art sich zu bewegen und besonders seine Sprache verleihen ihm ausgesprochen ‚ganovenhafte' Züge, die eher an das ‚Ganoven-Milieu' von ‚Vorstadtspelunken' erinnern.

Mit der Kommunistin Gerda erhält das Feindbild eine bemerkenswerte Note. In ihrer sexualisierten und verführerischen Erscheinung[21] symbolisiert sie das ‚Lasterhafte‘, das ‚Erotische‘ und wird damit zur Bedrohung für alles Aufrechte und Wahrhaftige, das sich in der Person Heinis verdichtet. Seine spontane Abwehr gegenüber der ‚drohenden Gefahr‘ legitimiert sich im Nachhinein über das Schicksal des Hitlerjungen Grundler, dessen sukzessiver Niedergang bis hin zum Verrat an der HJ durch den ersten Kontakt mit Gerda eingeleitet wird und im steten Bezug auf die Berührung mit dem ‚Lasterhaften‘ seine ‚Politikmoral‘ untergräbt. Dadurch, daß sie ihren Körper kalkulierend in den Dienst der ‚Kommune‘ stellt, wird sie zum ‚Flittchen‘, fast zur Prostituierten.

Schlußbemerkung

Charakteristisch für das sich durch alle drei Filme ziehende ‚Feindbild Kommunismus‘ ist die Unterstellung, daß für den Tod der nationalsozialistischen Heroen zunächst die üblen Eigenschaften von kommunistischen Feindfiguren verantwortlich sind. Sie sind es, von denen die Gewaltsamkeiten ausgehen, wobei sie durch ihre mit Vorliebe ausgeübten hinterhältigen und gemeinen Formen der Auseinandersetzung jeglichen Ehrenkodex eines offen geführten Kampfes aufkündigen. Dabei verliert sich die Gegnerzeichnung manchmal sogar für nationalsozialistische Filmkommentatoren in eine überprononcierte Schwarzweiß-Malerei.

„Die Kommunisten werden als hundertprozentige Minderwertige und Bestien (dargestellt) ... Es heißt die Bedeutung der nationalsozialistischen Idee, der SA und ihre Aufgabe zu verkennen, wenn man Kommunisten so zeigt (...) Wenn der Kommunismus seine Exponenten nur in solchen Burschen gehabt hätte, dann hätte wahrscheinlich schon eine straff organisierte Polizei genügt, um damit fertig zu werden."[22]

Aber auch eine differenzierter durchgeführte Darstellung der kommunistischen Akteure, wie sie sich vor allem in ‚Hitlerjunge Quex‘ finden läßt (s.o.), kann ohne einen in der Farbe der Niedertracht gezeigten Bösewicht nicht auskommen, denn schließlich muß eine Feindfigur zur Stimmigkeit des Bildes die gegen die Nazis ausgesprochenen Morddrohungen in die Tat umsetzen.

Demgegenüber läßt sich an den Filmen aber auch zeigen, daß das Leben der nationalsozialistischen Aktivisten in SA und HJ durchaus ‚nach Plan‘ aufs Spiel gesetzt wurde, der für einige Gefolgsleute tödliche Ausgang der Auseinandersetzungen im ‚Kampf um die Straße‘ in Kauf genommen wurde. Die grundlegende Struktur des kämpferischen Konflikts zwischen Faschisten und Kommunisten stellt sich hier so dar, daß Nationalsozialisten in Hochburgen ihres Gegners durch provokatorische Präsenz die eskalierende Gewalt selbst mitverursachen. In ‚roten' Arbeitervierteln werden NS-Lokale eröffnet, an denen sich die Auseinandersetzungen entzünden (‚SA-Mann Brand' und ‚Hitlerjunge Quex'), durch eben jene Viertel führt der Weg der SA-Formationen auf ihren Propagandamärschen (‚SA-Mann Brand' und ‚Hans Westmar').

Die Filme dokumentieren also in ihrer innerfilmischen Realität zugleich die Tendenz des Nationalsozialismus, sich seine ‚politischen Märtyrer' selbst zu schaffen.

Anmerkungen

1 Hitler 1933, S. 129
2 /W 735/ ist so zu lesen, als die Einstellung 735 aus dem Film ‚Hans Westmar' hier als Belegstelle herangezogen wurde. In analoger Weise werden auch die Belegstellen oder wörtlichen Zitate aus ‚SA-Mann Brand' und ‚Hitlerjunge Quex' kenntlich gemacht. Die Zahlen innerhalb der Schrägstriche beziehen sich auf die Einstellung(en), die jeweils chronologisch für jeden Film durchnumeriert wurden, der den Zahlen vorangestellte Großbuchstabe bezeichnet einen der Filme. Hier steht ‚B' für ‚SA-Mann Brand', ‚Q' für ‚Hitlerjunge Quex' und ‚W' für ‚Hans Westmar'.
3 Hennig 1978, S. 11
4 Stollmann 1978a, S. 129
5 Vgl. die Szene in ‚Hitlerjunge Quex', in der sich das Rollkommando formiert: Durch düstere Hinterhöfe setzt sich das Pfeifsignal fort, aus Winkeln und Ecken treten dunkle Gestalten hervor und umkreisen Heini Völker /Q 394-411/.
6 vgl. Bateson 1953, passim
7 in: Der Film, Berlin, Nr. 51 v. 16.12.1933
8 Kalbus 1935, S. 123
9 Fürstenau 1965, S. 23
10 Leiser 1968, S. 23
11 Courtade/Cadars 1975, S. 45
12 Isaksson/Furhammar 1975, S. 181
13 Leiser 1968, S. 32
14 Das ‚Konversionsangebot', welches sich über das wiederentdeckte Nationalbewußtsein filmisch vollzieht bzw. angedeutet wird, präsentiert ‚HJ Quex' zu einer Zeit, als „die Reichstagswahl vom 5.3.33 verdeutlicht (hatte, T.A.), daß noch nach der ‚Machtergreifung' und nach dem auf den Reichstagsbrand hin ausgeübten Terror gegen die Arbeiterbewegung — insbesondere gegen die KPD, aber auch gegen linke Sozialdemokraten — die Fluktuation von Wählern der Arbeiterparteien zur NSDAP relativ unbedeutsam geblieben ist." (Hennig 1977, S. 216)
15 Illustrierter Filmkurier, Nr. 2016
16 Fürstenau 1965, S. 23

17 vgl. hierzu die Ausführungen von Uwe Schriefer zu ‚SA-Mann Brand'.

18 Fürstenau 1965, S. 23

19 vgl. die ‚Morgenpost', Berlin, 20.9.33 zur Uraufführung des ‚Hitlerjungen Quex' im Berliner Ufa-Palast am Zoo

20 ebenda

21 Scheugl 1975, S. 231 kommentiert die ‚Figur' der Gerda wie folgt: „Das Kommunistenmädel: Es ist sexuell herausfordernd, und die Sexualität, die ja als ‚schmutzig' empfunden wird, wird mit Kommunismus gleichgesetzt. Mädchen, soweit sie noch sexuelle Wünsche haben oder erwecken, sind gefährlich und passen nicht zu den aufrechten und getreuen Hitlerjungen."

Kapitel 7
Zur filmischen Rhetorik faschistischer Märtyrerlegenden

Martin Loiperdinger

Herausragendes Charakteristikum der „Parteifilm"-Trilogie und Kern ihrer politischen Botschaft ist die Inszenierung des „Sterbens für Deutschland". In jedem der drei Filme erliegt ein nationalsozialistischer Protagonist einem kommunistischen Anschlag aus dem Hinterhalt — die Dramaturgie von „Hans Westmar" und „Hitlerjunge Quex" ist regelrecht von der ersten bis zur letzten Einstellung auf diesen entscheidenden Handlungsstrang hin zugeschnitten. Die Regie läßt es nicht bei der Denunzierung des kommunistischen Gegners als „Mörderbande" bewenden, sondern versucht neben dem positiven Induktionseffekt, der sich aus der Zeichnung der nationalsozialistischen Hauptfiguren auf der Negativfolie des Feindbilds „Kommune" ergibt, durchaus eigenständige Positionen nationalsozialistischer Selbstdarstellung zu vermitteln. Die Protagonisten werden nicht als bloße Opfer von Gewaltakten der anderen Seite gezeigt, sie führen vielmehr in voller Kenntnis der Gefahr, die ihnen droht, ihre politische Handlungsweise unbeirrbar fort, setzen ihr Leben aufs Spiel und lassen sich demnach eindeutig als politische Märtyrer ansprechen.

In den drei behandelten Spielfilmen geht es zentral um die Propagierung einer gegen sich selbst und andere rücksichtslosen Grundhaltung. Mit welchen filmischen Darstellungsmitteln diese dem Zuschauer als glaubwürdig präsentiert und als nachahmenswert empfohlen wird, ist Gegenstand dieses Kapitels. Es werden diejenigen argumentativen Begründungsmuster, dramaturgischen Inszenierungsstrategien und ästhetisierenden Stilisierungsmomente behandelt, die zusammen genommen die filmische Rhetorik faschistischen Märtyrertums in der „Parteifilm"-Trilogie ausmachen.

1. Versuch einer argumentativen Begründung: Rassismus und Heimatbilder

Angesichts der fraglosen Einsatz- und Opferbereitschaft der nationalsozialistischen Protagonisten für die „Bewegung" drängt sich zuallererst die Frage auf, wofür in diesen Filmen eigentlich gekämpft und gestorben wird.

Auf der zunächst naheliegenden Ebene politischer Programmziele finden sich nur spärliche Hinweise in Form einiger sehr pauschaler Äußerungen: Hans Westmar verweist eher beiläufig darauf, daß es um „ganz Deutschland" gehe. Für den SA-Mann Fritz Brand sind Kampf und Einsatz der SA auf „Deutschlands Freiheit" gerichtet, mit dem Zusatz: „jeder muß wieder Arbeit und Brot haben" /B 66/.[1] Ein Begründungszusammenhang zwischen den Forderungen nach einem starken Staat und nach Beseitigung der Arbeitslosigkeit wird nicht eigens erläutert oder angedeutet — offenbar kommt es dem Film darauf nicht an, zumal es sich hier um Parolen handelt, die am Ausgang der Weimarer Republik für das gesamte Parteienspektrum als repräsentativ gelten können. Daß die Kontraposition zu *Armut* nicht *Reichtum*, sondern *Ordnung* heißt, scheint in diesem Kontext völlig selbstverständlich zu sein, was darauf zurückverweist, daß Elend nicht im materiellen, sondern im moralischen Sinn aufgefaßt wird.

Etwas mehr erfährt der Zuschauer in „Hitlerjunge Quex" über die zentrale Losung der nationalsozialistischen Bewegung. Zusammen mit der Hauptfigur Heini Völker beobachtet er die Sonnwendfeier im Lager der Hitlerjugend, bei der der Bannführer den politischen Auftrag der HJ zusammenfaßt:

„Kameraden! Heute ist Sommersonnenwende. Mit den lodernden Flammen steigen unsere Gedanken in die Nacht empor über Deutschland — Deutschland, das in Sklavenketten liegt, die wir Jungen einst zerbrechen werden. Wir erneuern in dieser Nacht dem Führer und seiner Idee den Treueschwur. Sieg ... etc." /Q 110 und 112/

Aufgabe der Jugend soll es sein, Deutschland gegen das Diktat der Siegermächte wieder zu Rang und Namen in der internationalen Politik zu verhelfen. Wieder zu Hause, erwähnt Heini Völker diese programmatische Ansprache gegenüber seiner Mutter mit keinem Wort, sondern zeigt sich begeistert von „Abkochen, Turnen, Schwimmen" und vor allem von dem Lied der Hitlerjugend. /Q 140/

Die Dramaturgie der „Parteifilm"-Trilogie weist der Präsentation nationalsozialistischer Programmatik also nur einen sehr marginalen Stellenwert zu.

Nur ein einziges Mal wird in den drei Filmen überhaupt der Versuch unternommen, den politischen Gegner argumentativ, und zwar ohne die übliche Anklage des Weimarer „Systems", für die nationalsozialistische Weltanschauung zu gewinnen:

Der Wortwechsel zwischen Vater Völker und dem HJ-Bannführer im Garten des Krankenhauses /Q 325-330/, — in der Romanvorlage Schenzingers nicht enthalten, also eigens für die Verfilmung hinzugefügt —, wird gemeinhin als „Kernszene" des Films[2] angesehen, ist aber noch kaum analysiert worden.[3] An anderer Stelle wird in diesem Band ausführlich auf diese Dialogszene eingegangen, was die Beantwortung der Frage betrifft, wo Heini Völker „heute" hingehört.[4] Wir beschränken uns im Zusammenhang dieses Kapitels auf den entscheidenden Schluß des Wortwechsels, der dramaturgisch dadurch hervorgehoben wird, daß Vater Völker die Argumentation des Bannführers später noch einmal aufnimmt (s.u.).

Nachdem Vater Völker mit dem Verweis auf seine Kriegsverletzung und langdauernde Arbeitslosigkeit seine soziale und politische Zugehörigkeit zu den „Klassengenossen" bekräftigt hat und dies auch für seinen Sohn reklamiert, entwickelt der Bannführer in Form eines kurzen Frage-Antwort-Spiels einen bedenkenswerten Agitationsversuch:

Bannführer (ironisierend): Zu ihren Klassengenossen ...
Er erhebt sich jetzt und baut sich breitbeinig, mit Händen in den Hosentaschen, vor Vater Völker auf.
Bannführer (überheblich): Zur „Internationale" wollen Se sagen?
Vater Völker (verunsichert, etwas trotzig): Jawoll, zur Internationale!
Die Kamera fährt auf die beiden (bis auf HN) zu.
Bannführer (schaut kurz nach unten und überlegt, dann schnell, lehrmeisterhaft): Wo sind Se'nn geboren?
Vater Völker (irritiert): Na in Berlin!
Bannführer (forsch): Na, wo liegt'n das?
Vater Völker (amüsiert): Pff! — An de' Spree!
Bannführer (zackig): An der Spree, jawoll! — Aber *wo*? — In welchem Land?
Vater Völker (verständnislos): Nu' — Mensch. — In Deutschland natürlich.
Bannführer (überzeugt): In Deutschland, jawoll! (langsam betonend, dabei deutet er mit einer lässigen Handbewegung auf sich und Vater Völker) In *unserem* Deutschland!! (er tippt ihm mehrmals belehrend auf die Brust) Das überlegen Se sich mal! /Q 330/

Der arbeitslose Kommunist Völker weiß der Fangfrage des HJ-Bannführers nichts entgegenzusetzen, er ist sichtlich verwirrt und es bleibt zunächst offen, ob er der Korrelation zwischen seinem Geburtsort und der Zugehörigkeit zu „Deutschland" eine wegweisende höhere Bedeutung abgewinnen kann. Wie sich wenig später zeigt, ist die agitatorische List des Bannführers aber doch auf fruchtbaren Boden gefallen: Vater Völker nimmt das Artumentationsschema selbst auf und stellt, am Tresen stehend, die gleiche Frage in abgeänderter Form seinem kommunistischen Mitstreiter Stoppel:

Vater Völker (mit dem Glas in der Hand, bedächtig): Du, nu' sage mir mal eins. — Wenn ick dir hier nu' (er stellt das Glas Bier wieder hin, schaut weiter vor sich auf den Tisch) n' Pott englisches Bier hinstelle (macht mit der flachen Hand eine hinweisende Bewegung auf sein Bierglas) und hier stell' ick dir nu' (hebt kurz Stoppels Humpen hoch und stellt ihn wieder ab) ne' deftige Molle Helles hin. (Stoppel grinst und schaut Vater Völker an, Vater Völker blickt jetzt auf, zu Stoppel) Wat würdeste da nun trinken?
Die Kamera fährt weiter auf die beiden zu, bis nur noch die Köpfe (groß) im Bild sind. Die Gesichter (fast im Profil) werden von hinten silhouettenhaft beleuchtet.
Stoppel (lacht leicht verlegen): Mensch, — hier die Molle Helles doch.
Vater Völker: Na und wo wird nu' dat Helle gebraut!?
Stoppel (etwas verunsichert): Wat heißt hier: wo wird dat Helle gebraut? — In Berlin!
Vater Völker (nickt dabei): Hä, — in Berlin.
Stoppel: Ja.
Vater Völker: Wo liecht nu' aber Berlin?
Stoppel: Mensch, wo liecht Berlin, Ber, — (fast triumphierend) Berlin liecht an der Spree!!
Vater Völker (lachend): Siehste, das hab' ick ooch gesagt, an der Spree, ja — (hintergründig), aber wo liecht nu' — die Spree??
Stoppel (überlegt verständnislos, dann schnell): Spree, Spree, Spree. (kleinlaut) — Die Spree liecht in Deutschland!
Vater Völker (nickt unterstreichend): Jawohl, in Deutschland.
Stoppel (fragend): Ja?
Vater Völker: In unserem Deutschland, du! (dabei deutet er mehrmals mit dem Daumen auf sich und Stoppel) Det überlege dir mal!/Q 335/

Die Intention der Aussage ist in beiden Fällen dieselbe: „Die Zugehörigkeit zum gleichen Volk, zur gleichen Nation ist wesentlicher als ideologische Klassengegensätze und kann sie überbrücken."[5]

Dieser Gedanke wird jedoch an verschiedenen Beispielen veranschaulicht — dem Ort der Geburt bzw. der Präferenz zwischen zwei Sorten Bier. Damit werden dem Zuschauer zwei Angebote präsentiert, um dem nationalen Standpunkt, der ihm nahegelegt wird, Plausibilität abzugewinnen.

Der Bannführer wählt mit der Lokalisierung der eigenen Geburt in einem Ort, der auf deutschem Territorium liegt, ein Beispiel, das den natürlichen Charakter des Beginns der individuellen physischen Existenz überträgt auf eine damit angeblich ebenso natürlich gegebene nationale Gemeinschaft, in die man hineingeboren wird. So wird der Vorgang der individuellen Zugehörigkeit zu Deutschland gegenüber allen gesellschaftlichen Unterschieden damit begründet, daß im Akt der Geburt zwischen Individuum und deutscher Nation ein Band geknüpft ist, das von Natur aus besteht: „Die vierminütige Szene kulminiert so in dem Gedanken, daß ‚Rasse wichtiger als Klasse' sei ...“.[6] Diese Argumentationsweise des Bannführers impliziert, daß das von den Nationalsozialisten verlangte Bekenntnis zu Deutschland gleichsam zwangsläufig zu erfolgen hat, bedingungslos ist und keiner weiteren Begründung bedarf, weil es im Rang eines Naturgesetzes steht. Mit diesem offen rassistisch vorgetragenen Nationalismus wird nicht nur darauf hingewiesen, daß die Entscheidung „Hakenkreuz oder Sowjetstern" eine Entscheidung zwischen internationalem Klassenkampf und nationalem Rassenkampf ist. Zugleich deutet sich hier die rassistische Selektion an: Wer diese Entscheidung nicht eindeutig ohne Wenn und Aber zu treffen vermag, handelt widernatürlich oder ist seiner Natur nach kein Deutscher.

Vater Völker macht die Zwangsläufigkeit des Bekenntnisses zu Deutschland an einer Wahlentscheidung fest, die über einen Gegenstand des Genusses gefällt wird, gewohnheitsmäßig aber längst feststeht: Der „Prolet", der lieber deutsches Bier als englisches trinkt, soll sich damit als „deutscher Arbeiter" erweisen. International orientierte Klassenkämpfer entdecken im Bereich des Alltagslebens bei sich selbst unversehens latent vorhandene nationale Gesinnung und sind sprachlos. Der im Film ausgespielte Überraschungseffekt stellt sich zwar nur dann ein, wenn die Bereitschaft besteht, das gewohnheitsmäßige Trinken von in Deutschland gebrautem Bier als *Zeichen* für deutsche Gesinnung zu *deuten*.[7] Es handelt sich um eine Übersetzung der naturgesetzlich-rassistischen Argumentation des Bannführers in den Bereich alltäglicher Gewohnheiten mit dem Ergebnis, daß dort die Bestätigung für die innere Verbundenheit des Individuums mit Deutschland gefunden werden kann, so der Wille dafür vorhanden ist.[8] Ob Freude an der „deutschen" Landschaft, durch die Erich aus „SA-Mann Brand" mit seiner HJ-Schar marschiert[9], oder Geschmack an „deutschem" Bier, beides veranschaulicht die Zugehörigkeit zu einer naturhaft vorgestellten „Schicksalsgemeinschaft" an einem Bild für „Heimat". So stehen Vater Völker und Stoppel für diejenigen Teile der Arbeiterbewegung, die nach nationalsozialistischer Auffassung im Grunde „gute Deutsche" sind und denen deshalb adäquate Anknüpfungspunkte für ihre anstehende Konversion offeriert werden.

2. Dramaturgische Strategien der Filmfabel

Dramaturgisch umgesetzt wird das qua Natur als rückhaltlos definierte Bekenntnis zu „Deutschland" über die Präsentation der nationalsozialistischen Protagonisten im Rahmen vorab gültiger, scheinbar unpolitischer moralischer Standards, die
im Handlungsgefüge der Filme dann mit zwingender Notwendigkeit den politischen Märtyrertod zur Folge haben.

So wird Heini Völker im Illustrierten Filmkurier eingeführt
als „der kleine flinke Druckerlehrling", — eine unpolitische
Charakterisierung, die bei jedermann Sympathie erwecken
dürfte —, um sofort in den politischen Bereich überzugehen und
den allgemein konsensfähigen Standard mit strikt antikommu-
nistischer Haltung zu identifizieren: Kommunistische Wer-
bungsversuche müssen „an der innerlichen Sauberkeit" Heinis
zunichte werden. Und flugs wird der „grundanständige, saubere
Bengel" — über die Brücke des dazwischengeschobenen Attri-
buts „pflichttreu und eifrig" — „der kleine tapfere Soldat", der
„den Heldentod gestorben (ist)".[10] Aus dem Anfangspunkt
„Druckerlehrling" und „flink" ergibt sich ohne Umschweife
„Soldat" und „tapfer" als Endpunkt einer politischen Karriere.
Ein *Motiv*, wie es im bürgerlichen Sprachgebrauch als *Kalkulation* mit wirklichen oder eingebildeten Vorteilen verstanden
wird, etwa als Tätermotiv in der Kriminologie oder als Motivie-
rungsprozeß in der kritischen Pädagogik — ein derartiges Motiv
braucht der faschistische Held für sein Handeln nicht. Vielmehr steht sein Beweggrund schon im Vorhinein fest: er agiert
unter dem *inneren Zwang* des natürlichen Bandes, das ihn als
einzelnen mit Deutschland verknüpft. So hat er keine andere
Wahl, als seine unbeirrbare Anständigkeit immer wieder neu
unter Beweis zu stellen.

Demgemäß gewinnt die Fabel in allen drei Filmen ihre
Spannungsbögen über Stationen der Bewährung. Bis in den
Märtyrertod hinein widerstehen die faschistischen Helden der
Versuchung des Bösen, d.h. der Kommunisten, die sie zum *Ver-
rat* bewegen wollen.

Fritz Brand, der zum Schein auf die erpresserischen Angebote Turrows eingeht, verkündet selbstsicher: „Die Kommune
glaubt also, ein SA-Mann wird zum Verräter, bloß um sein Leben
zu retten — na, die ham' ne Ahnung." /B 175/

Ebensowenig läßt sich Hans Westmar durch Morddrohungen von seinem Vorhaben abbringen, im „roten" Friedrichhain
seinen SA-Sturm aufzubauen. In Erinnerung an seine Männer
und mit der Überlegung, daß er jetzt nicht zu ersetzen ist, revi-

diert er seinen Entschluß, sich im Interesse der eigenen Sicherheit für einige Zeit von der politischen Bühne Berlins abzusetzen: „Mein Sturm! Aus allen Berufen habe ich sie geholt, aus allen Schichten. Die glauben an mich: und ich soll sie im Stich lassen? Jetzt, wo der Kampf erst richtig losgeht? Nein! ... Und darum bleibe ich. Aus meinen hundert Mann müssen tausend werden und zehntausend ...". /W 646, 651/ Unter den Schüssen des eintreffenden kommunistischen Rollkommandos bricht er tödlich getroffen zusammen.

Auch Heini Völker ist nicht zum Verrat an seiner „inneren Sauberkeit" zu bewegen, weder mit materiellen Anreizen wie dem versprochenen Universal-Patent-Taschenmesser noch mit Drohungen. Der Film „Hitlerjunge Quex" bezieht seine Spannung vor allem daraus, daß die HJ, der er die Treue hält, in Heini Völker einen Verräter sieht, während ihn Stoppel zum geheimen Mitwisser des geplanten Anschlags auf das HJ-Heim macht und erpresserisch auf die Einhaltung des gültigen Ehrenkodex pocht, demzufolge ein Verräter sein Leben verwirkt hat.

In keinem Augenblick der Filmhandlungen ist einer der nationalsozialistischen Protagonisten auch nur dem Anschein nach in Gefahr, sein inneres Credo über Bord zu werfen. So mag die Betonung des *Ehrenkodex von Kameradschaft*, wie er in allen Männerbünden einschließlich der Armee gepflegt wird, zunächst ambivalent erscheinen, weil damit das gesamte politische Spektrum der Weimarer Republik bis hin zu den Kommunisten angesprochen ist, einschließlich von nicht-parteigebundenen Gruppierungen, die sich selbst als unpolitisch verstehen — die Bedingungslosigkeit und Konsequenz, mit der hier ohne mit der Wimper zu zucken für Deutschland gestorben wird, ist politisch eindeutig.

3. Legitimation durch realpolitischen Erfolg

In der filmisch-fiktionalen Verarbeitung des „Kampfs um die Straße" aus nationalsozialistischer Sicht wird eine Verbindungslinie gezogen zwischen den erbrachten „Blutopfern" und dem schließlichen Erfolg der NSDAP, wie er in der Machteinsetzung vom 30. Januar 1933 zum Ausdruck kommt. Der Verweis auf die politische Durchsetzung der NSDAP, dem im Verlauf der Filme Rechtfertigungscharakter „ex post" für den Märtyrertod der jugendlichen Helden zukommt, wird von Film zu Film verschieden nuanciert.

Die direkteste Form dieses Hinweises findet sich in „SA-Mann Brand": Während des ersten öffentlichen Umzugs von SA und HJ wird der Hitlerjunge Erich Lohner von einem kommunistischen Heckenschützen, der „hinterhältig" aus einem Kellerfenster auf die marschierenden Formationen schießt (vgl. /B 323-346/), schwer verletzt.

Seine Mutter und sein ‚großer Freund' Fritz Brand eilen zu ihm ans Krankenbett, der behandelnde Arzt hat ihn schon aufgegeben, sein Leben ist nicht mehr zu retten, er stirbt /357-370/. Im Anschluß daran werden die „Drahtzieher" des Terrors gezeigt, dem Erich Lohner zum Opfer fiel. Als unmittelbare Konsequenz des kommunistischen Attentats wird dem KPD-Führer Turrow die Verkündung des nationalsozialistischen Durchbruchs in den Mund gelegt: „Hitler ist — Reichskanzler" /B 371/.

In „Hans Westmar" wird die Verweisstruktur zwischen dem Tod des Helden und dem Erfolg der „Bewegung" in vergleichsweise abgeschwächter Form inszeniert: Aufgrund von Wahlerfolgen der NSDAP und Stimmenverlusten der KPD, wobei der Film unterstellt, daß die Wählerwanderung von den Kommunisten hin zu den Nationalsozialisten stattgefunden hat, bricht der ‚Moskauer' den Stab über Westmar: „Dieser Hans Westmar sprach heute sein Todesurteil" /W 592/. Der Mord an Westmar gerät allerdings zum Menetekel der Kommunisten. Gerade sein Märtyrertod, so legt der Ereignisablauf auf der Leinwand nahe, versetzt dem Treiben der „Kommune" den Todesstoß. Das Wüten des kommunistischen „Mobs", der den Trauerzug bei Westmars Begräbnis angreift, erscheint als ohnmächtiges Anrennen gegen eine Tat, die die KPD niemals vorweisen könnte, und bildet indirekt das Eingeständnis ihrer Niederlage. Im Anschluß an Trauerzug und Begräbnis sind Dokumentaraufnahmen vom historischen Fackelzug der Berliner SA-Formationen durch das Brandenburger Tor am 30. Januar 1933 eingeschnitten.

So heiligt der als Naturgesetz apostrophierte politische Zweck des Nationalsozialismus nicht nur die Mittel, der politische Erfolg der NSDAP heiligt auch die Opfer: Für die Plausibilität der filmischen Darstellung des Märtyrertodes der nationalsozialistischen „Blutzeugen" ist in „Hans Westmar" und „SA-Mann Brand" der Verweis auf die historische Durchsetzung der NSDAP in Deutschland zentral. Damit wird legitimatorisch „bewiesen", daß der Sinn, der ihrem Tod im „Kampf um die Straße" von der Filmfabel zugeschrieben wird, sich im realhistorischen Erfolg des deutschen Faschismus tatsächlich erfüllt habe.

4. Verpflichtung durch einen verlorenen Krieg

Die gewaltgeprägten Auseinandersetzungen, die das Bild der politischen Öffentlichkeiten in den letzten Jahren der Weimarer Republik bestimmen, werden zwischen paramilitärischen Verbänden ausgetragen, die jeweils eindeutig parlamentarischen Parteien zuzuordnen sind. Die Dramaturgie der „Parteifilm"-Trilogie versichert dem Zuschauer, daß es den nationalsozialistischen Filmhelden dabei nicht um parteipolitische Zwecke, sondern allein um „Deutschland" geht. Es wird versucht, dieser Versicherung Nachdruck zu verleihen, indem die Filmhandlung auf die parteienübergreifende nationale Ebene gehoben wird: In allen drei Filmen geistert das Schlagwort von den „Zwei Millionen" über die Leinwand, d.h. es wird zu verstehen gegeben, daß die nationalsozialistischen Protagonisten in der Tradition der Gefallenen des Ersten Weltkriegs handeln und ihrem Sterben von daher eine höhere nationale Weihe gegeben.

Nach dem Besuch eines Berliner Tanzlokals, bei dem er empört gegen die verjazzte Version der „Wacht am Rhein" eingeschritten ist, erinnert sich Hans Westmar schmerzlich an Kampfhandlungen und Gefallenengräber: „Zwei Millionen mußten sterben — und das da: säuft, tanzt, gröhlt!"/W 175-185/ Amüsements und Ausschweifungen beleidigen angesichts eines verlorenen Kriegs die Ehre der Gefallenen, deren Sterben „ohne Sinn" ist, weil der Krieg nicht gewonnen wurde.

Erich Lohner aus „SA-Mann Brand" vollzieht als Hitlerjunge das politische Testament des im Ersten Weltkrieg gefallenen Vaters — „Wenn es sein muß, sterbe ich gern für mein Vaterland" /B 210/ — und erleidet in Erfüllung familiärer Tradition prompt das gleiche Schicksal. Im Bestreben, dem Tod des Mannes einen „Sinn" abzugewinnen, hat Frau Lohner ihren Sohn „in deutschem Geiste" erzogen und muß nun auch ihn verlieren.[11]

Heini Völker, zum Hitlerjungen Quex avanciert, beruft sich vor seinem letzten Gang ins Beusselkitz gegen den Einspruch des Bannführers auf die Frontkämpfer des Ersten Weltkriegs:

Bannführer (aufgebracht): Also Junge, ich will dir mal was sagen, verstehst du, — wenn ich dir ein ...
Heini (fällt ihm ins Wort): Du hast einmal gesagt, ein Hitlerjunge ist ein Soldat.
Bannführer (unwirsch): Ja, das hab' ich gesagt.
Heini: Und du bist im Felde Offizier gewesen.
Bannführer: Ja.
Heini (jetzt fast auftrumpfend): Hast du da deinen Soldaten auch verboten, nach vorn' zu gehn, wenn's mal geschossen hat? — /Q 372/

So geht Quex im vollen Bewußtsein der Gefahr in den Tod, indem er in dieser Szene das von der Filmdramaturgie sorgsam aufgebaute Konnotationsgerüst von Anstand, Ehre, Kameradschaft auf seinen Kern zurückführt: Soldatische Pflichterfüllung ohne Rücksicht auf das eigene Leben.[12]

Die über den politischen Kampf von paramilitärischen Parteiarmeen hinausweisende Bedeutung des Topos der „Zwei Millionen" wird innerfilmisch auch auf Repräsentanten der Arbeiterbewegung ausgedehnt, indem vorgeführt wird, daß die kriegsinvaliden Väter Völker und Brand, deren Söhne sich dem Nationalsozialismus zugewandt haben, durchaus mit Stolz auf ihre Soldatenzeit zurückblicken. Die Erinnerung an das gemeinsame „Fronterlebnis" bereitet den Boden für den gelungenen Überzeugungsversuch des HJ-Bannführers gegenüber dem Kommunisten Völker. /Q 325-330/ Vater Völkers fast beleidigte Reaktion auf die Frage, ob er im Felde gewesen sei, macht deutlich, daß er trotz (oder wegen) der Verwundung, die er sich zugezogen hat, keinerlei Anstalten macht, Ehre und Anerkennung ob des ihm aufgezwungenen Opfers für die Nation zurückzuweisen. Der Sozialdemokrat Brand geht am Krankenbett seines von Kommunisten angeschossenen Sohnes noch weiter und versichert sich erst, ob der SA-Truppführer auch wirklich „im Felde" und nicht nur „in der Etappe" war, bevor er ihm das Angebot zum Austausch von Kriegserlebnissen macht /B 297/.[13]

Im für die nationalsozialistischen Söhne todbringenden Bekenntnis zur Frontkämpfertradition der Vätergeneration ist eine Klammer gefunden, mit der die noch gegnerischen politischen Lagern verhafteten Mitglieder der künftigen nationalsozialistischen Volksgemeinschaft verbunden werden können. Zugleich erscheint der Einsatz der faschistischen Straßenkämpfer aufgewertet, ihr Kampf gegen den inneren, den kommunistischen Feind der Nation wird auf eine Stufe gehoben mit dem Kampf der Frontsoldatengeneration gegen den äußeren Feind im Ersten Weltkrieg. So wird den *nationalsozialistischen* Märtyrern die Gloriole *nationalen* Heldentums aufgesetzt und damit auf die noch in der Zukunft liegenden Aufgaben nationaler Bewährung verwiesen.

Dem Deutungsmuster der sogenannten Dolchstoßlegende folgend interpretiert die NSDAP die Weltkriegsniederlage als Ergebnis eines „Verrats" der Heimatfront, wohingegen die Armee „im Felde unbesiegt" geblieben sei. Im Namen der „Zwei Millionen", die „sinnlos" gefallen sind, wird nun den Überlebenden die siegreiche Wiederholung des Waffengangs als Wiedergutmachung an den Toten nahegelegt: Revision der „Schmach von Versailles". Dies beinhaltet für jeden Deutschen die Verpflichtung, sich der Gefallenen würdig zu erweisen, indem die eigenen — kleinlichen und egoistischen — Bedürfnisse den machtpolitisch definierten Erfordernissen von Staat und Nation untergeordnet werden.

Die Einspielung von Kontextbezügen der Dolchstoßlegende in die „Parteifilm"-Trilogie appelliert an den Zuschauer, eine ähnlich opferbereite Haltung an den Tag zu legen, wie sie im Nachhinein den toten Soldaten des verlorenen Krieges zugeschrieben wird. So ist die filmische Verarbeitung der kaum vergangenen „Kampfzeit der Bewegung" in „SA-Mann Brand", „Hans Westmar" und „Hitlerjunge Quex" auch als „geistige Mobilmachung"[14] für den bereits geplanten Zweiten Weltkrieg zu verstehen.

5. Transzendenz durch Stilisierung

Der gewaltsame Tod eigener Parteigänger in der Auseinandersetzung mit dem politischen Gegner wird von nationalsozialistischen Propagandastrategen nicht bedauert, sondern begrüßt, weil er sich — zum Martyrium stilisiert — als Beleg für die „Größe" der nationalsozialistischen „Idee" benutzen läßt:
„Die Größe eines Zieles steht immer in direktem Verhältnis zu der Größe dessen, was man dafür einzusetzen bereit ist. Je höher das Gewollte, desto höher das, was man dafür wagen muß. Das Letzte kann immer nur durch Einsatz von Leben gewonnen werden. (...) Der Tod ist immer bitter, und man nimmt ihn nur dann getrost und ohne Widerspruch auf sich, wenn man für ein Ziel sterben geht, für das es sich lohnt, ein Leben hinzugeben."[15]
Um den potentiell ernüchternden Effekt des „Heldentodes" zu unterlaufen, werden schon in den Tagen der „Kampfzeit" alle erdenklichen Bemühungen unternommen, um die Transzendenz der „Blutzeugen der Bewegung" in die Gemeinschaft ihrer Kampfgefährten zu imaginieren und diesen das Fortleben der gefallenen Kameraden „im Geiste" zur praktischen Verpflichtung zu machen. Aus den unzähligen Beispielen, die sich hierfür finden lassen, sei die Rede Baldur von Schirachs am 2. Oktober 1932 auf dem Nationalsozialistischen Reichsjugendtag in Potsdam herausgegriffen:
„... die Bedeutung des Kampfes, den wir führen, und die Bedeutung der Opfer, die wir in diesem Kampfe gebracht haben und noch bringen müssen. Und so steht in diesem Augenblick unsichtbar für uns, aber doch uns allen fühlbar, in unserer Mitte einer, der Anfang dieses Jahres in Berlin feige erschlagen

wurde. Herbert Norkus ist unter uns und mit Norkus sind jetzt in unserer Mitte alle die anderen vielen, die um ihres national-sozialistischen Glaubens willen in Deutschland erschlagen und ermordet wurden. Wir fühlen uns in dieser Stunde eins mit den Toten der Feldherrnhalle, wir fühlen uns eins mit den zwei Millionen Toten des großen Krieges. Wir wissen, was wir tun und gestalten, ist letztens nichts anderes als die Vollendung ihres Wollens und ihrer Sehnsucht und so nehmen wir, die nationalsozialistische Jugend, für uns das Recht in Anspruch, uns die Träger der Tradition der Front zu nennen ...“[16]

Bei der propagandistischen Kreation von faschistischen Märtyrerlegenden ist insbesondere der Berliner Gauleiter Goebbels erfolgreich, dem es gelingt, zwei Tote aus seinem „Frontabschnitt“ zu den beiden erstrangigen „Blutzeugen“ des Dritten Reichs zu machen: Horst Wessel und Herbert Norkus. Diese beiden und etliche andere „Gefallene der Bewegung“ werden in einer endlos scheinenden Reihe von kalendarisch festgelegten Gelöbnisfeiern nach der Machteinsetzung der deutschen Bevölkerung als Ansporn und Verpflichtung ins Gedächtnis gerufen: „Nach einem wunderbaren Wort Baldur von Schirachs ist in Deutschland nichts lebendiger als unsere Toten.“[17]

Die „Parteifilm“-Trilogie ist bemüht, die laufend beschworene „Wiederauferstehung der toten Helden“ in einer Art quasireligiösen „Reinkarnation“ auch sinnlich erfahrbar zu machen.

In „SA-Mann Brand“ tröstet der sterbende Hitlerjunge Erich die Mutter durch seinen kindlichen Glauben an ein familiäres Weiterleben nach dem Tode: „Mutter — ich geh' — jetzt zum Vater — in Himmel.“ /B 369/

Hans Westmar, der sein Leben mit dem Wort „Deutschland“ auf den Lippen aushaucht /W 729/, wird als Wiederauferstandener direkt auf der Leinwand gezeigt: Im Anschluß an die um den Leichenwagen tobende Straßenschlacht und das folgende Begräbnis des Märtyrers setzt die Regie zu einer Schlußapotheose an. Ein himmelstürmender SA-Mann trägt vor dräuenden Gewitterwolken die Hakenkreuz-Fahne. Es folgen Dokumentaraufnahmen vom Fackelzug der Berliner SA durch das Brandenburger Tor am 30. Januar 1933, und in ihre Reihen ist in einer Doppelbelichtung der marschierende Westmar miteinkopiert /W 815, 821/. Der Refrain des Horst-Wessel-Lieds — „Kam'raden, die Rotfront und Reaktion erschossen, marschier'n im Geist in unsern Reihen mit!“ — wird hier also unmittelbar ins Bild umgesetzt.

Ein direkter Verweis zwischen dem Tod des Filmhelden und der realgeschichtlichen Durchsetzung der NSDAP fehlt in „Hitlerjunge Quex“. Heini, von seinen Verfolgern tödlich verwundet, wird von den HJ-Kameraden auf dem Rummelplatz gefunden. In ihren Armen liegend geht sein Blick in die Ferne / Q 436/, die Worte des Fahnenliedes der HJ auf den Lippen sinkt er in sich zusammen. Dieses Bild wird von einer die Leinwand ausfüllenden Hakenkreuzfahne sowie von Marschkolonnen, die im Rhythmus des angestimmten Fahnenliedes marschieren, überblendet. Es folgen noch mehrere sich ablösende Überblendungen von Formationen marschierender HJ und SA, aufgenommen aus verschiedenen Kameraperspektiven. Die schwungvolle Intonierung des Fahnenlieds, das für den Film eigens komponiert wurde, verklammert auf der Tonspur den sterbenden Heini mit den marschierenden Kolonnen, die die Stärke und Kampfkraft der nationalsozialistischen Verbände visualisieren, die ihnen qua filmischer Darstellungstechnik gleichsam von dem sterbenden Märtyrer zufließt. Auch hier wird der Refrain des Liedes, mit dem der Film ausklingt — „Ja, die Fahne ist mehr als der Tod!" — unmittelbar sichtbar gemacht.

Grundlage für die ästhetische Stilisierung der filmischen Märtyrerlegenden ist der realpolitische Erfolg der NSDAP, über den sich ihr Sterben als „sinnvoll" darstellen und entsprechend weihevoll überhöhen läßt. Zukunftsweisende Bedeutung transportieren die Symbolisierungsversuche der Schlußapotheose vor allem dort, wo sie ihr machtpolitisches Fundament hinter sich lassen und damit auch die sujetmäßige Begrenzung auf die nationalsozialistische „Bewegung" sprengen. Dies ist in den Schlußbildern von „Hitlerjunge Quex" der Fall, deren Ästhetisierungstechniken direkt von der faschistischen Dokumentarfilmpropaganda übernommen werden können.

Anmerkungen

1 vgl. Kap. 6, Anm. 2
2 E. Leiser 1978, S. 38; D. Welch 1983, S. 69
3 Der gesamte Dialog ist abgedruckt bei E. Leiser 1978, S. 38-40; G. Albrecht 1983, S. 18-20; D. Welch 1983, S. 69, wobei der entscheidende Schluß des Wortwechsels allerdings nur verstümmelt wiedergegeben wird; diese Passage findet sich vollständig zitiert bei J. Baird 1983, S. 508 — außer bei Albrecht findet sich aber bei keinem der Autoren ein Ansatz zur Analyse dieser Szene.
4 vgl. Kap. 5.2.4
5 G. Albrecht 1983, S. 20
6 ebd.
6a Die Imagination eines inneren Naturzwanges, unter dem stehend Nationalsozialisten handeln, wird auch im politischen Tageskampf verbreitet, vgl. etwa einen Flugblattentwurf der HJ zum ersten Wahlgang der Reichspräsidenten-Wahl 1932: „Herbert Norkus liegt erschlagen! (...) Er-

schlagen, weil er Deutschland liebte, an seines Vaterlandes Aufstieg glaubte ... Wir können es kaum fassen, das ist so furchtbar bitter, sterben zu müssen, weil man das will, was die Natur von einem verlangt." (Bundesarchiv NS 26/339)

7 Umgekehrt wird in „Hans Westmar" die „Überfremdung" Deutschlands daran festgemacht, daß in Berliner Tanzlokalen nicht mehr deutsches, sondern nur noch englisches Bier ausgeschenkt wird /W 129, 146/.

8 Ein ernstgemeinter Gebrauchswerttest ist Vater Völkers „Begründung" von Vaterlandsliebe mit dem Geschmack von deutschem Bier nicht. Er denkt sich im Nachhinein einen Grund aus für seine persönliche Zustimmung zu dem nationalen Verband, dem er angehört, ohne dazu befragt worden zu sein. Trotz formaler Ähnlichkeiten ist seine Position also nicht zu verwechseln mit der polemischen Behandlung von Patriotismus, die Bertolt Brecht etwa in den „Flüchtlingsgesprächen" gibt:

„Ziffel: Es ist mir immer merkwürdig vorgekommen, daß man gerade das Land besonders lieben soll, wo man die Steuern zahlt. Die Grundlage der Vaterlandsliebe ist die Genügsamkeit, eine sehr gute Eigenschaft, wenn nichts da ist.

Kalle: Die Vaterlandsliebe wird schon dadurch beeinträchtigt, daß man überhaupt keine richtige Auswahl hat. Das ist so, als wenn man die lieben soll, die man heiratet, und nicht die heiratet, die man liebt. Warum, ich möcht zuerst eine Auswahl haben. Sagen wir, man zeigt mir ein Stückel Frankreich und einen Fetzen gutes England und ein, zwei Schweizer Berge und was Norwegisches am Meer und dann deut ich drauf und sag: das nehm ich als Vaterland; dann würd ichs auch schätzen. Aber jetzt ists, wie wenn einer nichts so sehr schätzt wie den Fensterstock, aus dem er einmal heruntergefallen ist." (B. Brecht, Gesammelte Werke 14, Frankfurt 1967, S. 1452f.)

9 Vgl. Kap. 4.5

10 Vgl. Kap. 5, Anm. 12

11 Vgl. Kap. 4.5

12 Vgl. Kap. 5.2.5

13 Vater Brands Verhalten gegenüber dem SA-Truppführer kann als Seitenhieb auf die nationalen Töne von SPD-Politikern verstanden werden, die vergeblich versuchten, über den Hinweis auf eigene Frontkämpferverdienste den Nationalsozialisten das Wasser abzugraben (vgl. exemplarisch hierzu: M. Loiperdinger 1983 über die SPD-Kampagne gegen die „Boxheimer Dokumente" und R. Albrecht 1985 über die politische Rhetorik Carlo Mierendorffs, insbesondere in seiner Reichstagsrede vom 6. Februar 1931).

14 Vgl. hierzu M. Loiperdinger 1987, S. 125ff.

15 J. Goebbels in seiner Berliner Zeitung ‚Der Angriff' am 19.8.1929, zit. nach J. Goebbels 1935, S. 261f.

16 Zit. nach der Zulassungskarte der Filmprüfstelle Berlin für den von der NSDAP produzierten Streifen „Das junge Deutschland marschiert", Prüf.-Nr. 32343 vom 21.10.1932. Es handelt sich um die wohl einzigen dokumentarischen Tonfilmaufnahmen einer HJ-Veranstaltung vor dem 30. Januar 1933. Während die O-Töne von Schirachs im ersten Akt des Films offenbar verschollen sind, ist die im zweiten Akt folgende Ansprache von Hitler an die HJ erhalten geblieben (vgl. M. Loiperdinger 1979).

17 G. Kaufmann, Das kommende Deutschland (1940), zit. nach Brandenburg 1968, S. 227

Kapitel 8
„Diesen Faschistenlümmeln ist nicht zu trauen": „Hitlerjunge Quex" im pädagogischen Einsatz

Eike Hennig

Im filmgeschichtlichen Kapitel einer Studie über den „deutschen Alltag unter Hitler" ist zu lesen, daß sich „die Versuche, die ‚Blutzeugen' der Partei durch Verfilmung ihrer Lebensgeschichte zu verherrlichen, als Fehlschlag" erwiesen haben (Grunberger 1972, S. 394). Zum Beleg wird auf die Filme „SA-Mann Brand" und „Hans Westmar" hingewiesen; schließlich findet auch „Hitlerjunge Quex", jene „Apotheose rebellischer Leidenschaft" (Kracauer 1979, S. 276) in diesem Zusammenhang Erwähnung.

Grunberger (1972, S. 394 f.) stützt sein negatives Urteil auf Goebbels' Richtlinie, der eigentliche Platz der SA sei die Straße und nicht die Filmleinwand. Aber das filmpolitische Verbot, den Kampf um die Macht filmisch-fiktiv nachzuvollziehen, wird von Grunberger nicht daraufhin untersucht, — warum Faschismus zwar in der politischen Realität praktiziert werden kann, — warum aber die filmische Fiktion eines nachgestellten Faschismus zurückgewiesen werden muß: wegen ihrer Neigung, zum politischen „Filmdrama" — moralisch-pathetisch und ohne Bildgeschichten — zu verflachen oder als „epische Dokumentation" immanent kritisch auf die Realität im Faschismus als Barbarei — z.B. gegen Funktionäre der Arbeiterorganisationen (bes. im „SA-Mann-Brand") — zu verweisen.

Der auf seine psychische Reproduktion bedachte reale Faschismus stößt die Zuschauer seiner eigenen Filmfiktion immer wieder auf seine Grenzen: Als politisches Filmdrama entlarvt er das Pathos der Aufhebung von Interessen zu Ideen bzw. die Leere des Opfers; als epische Dokumentation verweisen die Filmfiktionen auf die reale Barbarei und Widersprüchlichkeit des Faschismus etwa zwischen persönlichem Idealismus und Opfer und den abstrakten Zielen der hierarchischen Organisation oder zwischen der Bewegung der NSDAP-Mitglieder und dem System faschistischer Herrschaft und Arbeitsteilung mit der traditionellen Macht-Elite (Hennig 1977).

Die Spannweite zwischen politischem Appell und episch-bildhafter Dokumentation macht die Spannung der faschistischen Selbstdarstellung der Filmtrilogie aus. Kracauer (1979, S. 394) weist z.B. darauf hin, daß in der Trilogie das „Elend des Volkes mittels einiger stereotyper Einstellungen" gezeigt wird bzw. daß „in gewisser Ausführlichkeit die Leiden der Mittelschicht und der ‚irregeleiteten' Arbeiter behandelt werden, um ... die SA und ‚nationale Revolution' zu propagieren." Dieses Problem der Widersprüche in den gezeigten Stereotypen muß analysiert werden, denn — dies ist die These dieses Abschnitts — gerade diese Spannung von Pathos, verbal verkündeter Moral und der im Film sichtbar gewordenen sozialen Erscheinung eines politisch gewaltsamen Faschismus bestimmt Wirkungsbreite und -tiefe des „Hitlerjungen Quex".

1. Nichts ist einfach:
Kein Film spricht nur eine klare Sprache

Die Charakterisierung der Filme als mißlungene „Ausschußware" (Grunberger 1972, S. 395) greift bereits aus der Perspektive der widersprüchlichen Inhalte der Trilogie zu kurz; über die *Wirkung* der Filme sagt sie gar nichts aus (es ist schlichte Behauptung, wenn Grunberger — 1972, S. 394 — philosophiert, daß solche „abgeschmackten Produkte ... bei den Zuschauern ... nur Verlegenheit" hervorgerufen haben). Vor allem bleibt es vollkommen unklar, wie diese Filme auf solche Zuschauer wirken, die den realen Faschismus nicht selbst erlebt und/oder erlitten haben — vor allem auf diejenigen Zuschauer, die keine „Ewig-Gestrigen" sind, sondern die sich als Jugendliche, als Kinder dieser Bundesrepublik selbst ein Bild vom Faschismus machen wollen. Eine an Verfahren der Meinungsbefragung orientierte Untersuchung von 867 Schülern aus dem Raum Frankfurt ergibt, daß jeder vierte Jugendliche der Ansicht ist, das Verbot nationalsozialistischer Propaganda müsse aufgehoben werden. Dem entsprechenden Statement stimmen im Sommer 1979 insgesamt 25,3% der Schüler (davon 7,9% „stark") zu (Sochatzy 1980, S. 60 f., 114-117). —

Es stellen sich die Fragen:

Welche Wirkung ergibt sich, wenn der faschistische Jugendfilm „Hitlerjunge Quex" vor heutigen Jugendlichen gezeigt wird?

Kann dieser Film über den „Bund deutscher Arbeiterjugend", also über die HJ, der derzeit als „Verbotsfilm" nur in geschlossenen Veranstaltungen gezeigt wird, aus der Sicht politischer Bildung freigegeben werden?

Welche „Vorkehrungen" sollten getroffen werden, um die Filmwirkung im Sinn kritischer Aufklärung über den deutschen Faschismus sicherzustellen, um also entsprechende Metainhalte, die sich aus den episch-bildhaften Einsichten in den realen Faschismus ergeben, zur Wirkung zu bringen?

Welche Vor- und Nachbereitung stellt sicher, daß die auch heute gegebene Faszination vom Schicksal Heini Völkers, des „Quex", kontrolliert werden kann, ohne daß der jugendliche Held, der einfache, weitgehend unpolitische Junge aus einem Berliner Arbeiterviertel, „zum idealen Opfer aller möglichen Wunschprojektionen" (so Grunberger 1972, S. 395, über „Hans Westmar") wird und vom realen Faschismus mit Opfermythos und Pathos im Interesse der Arbeitsteilung von NS-Oligarchie und Macht-Elite ablenkt?

Helmut Blobner und Herbert Holba (1962, S. 15) stellen fest, daß, historisch gesehen, der Film keine andere Wahl gelassen hat, als begeistert der HJ beizutreten. Jener „nahe Blick des Beteiligten", der die epischen Passagen bestimmt (z.B. die Eingangsszenen — bis /67/ —, den Wahlkampf — /358-369/ und die immer wieder eingestreuten Milieuschilderungen), muß also bewußt freigelegt werden, um seine kritisch-aufklärerische und zeigende Wirkung zu entfalten. Die Filmvorführung bedarf eines geplanten „setting", um ihre kritischen Teilgehalte freizugeben. Die Frage: „Wer ist Quex?" beantwortet sich nicht von selbst. Die vorgegebene historische Antwort ist die Legitimation der HJ: „Quex" ist einer „der tausende von Jungen, die heute im Braunhemd marschieren. Einer, der von dem großen Strom erfaßt ist und nicht mehr davon loskommt. Ein deutscher Proletarierjunge, der das Herz auf dem rechten Fleck hat und sich nicht vor seinen ehemaligen Kameraden — roten Cliquenbrüdern — fürchtet, bis er diese Furchtlosigkeit mit seinem jungen Leben bezahlen muß. Unerschütterlich sein Glaube an die Größe und Reinheit der Bewegung" (so lautet der Text einer Anzeige in K.A. Schenzingers Roman „Wehe den Wehrlosen!", 1933).

Der Film „Hitlerjunge Quex" will zeigen, wie ein unverdorbener Jugendlicher zum Idealismus kommt, wie nicht hinterfragte Eigenschaften wie Güte, Geradlinigkeit, Ehrlichkeit, Gespür für Gerechtigkeit und die Suche nach Kameradschaft bzw. Gemeinschaft zur Annäherung an die Hitlerjugend, an die Ideale des Nationalsozialismus führen. Dieser Automatismus bildet sich in der historischen Filmwirkung (soweit diese ansatzweise erschlossen werden kann) ab: Über die Vehikel Jugend und Idealismus bzw. vermittelt durch das Bild eines guten Jugendlichen, der Idealist sein kann (weil er in „die" Probleme, Mängel und Kompromisse der realen Welt noch nicht verstrickt ist), transformiert der Film von seiner Intention her reale Geschichte ins Reich ewiger Werte und immergültiger Ziele; die in Wirklichkeit paramilitärische HJ erscheint als eine Gruppe nicht-aggressiver Idealisten, die auf dem Weg zur „Zukunft", als „Träger kommender Taten", angesichts von Gefahren nicht kleinmütig werden, sondern „für Freiheit und Brot" bis „in die Ewigkeit" und den „Tod" kämpfen, bis schließlich alles durch „Fäuste fällt, was sich ... entgegenstellt." (Alle Zitate entstammen dem Fahnenlied, dem „Marsch der Hitlerjugend", dessen an Fanfaren und an einprägsamen Wiederholungen von Marschmusik ausgerichtete Vertonung fraglos strahlenden Triumph anzeigt, dessen Mollversion — bei Einleitung des Gastodes der Mutter /286-295/ — die dramatische Trennung Heini Völkers von der leiblichen Mutter bzw. den Beginn der Anbindung an die Geborgenheit der idealen Mutter, an die Hitlerbewegung, andeutet).

Angesichts dieser Intention, der historisch vorliegenden wirkungsgeschichtlichen Befunde, des Aufgebots an filmischen Mitteln bei der Vermischung von Elementen des Krimis, Straßenfilms oder proletarischen Films, des Abenteuerfilms und des politischen Dramas (vgl. die Kapitel 1 und 5 dieses Bandes) ist es, wenn politische Bildung und kritische Aufklärung über faschistische Realität ernstgenommen werden, sträflich leichtsinnig, wenn darauf gesetzt wird, daß sich die tendenziell kritischen Metainhalte des Films von selbst im Akt der Filmvorführung vermitteln.

Zwar kann der Film „Nachhilfe in Geschichte" vermitteln, er kann zeigen, daß Kindheit im Faschismus zunächst einmal Kindheit geblieben ist (Brückner 1980), daß die politisch-faschistische Vereinnahmung solcher Kinder, die z.B. kein „Stück Modder" sein wollen, „das seine Kameraden verrät" (so Gerda gegenüber Grundler, dem ‚gefallenen' Hitlerjungen, über Heini Völker /385/), die idealistische Präsentation von HJ und NSDAP voraussetzt. Diese Präsentation gelingt nur, wenn die real existierende Seite der Arkan- und Bündnispolitik zwischen NS-Oligarchie und Macht-Elite ausgeblendet wird, wenn reale Komplexität und reale Vielfalt der Entscheidungsmöglichkeiten auf den apokalyptischen Endkampf von volksfremd ferngesteuertem Kommunismus und dem nationalen Sozialismus in der „Volksgemeinschaft" reduziert werden, wenn das zur Zeichnung des NS-Idealismus entscheidende Feindbild zusätzlich so differenziert wird, daß alle deutschen Arbeiter bzw. partiell noch ehrlich denkenden Kommunisten (wie Gerda, Stoppel und auch Heinis Vater) immer schon heimliche Nicht-Kommunisten und tendenzielle Frontwechsler hin zur NSDAP sind.

Diese Intentionen beeinflussen die Filmwirkung und lassen sie zum offenen Problem werden; die Erarbeitung des Films und der abgefilmten Realität stellt sich als Aufgabe, wenn der Film „Hitlerjunge Quex" als historisches Dokument zur Demonstration faschistischer Realität herangezogen werden soll. So wie keine Quelle für sich selbst spricht, so bedarf auch der Film des Mediums der Filmanalyse, um als Quelle erschlossen zu werden, um mit Bewußtsein einen „inneren Film" zu produzieren, dessen Gehalt aus der Kenntnis der Ausblendungen, also des Abstandes von fiktionaler Filmhandlung und des realfaschistischen Umgangs mit Kommunisten sowie auch der Einsichten in die antibürgerlich-rebellischen Momente von Jugend in der HJ und im Faschismus erwächst. Jedenfalls kann diese Filmrezeption nicht dem Zufall überlassen werden, so wie sie tatsächlich auch nicht willkürlich abläuft, sondern den einsozialisierten Fundus an Bildern, Vorurteilen, Abneigungen, Vorlieben etc. aktiviert (theoretisch dazu Riedl 1980). Es ist daher unrichtig, von der bloßen Filmvorführung kritische Einsichten zu erwarten.

Eine Aussage, wie sie populär in der Münchner „Abendzeitung" (8./9.3.1980, S. 9) vertreten wird, ist falsch:

„Angesichts der Vernachlässigung jeglicher Art von Medienkunde in den Schulen und der geringen Möglichkeiten, sich über den NS-Film zu informieren, kommt solchen Kinoangeboten (u.a. der Vorführung des „Hitlerjungen Quex" — d.Verf.) besondere Bedeutung zu: Wiederholung und Erweiterung erwünscht!"

Die unterstellte eindeutige Kraft des objektiven Films gibt es nicht, ein Film — ganz besonders ein Spielfilm wie „Quex", der so viele Genres vermischt — ist zwar von seiner Fabel her, nicht aber von den Möglichkeiten der Filmrezeption und -verarbeitung eindeutig. — Die Teilnehmer einer filmanalytischen Veranstaltung haben denn auch die unkommentiert eingespielte Sequenz, in der Heini unter den Schlägen seines Vaters die „Internationale" lernen soll /142-147/, teilweise einem proletarischen wie auch einem faschistischen Propagandafilm zugesprochen. —

Am Beispiel einiger Primärerfahrungen sollen nach diesen Vorbemerkungen zur Differenzierung zwischen dem „objektiven" und dem mehrdimensionalen „subjektiven" Film einige mögliche Wirkungen des „Hitlerjungen Quex" zur Sprache gebracht werden. Die methodischen Probleme dieser wirkungsanalytischen Primäreindrücke erwachsen aus der grundsätzlichen Schwierigkeit jeder Rezeptionsanalyse:

„Wenn wir einen Film analysieren, um z.B. etwas herauszubekommen über die filmische Erzählpraxis, dann stützen wir uns auf eine sinnliche Vorlage, d.h. das Produkt Film. In den verschiedenen Stadien unserer Analyse können wir immer wieder auf dieses Produkt zurückkommen, um z.B. Thesen über die kinematographische Erzählweise an einzelnen Einstellungen zu überprüfen.

Wenn wir dagegen die Rezeption von Filmen untersuchen wollen, beschäftigen wir uns mit dem, was zwischen dem Produkt und dem Zuschauer liegt; Gegenstand ist dann nicht die sinnlich erlebbare Vorlage, das Abbild, sondern das sinnliche Erlebnis selbst, das durch das Abbild nur vermittelt ist. Dieses sinnliche Erlebnis ist ein flüchtiger, hochgradig veränderlicher und nur schwer beschreibbarer Vorgang.

Gleichwohl ist es wichtig, auch über den Vorgang der Rezeption und die mit ihm verbundenen Erlebnisqualitäten etwas zu erfahren. Denn das Abbild selbst zielt auf diese subjektive Seite; es ist hergestellt worden, um beim Rezipienten etwas zu bewirken. Es liegt in der Intention des Filmes als Produkt, daß er über sich hinausweist sowohl als Bild wie als Abbild." (Wawrzyn 1979, S. 175)

2. Anmerkungen zur Rezeptionsanalyse und zur antifaschistischen Medienpraxis

Die rezeptionsanalytischen Anmerkungen zur Wirkung des „Hitlerjungen Quex" stützen sich auf Primärerfahrungen, die durch die Vorführung des Films in vier Veranstaltungen gewonnen werden konnten:

Vor 13 Teilnehmern (von denen nur 1 älterer Mann um 50 den Film bereits gesehen hat) ist der Film am 1.12.1979 in einer Veranstaltung der VHS Rüsselsheim gezeigt worden. Die kommentierte Filmvorführung ist alleiniger Veranstaltungsgegenstand.

2. Am 11.12.1979 wird der Film in der DGB Jugendbildungsstätte in Gmund (Tegernsee) vor 33 jungen Gewerkschaftern gezeigt. Bislang hat keiner den „Hitlerjungen Quex" gesehen. Die Filmvorführung ist illustrierender Teil eines Wochenseminars über den historischen Faschismus; der Film wird am Abend gezeigt, nachdem die Seminarteilnehmer tagsüber ein Referat über sozialpsychologische Faschismusmethoden und die Massenattraktivität des deutschen Faschismus gehört haben.

3. Im Haus der Gewerkschaftsjugend (Oberursel/Taunus) sehen etwa 30 junge Gewerkschafter am 25.3.1980 abends den Film. Es handelt sich um Teilnehmer eines Wochenseminars, das sich mit Problemen des historischen Faschismus beschäftigt. Wiederum haben die Seminarteilnehmer vorher ein Referat über die Massenbasis und Attraktivität des deutschen Faschismus gehört. — Keiner hat den Film zuvor gesehen.

4. 20 Teilnehmer sehen den Film am 31.5.1980 im Rahmen eines Tagungsseminars der Katholischen Studentengemeinde (KSG) in Frankfurt. Der Film wird nach einem kurzen Überblick über die faschistische Jugendpolitik und das Verhältnis der HJ zu anderen Jugendorganisationen vorgeführt und leitet dann eine mehrstündige Diskussionsphase und Vertiefung durch Gruppenarbeit zu den gleichen Themen ein. Kein Seminarteilnehmer hat den Film gekannt.

Zu diesen Erfahrungen kommt eine ebenfalls rezeptionsanalytisch auswertbare, besonders strukturierte Teilvorführung:

5. Am 22.4.1980 ist eine Subsequenz (die thematisch in sich geschlossene Szene, als Heini zunächst seiner Mutter das Fahnenlied vorsingt, um dann aber, unter Schlägen, vom Vater die Internationale eingehämmert zu bekommen) im Rahmen einer filmanalytischen Einführungsveranstaltung am Fachbereich Gesellschaftswissenschaften der Universität Frankfurt 40 Studenten vorgeführt worden. Fünf Studenten haben den vom Veranstalter nicht enthüllten Filmausschnitt identifiziert; 38 Studenten haben spontan im direkten Anschluß an die 2 1/2 Minuten lange Subsequenz/142-147/ ihre Eindrücke schriftlich festgehalten; ferner hat eine Gruppendiskussion zur Frage der Mehrdeutigkeit und Zuordnung der Sequenz stattgefunden.

Auf dieser empirischen Grundlage soll reflektiert-vorläufig über die kurzfristige und direkte Wirkung der Vorführung des „Hitlerjungen Quex" spekuliert werden. Es kann sich nur um die Vorstufe einer Rezeptionsanalyse handeln, weil methodisch strengeren Anforderungen nicht entsprochen werden konnte. In jedem Fall ist der Veranstaltungsleiter bzw. Referent als Gesprächsleiter zugleich Teil der Interaktionen bei der öffentlichen Filmdiskussion wie Protokollant der Teilnehmeräußerungen. Allein diese Doppelrolle ist eine kaum einzuschätzende und unkontrollierbare Fehlerquelle.

Das Rundgespräch, also die Aufeinanderfolge von Äußerungen aller Zuschauer zum Film, ist als Form gewählt worden, um möglichst jedem Zuschauer wenigstens eine Stellungnahme zu entlocken. Diese Form ist als klares „setting" nur in der Veranstaltung der KSG am 31.5.1980 durchgehalten worden. Besonders die Gewerkschaftsveranstaltungen weisen darauf hin, daß diese Diskussionsform auf Probleme der Meinungsäußerung in sozialen Gruppen und auf die Wirkung einer Konformitätsspirale verweist. Die Veranstaltungen setzen sich — wie „alle" „antifaschistischen" Veranstaltungen — mehrheitlich aus Jugendlichen (bis etwa 25 Jahre) zusammen, die ebenfalls mehrheitlich stimmungsmäßig „irgendwie gegen den Faschismus" eingestellt sind. Das angenommene Meinungsklima (,Verurteilt den Faschismus, wo ihr ihn seht!') bestimmt sicherlich die Meinungsäußerungen, weil positive Statements deutlich tabuisiert sind. Eine präzisere Bestimmung des Meinungsklimas ist unter den gewählten Untersuchungsbedingungen nicht möglich.

Ebenfalls können nur Aussagen über die kurzfristige Wirkung des Films gemacht werden, denn die Teilnehmer äußern sich direkt nach der Filmvorführung. Kontrollgespräche nach Ablauf eines längeren Zeitraums sind nicht geführt worden.

Trotz dieser methodischen Defizite, die sich aus der Anlage der Filmvorführungen und Filmdiskussionen als Ein-Mann-Unternehmen ergeben, ermöglichen die erhobenen Daten einige Hinweise auf Wirkung und Verarbeitungsformen sowie einige begründbare Angaben über eine Veranstaltungsform, die bemüht ist, den Film als Stimulus und Eigenwert in aufklärerischer Hinsicht auszuwerten bzw. einzusetzen. Vor allem mögen diese reflektiert-vorläufigen Notizen die Dimension des Machbaren veranschaulichen: Selbst unter den üblichen Bedingungen einer pädagogischen Situation, die z.B. durch die ungeklärte Rollenvielfalt den Veranstalter bzw. Seminarleiter zu überfordern droht, können wirkungsanalytische Daten erhoben werden. — Die abschließenden Hinweise sollen verdeutlichen, daß schon geringe Planungsbemühungen ein „setting" hervorbringen, das den bewußten Umgang mit dem „Hitlerjungen Quex" sicherstellen kann, das Bedingungen schafft, die eine kontrollierbare Produktion des „inneren Films" und eine Rückversicherung über die solcherart bewirkten Meinungsbilder ermöglicht.

Unter diesen Gesichtspunkten erscheint methodischer Dilettantismus deshalb vertretbar, weil er zum Nachahmen und Bessermachen anspornt, weil er aus dem Alltag kommt und darauf zurückverweist, während der elaborierte Code einer ausgeklügelten Methodologie oft den unnahbar sterilen Charakter eines Forschungslabors hat. Hier aber sollen Experimente vorgestellt werden, nicht um konsumptive Bewunderer, sondern um aktive Nachahmer anzusprechen. Zur Sache: Zur Mehrdeutigkeit und kurzfristig-direkten Wirkung des „Hitlerjungen

Quex" auf altersmäßig und politisch homogene soziale Gruppen von Jugendlichen mit diffus-antifaschistischer Einstellung:

Die Spontannotizen nach Vorführung der für den Film zentralen Prügelszene, die zeigt, wie argumentationslos-brutal kommunistische Symbole — hier die Internationale — gegenüber Andersdenkenden (schon im Proletariat selbst) durchgesetzt werden, weist darauf hin, daß jeder Betrachtung eine „Bildphantasie" bzw. „umfangreiche Erfahrungen mit Medien" (Wawrzyn 1979, S. 192) und vor allem auch mit „Ideologien" unterliegen. Aus dieser vorausgegangenen Bildersozialisation und Einstimmung auf die Positionen und Begriffe einer politischsozialen Weltsicht ergibt sich die Rezeption des Filmes, wobei der „Hitlerjunge Quex" so sehr ergreift, daß ohne Mühe Stellungnahmen abgerufen werden können.

Der Film wird als Fabel wahrgenommen und von seinem Gesamteindruck her interpretiert. Dies zeigen besonders die Äußerungen zur Prügelszene, diese zeigen ferner sehr klar die Mehrdeutigkeit des Films bzw. der Sequenz als einem filmischen Baustein der Gesamtfabel. Die Äußerungen zum Gesamteindruck des Films, der dann auch klar als faschistischer Propagandafilm bezeichnet wird, überdecken diese Mehrdeutigkeit und drängen sie hinter die Gesamtinterpretation zurück.

Die Äußerungen zur Einzelsequenz, deren filmische Herkunft bewußt offen gelassen worden ist, sind deshalb so wichtig, weil sie die Mehrdeutigkeit noch klar aussprechen, weil die produzierte Klarheit des Gesamteindrucks noch nicht die differenzierteren Aussagen zu Einzelszenen überlagert (es wäre zu analysieren, welche Langzeitwirkung von derartiger binnenstruktureller Mehrdeutigkeit ausgeht).

Zwei Spontannotizen seien ausschnittweise zitiert, um zu illustrieren, was mit dem Ausdruck „Mehrdeutigkeit" gemeint ist. In beiden Fällen handelt es sich um Äußerungen solcher Zuschauer, die den Film nicht gekannt haben:

„Möglicherweise soll in diesem Filmabschnitt dargestellt werden, daß die Methoden und Aktivitäten der Nazis auf die Bevölkerung verharmlosend wirkten ... Interessant ist, daß zwei unterschiedliche Weltanschauungen hier in der Konfrontation durch zwei Lieder verdeutlicht werden. Allerdings werden bezüglich der ‚Internationale' (durch das Verhalten des Vaters) Ablehnung erzeugt. Könnte möglicherweise ein Propagandafilm sein."

Klarer noch wird die Mehrdeutigkeit bzw. die Möglichkeit unterschiedlicher, jeweils plausibler Lesearten in einer weiteren Spontannotiz angesprochen:

„Die Filmsequenz hinterläßt bei mir eine starke Betroffenheit. Der Inhalt der ‚Internationale" wird durch die Handlung vollkommen in Frage gestellt ... Die Sequenz allein bewirkt die Neigung zu sagen: ‚Kein Wunder, wenn die Kinder in die Hitlerjugend gingen, wenn sie so die Internationale singen müssen.' Durch einfache Mittel, alles bewegt sich in einer Kleinfamilie alter Dreierkonstellation, werden historische Tatsachen inszeniert. Ob der Film ein nationalsozialistischer Propagandafilm oder ein Vesuch proletarischer Öffentlichkeit ist, läßt sich aus der einzelnen Sequenz nicht feststellen."

Eine weitere Äußerung spekuliert: „Der ganze Film dürfte sich ... mit der Rattenfängerei der Nazis beschäftigen", und stellt dann noch die „Zusatzfrage": „Kontra-Nazi-Film"?

In der Gruppendiskussion wird die Ansicht geäußert, es könne sich um einen Ausschnitt aus einer proletarischen Kritik am autoritären Kommunismus handeln. Möglicherweise ist es ein proletarischer Film, so skizziert ein Teilnehmer die Mehrdeutigkeit, der darüber aufklären soll, wie einfach Jugendliche zu den Nazis abwandern, wenn sie von ihren proletarischen Vätern so schlecht behandelt werden.

Diese offenen und weitreichenden Hinweise auf die Interpretationsspielräume tauchen in den Rundgesprächen nach der Betrachtung des gesamten Filmes nur noch in zurückgenommener und versteckter Fassung auf. So vermuten junge Gewerkschafter, der Film werde deshalb nicht mehr gezeigt, weil er Realität zeige. Sie sind aber der Ansicht, der Film wirke auch heute noch — wobei positiv auf die Prügelszene verwiesen wird, während bei den Eindeutschungsversuchen im Gespräch von Bannführer und Vater Völker sowie von Vater Völker und Stoppel /325-330, 335/ gelacht wird —: „ich hätte Bedenken", so äußerte sich ein Teilnehmer, „den Film unerfahrenen Kollegen zu zeigen". Ohne Hintergrundwissen geht man dem „guten", „wirkungsvoll" gedrehten Film auf den Leim der Jungengeschichte: die Nazis haben klare und saubere Musik, sie holen einen Jungen aus dem unmöglichsten Milieu und bieten Ersatz für eine kaputte Familie, sie sind die Bewegung, während die Kommunisten ein wilder chaotischer Haufen sind, der seine Ziele nicht erklären kann. Solche Äußerungen werden vorgetragen, um sich die Wirkung des Films auf solche Jugendliche auszumalen, die z.B. nicht wissen, daß der Kommunistische Jugendverband (KJVD) im Film bewußt mit einer roten Clique am Rand der KPD und/oder mit einer sexuell anrüchigen „Sexpol"-Gruppe W. Reichs verwechselt wird. Ohne derartige Vorkenntnisse aber, so wird befürchtet, muß man Mitleid mit Heini Völker haben.'

Es ist spürbar, wie sehr der diffuse Antifaschismus herhalten muß, um sich nicht auf den Film einzulassen, um seine ängstlich wahrgenommene Wirkung sich totlaufen zu lassen.

Diese Wirkung wird mit den einfachen Werten, für die Heini Völker steht, identifiziert, er ist ja weitgehend sogar der unpolitische Nazi, während Kommunisten so abscheulich sind, daß sie Kinder prügeln und — so Wilde — sogar töten wollen /285/ und schließlich ja auch ermorden.einige Hinweise deuten an, daß die politische Überhöhung dieser Abneigung gegenüber den bösen Kommunisten, also die faschistische Wendung, über die Filmmusik transportiert wird. Ein Teilnehmer einer Gewerkschaftsveranstaltung weist darauf hin, daß er das Fahnenlied körperlich spüre, daß es mehr bedeute als die gesamte reale HJ-Gruppe. Auch nach dem Film gehe die Melodie noch durch den Kopf. Auch andere Äußerungen heben die einhämmernde Machart der Musik positiv hervor; und ein Filmbetrachter ist so ehrlich zuzugeben, daß er unbewußt das Lied beim Weg zur Toilette gepfiffen hat („bin richtig über mich erschreckt").

Auch wenn das Gut-Böse-Klischee vielfach als penetrantes Grundmotiv des Films angesprochen wird, so wird doch immer wieder auch die Identifikation mit dem Guten, mit Heini Völker erkennbar, auch wenn sie vielfach zugleich zurückgenommen wird. Eine derartige positive Stimme ist folgendermaßen protokolliert worden:

„Partei für Quex ergriffen; es widerstrebt, wie die KPD handelt. Ich habe immer gehofft, hoffentlich passiert ihm nichts. Der Vater treibt ihn zu den Nazis. Das Marschlied ist eingedrungen."

Demgegenüber zieht sich die Kritik am Film auf blassere Bilder, auf Floskeln, auf vorgefaßte Meinungen zurück, die aber der konkreten Begegnung mit dem Film nicht ausgesetzt werden. Auch dies mögen Zitate aus den Notizen veranschaulichen. Ein abstrakter Kommunist (Mitglied der Marxistischen Gruppe) kritisiert den Film:

„Film ... hat keine Wirkung, denn (er) strotzt von immanenten Inhalten ... Die Nazis denken immer ans Höhere, nie an sich ... Quex lernt die Lektion, (sein) Opfergang in den Kampf."

Faschistisches Verhalten wird als „Rücksichtslosigkeit gegen die Individualität" hingestellt, aber kein einziges Bild des Films wird zitiert. Vermutlich kann diese abstrakte Gegenposition nur dann durchgehalten werden, wenn sie die Filmbilder übersieht. Insofern ist diese Antihaltung aber auch nicht mehr vermittelbar; sie bleibt ebenso abstrakte Negation wie jene Antihaltung, die weiß, um welche Art von Film es sich handelt:

„(Ich habe den) Film vorher schon als faschistisch apostrophiert (und) kannte den Film schon in etwa."

Diese Haltung führt dann zu abstrakten Gegenfragen: Wie groß war die HJ bis zum 30. Januar 1933 bzw. vor ihrer Aufwer-

tung zur Staatsjugend? Sind die Kommunisten richtig dargestellt worden? Gibt es wirklich solche Wanderungen aus proletarischem Milieu hinein in die HJ?

Auch diese Fragen signalisieren, daß Angst besteht, sich
auf den Film, d.h. auf die Deutungsmuster des Films einzulassen. „Ideologien" und „Deutungen" können aber nicht durch
Faktenwissen entkräftet werden; bezüglich der Filmwirkung
drängt sich die These auf, daß die sachliche Kritikvariante eine
Unfähigkeit zur subjektiven und emotionalen Kritikfähigkeit
anzeigt. In diesen Bereichen wirkt die Filmfabel durchaus:
„Quex sucht nach Geborgenheit" und findet sie nicht bei der
KPD, sondern in der HJ, jener heilen Familie. Eine Entlastung
für die KPD bzw. das Anzweifeln dieser faschistischen Lösung
gelingt nur durch die abstrakte Sachkritik und Antihaltung.

Gerade die Filmwirkung verweist damit auf ein zentrales
Grundproblem praktisch demokratischen Verhaltens als der gerade angesichts der „Quex"-Fabel sinnvollen positiv antifaschistischen Verhaltensweise. Dem faschistischen Ideal des guten
Jungen und der selbstlos-gradlinigen Jugendgruppe und „Volksgemeinschaft" muß alltägliche Demokratie gegenübergestellt
werden, dies kann am Beispiel der Behandlung der Filmwirkung konkretisiert werden, dies verweist historisch auf Defizite
der KPD und aktuell auf Probleme der „politischen Kultur" in
der BRD:

> .....
> Doch's kommt nicht
> auf die Schnauze an,
> ihr müßt auch danach leben!",

so lautet der Refrain des Liedes „Proletarische Selbstkritik", das
1929 von der Agit-Prop-Gruppe „Sturmtrupp Alarm" vorgetragen worden ist (H.M. Enzensberger, Hrsg., Klassenbuch 3, 1972,
S. 72f.).

3. Zur Weiterarbeit — praktische Hinweise

Die Produktionsverhältnisse des „inneren Filmes" sollen ein
bewußt inszeniertes „setting" darstellen. Diese Forderung mag
an dieser Stelle einleuchtend dargestellt („bewiesen") worden
sein, sie verlangt aber auch noch nach praktischen Handrei-
chungen:

Faustregel ist, daß der Film „Hitlerjunge Quex" als Eigenwert, nicht als bloße Illustration gezeigt werden soll. Dies erfor-
dert einen Zeitaufwand von mindestens drei, besser aber von fünf
Stunden.

184

Einer kurzen filmgeschichtlichen Erläuterung zur Produktionsgeschichte des Films folgt die Filmvorführung selbst. Im Anschluß äußern sich alle Teilnehmer im Rundgespräch über ihren Eindruck (sinnvoll ist es auch, wenn die Teilnehmer direkt nach dem Filmerlebnis Rezeptionsprotokolle — Wawrzyn 1979 — anfertigen). Bei dem Rundgespräch sollten mindestens zwei Veranstaltungsleiter anwesend sein, von denen einer die Äußerungen protokolliert und die Interaktion beobachtet.

Nach einer längeren, etwa einstündigen Pause empfiehlt es sich, Gruppenarbeit mit vorbereiteten Arbeitsmaterialien zu Problemen der faschistischen Massenbasis und Massenattraktivität durchzuführen (vgl. etwa das Heft Nationalsozialismus der „Wochenschau für politische Erziehung, Sozial- und Gemeinschaftskunde", Ausg. Sek. II, Nr. 11/12 — Nov./Dez. 1979). Besonderes Gewicht sollte dabei auf den Aspekt der NSDAP als junge Partei gelegt werden. Die Behandlung der Arbeitsergebnisse im Plenum wird dabei mit der Filmdiskussion so verbunden, daß insbesondere Rationalisierungstendenzen bei der Filmverarbeitung erneut zur Sprache gebracht werden.

Wünschenswert (wenn nicht sogar notwendig) sind individuelle Kontrollgespräche, die im Zeitraum von drei bis vier Wochen nach der Filmvorführung noch einmal auf die Filmrezeption zu sprechen kommen. Dies sollte zumindest in Einzelfällen durchgeführt werden, um bei künftigen Veranstaltungen auf Muster der Filmverdrängung sensibler reagieren zu können.

Auf keinen Fall kann der „Hitlerjunge Quex" als Konsumgut angeboten werden; wenn „Subjektivierung des Umgangs mit Filmen", so Wawrzyn (1979, S. 195), „die Produktivkraft, die das Kino darstellt", erhöht, so müssen doch die Verweisstrukturen des Filminhalts und die Codes der Filmsprache transparent werden, um jene Metainhalte anzusprechen, die vom „Quex" auf die Tagesaufgabe der Demokratisierung im privaten wie im öffentlichen Alltag zurückverweisen:

Die Fabel des „Quex" verweist schließlich darauf, daß faschistischer Idealismus dann zupackt, wenn kommunistische Zielsetzungen nicht mehr vermittelt werden können. Dieses Problem zu diskutieren und auf praktische Konsequenzen abzutasten, wäre eine intellektuell und politisch gleichermaßen lohnende Aufgabenstellung für eine Filmrezeptionsanalyse in emanzipativ-demokratischer Absicht.

Literaturverzeichnis

Unveröffentlichtes Archivmaterial
Bundesarchiv Koblenz, BA:Sammlung 339 I

Zeitungen
Der Angriff
Manchester Guardian
Morgenpost (Berlin)
Rote Fahne
The Times
Völkischer Beobachter
Vorwärts
Vossische Zeitung

Filmzeitungen, Filmzeitschriften
Der Film
Filmwelt (Berlin)
Die Filmwoche
Illustrierter Filmkurier
Kinematograph
The New York Times Film Reviews, Vol. 2, 1932-1938, New York 1970

Filmprotokolle
Arnold, Th., J. Schöning, U. Schröter 1980: Hitlerjunge Quex. Einstellungs-
    protokoll (= Institut für historisch-sozialwissenschaftliche Analysen
    IHSA, Arbeitspapier Nr. 4, im Verlag der filmland presse), München.
Loiperdinger, M. 1980: Triumph des Willens. Einstellungsprotokoll (=
    IHSA-Arbeitspapier Nr. 10, im Verlag der filmland presse), München.
Loiperdinger, M. 1980: Hans Westmar. Einstellungsprotokoll (= IHSA-
    Arbeitspapier Nr. 12, im Verlag der filmland presse), München.
Schriefer, U. 1980: SA-Mann Brand. Einstellungsprotokoll (= IHSA-
    Arbeitspapier Nr. 13, im Verlag der filmland presse), München.

Literatur (Bücher, Zeitschriften)
Ahren, J., Chr. B. Melchers 1979: Zur Psychologie der Propagandafilme.
    Film und Beeinflussung am Beispiel „Jud Süß". In: Medium April 1979.
Adorno, Th.W. 1963: Was bedeutet:Aufarbeitung der Vergangenheit. In: Ein-
    griffe, Frankfurt.
Albrecht, G. 1969: Nationalsozialistische Filmpolitik. Eine soziologische
    Untersuchung über die Spielfilme des Dritten Reichs, Stuttgart.
Albrecht, G. (Hrsg.) 1979: Film im Dritten Reich, Karlsruhe.

Albrecht, G. 1983: Arbeitsmaterialien zum nationalsozialistischen Propagandafilm: Hitlerjunge Quex, Frankfurt.

Albrecht, R. 1985: Der Rhetor Carlo Mierendorff. In: Blätter der Carl-Zuckmayer-Gesellschaft, 11. Jg., H. 2

Apel, K.O. 1965: Die Entfaltung der ‚sprachanalytischen' Philosophie und das Problem der ‚Geisteswissenschaften'. In: Philosophisches Jahrbuch 72 II, S. 239-289.

Apfel, A. 1934: Les dessous de la justice allemande, Paris.

Arnold, Th., J. Schöning, U. Schröter 1979: Inhaltsanalyse und Protokoll des faschistischen Propagandafilms „Hitlerjunge Quex" (= soziologische Diplom-Arbeit, Universität Frankfurt, Fachbereich Gesellschaftswissenschaften), Frankfurt.

Baird, J. 1982: Goebbels, Horst Wessel, and the Myth of Resurrection and Return. In: Journal of Contemporary History vol 17 no 2, S. 633-650.

Baird, J. 1983: From Berlin to Neubabelsberg: Nazi Film Propaganda and Hitler Youth Quex. In: Journal of Contemporary History vol 18 no 3, S. 495-515.

Balázs, B. 1972: Der Geist des Films, Frankfurt (1930[1]).

Bardéche, B. 1970: The History of Motion Picutres, New York (1938[1]).

Bateson, G. 1953: An Analysis of the Nazi-Film Hitlerjunge Quex. In: Mead, M., Metroux, R., The Study of Culture at a Distance, Chicago.

Becker, W. 1973: Film und Herrschaft. Organisationsprinzipien und Organisationsstrukturen der nationalsozialistischen Filmpropaganda, Berlin.

Bednarik, K. 1953: Der junge Arbeiter von heute — ein neuer Typ, Stuttgart.

Belling, C. 1936: Der Film in Staat und Partei, Berlin

Benjamin, W. 1977: Das Kunstwerk im Zeitalter seiner technischen Reproduzierbarkeit, Frankfurt.

Bessel, R. 1977: The Potempa Murder, in: Central European History, Volume X, Number 3, September.

Blobner, H., H. Holba. 1962: Jackboot Cinema. In: Films and Filming, Vol. III, Number 3, December.

Bracher, K.D. 1975: Die Auflösung der Weimarer Republik, Königstein.

Brandenburg, Ch. 1968: Die Geschichte der HJ. Wege und Irrwege einer Generation, Köln.

Brecht, B. 1967: Gesammelte Werke, Bd. 14 und 18, Frankfurt.

Broszat, M. 1969: Der Staat Hitlers, München.

Brückner, P. 1980: Das Abseits als sicherer Ort. Kindheit und Jugend zwischen 1933 und 1945, Berlin.

Bullock, A. 1977: Hitler, Kronberg.

Courtade, F., P. Cadars. 1972: Le Cinéma Nazi, Paris.

Courtade, F., P. Cadars. 1975: Geschichte des Films im Dritten Reich, München/Wien.

Dammeyer, M. 1977: Nationalsozialistische Filme im historisch-politischen Unterricht. In: Aus Politik und Zeitgeschichte. Beilage zur Wochenzeitung das parlament, 23. April.

Deuerlein, E. 1968: Der Aufstieg der NSDAP in Augenzeugenberichten, Düsseldorf.

Domarus, M., 1973: Adolf Hitler. Reden und Proklamationen, Wiesbaden.

Eckert, G. 1938 (1969): Filmtendenz und Tendenzfilm. In: Wille und Macht. Führerorgan der nationalsozialistischen Jugend, Heft 4 vom 15. 2. 1938, 6. Jg., S. 19-25, abgedruckt in: Albrecht 1969, S. 503-507.

Ewers, H.H. 1933: Horst Wessel, Stuttgart.

Feldmann, S. 1975: Nazi-Film: Reklame für Selbstmord, abgedr. in: Münchner Filmzentrum — Freunde des Münchner Filmmuseums e.V., Deutsche Spielfilme 1933-1945 (II), Redaktion: Ulrich Kurowski, München.

Ferro, M. 1974: Der Film als ‚Gegenanalyse' der Gesellschaft. In: M.Bloch u.a. Schrift und Materie der Geschichte. Vorschläge zur systematischen Aneignung historischer Prozesse; hrsg. von Claudia Honegger, Frankfurt.

Fürstenau, T. 1965: Propagandastrukturen im Film des Dritten Reichs (hektographiert), Wiesbaden.

Gamm, H.J. 1962: Der braune Kult, Hamburg.

Gehl, W. (Hrsg.) 1937: Die Jahre I-IV des nationalsozialistischen Staates. Grundlagen und Gestaltung. Urkunden des Aufbaus — Reden und Vorträge, Breslau.

Goebbels, J. 1932: Kampf um Berlin, München.

Goebbels, J. 1935: Der Angriff. Aufsätze aus der Kampfzeit, München.

Gregor, U., E. Patalas 1976: Geschichte des Films, Reinbek b. Hamburg.

Grunberger, R. 1972: Das zwölfjährige Reich, Wien/München/Zürich (25. Kap.: „Die Filmkunst", S. 390-404).

Günther, W. (Hrsg.) o.J.: Hans Westmar. Einer von vielen. Ein deutsches Schicksal aus dem Jahre 1929 (= Staatspolitische Filme, hrsg. im Auftrag der Reichspropagandaleitung der NSDAP, Amtsleitung Film, Heft 12).

Hagen, P. (d.i. Willi Krause) 1933: Soldat der Revolution, Berlin.

Hegel, G.W.F. 1971: Ästhetik III. Die Poesie. (Reclam-Ausgabe), Stuttgart.

Hennig, E. 1974: Thesen zur deutschen Sozial- und Wirtschaftsgeschichte, Frankfurt.

Hennig, E. 1975: Faschistische Öffentlichkeit und Faschismustheorien. In: Ästhetik und Kommunikation, Heft 20, 6. Jg., Juni.

Hennig, E. 1977: Bürgerliche Gesellschaft und Faschismus in Deutschland. Ein Forschungsbericht, Frankfurt.

Hennig, E. 1978: Anmerkungen zur Korrespondenz nationalsozialistischer und kommunistischer Propagandaaussagen in der Endphase der Weimarer Republik, unveröffentl. Ms., Frankfurt.

Hennig, E. 1979: Anmerkungen zur Sozialgeschichte: Öffentlichkeiten und Subjekte in der Endphase der Weimarer Republik. Institut für historisch-sozialwissenschaftliche Analysen, Arbeitspapier Nr. 2, Frankfurt.

Hippler, F. 1942: Betrachtungen zum Filmschaffen, Berlin.

Hitler, A. 1933: Mein Kampf, München.

Horkheimer, M. 1936: Theoretische Entwürfe über Autorität und Familie. Allgemeiner Teil. In: Fromm, E., Horkheimer, M., Mayer, H., Marcuse, H. et al. Autorität und Familie, Bd. 1, Paris.

Institut für historisch-sozialwissenschaftliche Analysen (IHSA) 1979: Jahrestagung der Arbeitsgruppe Politische Psychologie in der Dt. Vereinigung f. Polit. Wissenschaft, Tagungsgegenstand, „Faschistische Öffentlichkeit", Arbeitspapier Nr. 1.

Isaksson, F., L. Furhammar 1974: Politik und Film, Ravensburg.

Kahlenberg, F.P. 1978: Zu „Hitlerjunge Quex". In: Bundesarchiv/Kulturamt der Stadt Koblenz, Ausstellung zur Filmreihe „Jugend im NS-Staat", Katalog.

Kahlenberg, F.P. 1979: „Von deutschem Heldentum." Eine Film-Kompilation für das Fernsehen aus dem Jahre 1936. In: Studienkreis Rundfunk und Geschichte. Mitteilungen. 5. Jg., Nr. 1.

Kalbus, O. 1935: Vom Werden deutscher Filmkunst, 2. Teil, Der Tonfilm, Altona-Bahrenfeld.

Katalog zur ‚Arbeiterjugendbewegung in Frankfurt 1904-1945‘, 1978, Material zu einer verschütteten Kulturgeschichte, Frankfurt.

Klönne, A. 1960: Hitlerjugend. Die Jugend und ihre Organisation im Dritten Reich, Bad Homburg.

Klose, W. 1964: Generation im Gleichschritt, Oldenburg.

Kluth, H. 1955: Arbeiterjugend — Begriff und Wirklichkeit. In: Schelsky, H. Arbeiterjugend — Gestern und heute, Heidelberg.

Knickerbocker, H.R. 1932: Deutschland so oder so? Berlin.

Koch, K.W.H. 1934: Das Ehrenbuch der SA, Düsseldorf.

Kohli, M. 1977: Fernsehen und Alltagswelt. Ein Modell des Rezeptionsprozesses. In: Rundfunk und Fernsehen 25 (1977), S. 70-85.

Korte, H. 1978: Film und Realität in der Weimarer Republik. Mit Analysen der Filme ‚Kuhle Wampe‘ und ‚Mutter Krausens Fahrt ins Glück‘, München.

Kortmann, J. 1977: Exemplarische Analyse des NS-Films „Hitlerjunge Quex". Zulassungsarbeit für das Künstlerische Lehramt an Realschulen. Braunschweig.

Kracauer, S. 1973 (1960): Theorie des Films. Die Errettung der äußeren Wirklichkeit, Frankfurt.

Kracauer, S. 1979 (1947): Von Caligari zu Hitler, Frankfurt.

Kriegk, O. 1943: Der deutsche Film im Spiegel der Ufa, Berlin.

Kuchenbuch, Th. 1978: Filmanalyse. Theorien, Modelle, Kritik, Köln.

Leiser, E. 1968: Deutschland erwache! Propaganda im Film des Dritten Reichs. Reinbek, 2. Aufl. 1978 (erw. Neuausgabe).

Leithäuser, Th., B. Volmerg. 1977: Die Entwicklung einer empirischen Forschungsperspektive aus der Theorie des Alltagsbewußtseins. In: Th. Leithäuser et al., Entwurf zu einer Empirie des Alltagsbewußtseins, Frankfurt.

Loiperdinger, M. 1977: Feind- und Führerbild im faschistischen Propagandafilm. Dargestellt am Beispiel des Films „Hans Westmar". Staatsexamensarbeit für das Lehramt an Gymnasien, Frankfurt.

Loiperdinger, M. 1979: „Das junge Deutschland marschiert" — ein Filmdokument zum Reichsjugendtag 1932 (= IHSA-Arbeitspapier Nr. 8), Frankfurt.

Loiperdinger, M. 1983: „Das Blutnest vom Boxheimer Hof". Die antifaschistische Agitation der SPD in der hessischen Hochverratsaffäre. In: E. Hennig (Hrsg.), Hessen unterm Hakenkreuz. Studien zur Durchsetzung der NSDAP in Hessen, Frankfurt, S. 433-468.

Loiperdinger, M. 1987: Rituale der Mobilmachung. Der Parteitagsfilm „Triumph des Willens" von Leni Riefenstahl, Opladen.

Lütgert, W. 1970: Zeitgeschichtliche Filmdokumente als pädagogische Forschungsquelle. Erziehungsstile in nationalsozialistischen Jugendgruppen. In: Moltmann, G./Reimers (Hrsg.), Zeitgeschichte im Film- und Tondokument, Göttingen.

Märthesheimer, P. 1979: Vorbemerkung der Herausgeber. In: Märthesheimer, P./Frenzel, I. (Hrsg.), Im Kreuzfeuer: der Film Holocaust. Eine Nation ist betroffen.

Mason, Th.W. 1975: Arbeiterklasse und Volksgemeinschaft, Opladen.

Melchers, Chr. B. 1977: Untersuchungen zur Wirkungspsychologie nationalsozialistischer Propagandafilme, Dissertation, Köln.

Mölnir/Goebbels, J. 1931: Das Buch Isidor, München.

Moltmann, G./Reimers. 1970: Zeitgeschichte im Film- und Tondokument, Göttingen.

Moltmann, G. 1970: Film- und Tondokumente als Quellen zeitgeschichtlicher Forschung. In: Moltmann, G./Reimers, Zeitgeschichte im Film- und Tondokument, Göttingen, S. 17-23.

Oertel, Th. 1988: Horst Wessel. Untersuchung einer Legende, Köln/Wien.

Pirker, Th. 1965: Die SPD nach Hitler, München.

Pleyer, P. 1965: Deutscher Nachkriegsfilm 1946-1948, Münster.

Regel, H. 1966: Zur Topographie des NS-Films, Filmkritik Heft 1/1966.

Richter, H. 1973: Der politische Film (zuerst 1944), abgedruckt in: Witte, K. (Hrsg.), Theorie des Kinos. Ideologiekritik der Traumfabrik, Frankfurt.

Riedl, H. 1980: Filmrezeptionsanalyse. Soz. Diplom-Arbeit, Universität Frankfurt/Fachbereich Gesellschaftswissenschaften. Frankfurt.

Ritsert, J. 1975: Inhaltsanalyse und Ideologiekritik. Ein Versuch über kritische Sozialforschung, Frankfurt.

Rotha, P. 1960: The film till now, London.

Rühle, O. 1971: Illustrierte Kultur- und Sittengeschichte des Proletariats, Reprint, Frankfurt.

Salje, G. 1977: Psychoanalytische Aspekte der Film- und Fernsehanalyse. In: Leithäuser, Th. et al. Entwurf zu einer Empirie des Alltagsbewußtseins, Frankfurt.

Sander, A.U. 1944: Jugend und Film, Berlin.

Schenzinger, A.K. 1932: Hitlerjunge Quex, Berlin.

Scheringer, R. 1979: Das große Los, München.

Scheugl, H. 1975: Sexualität und Neurose im Film. Kinomythen von Griffith bis Warhol, München.

Schumann, H.G. 1958: Nationalsozialismus und Gewerkschaftsbewegung, Hannover/Frankfurt.

Seiffert, H. 1975: Einführung in die Wissenschaftstheorie Bd. 2, München.

Six, F.A. 1936: Die politische Propaganda der NSDAP im Kampf um die Macht (Diss.), Heidelberg.

Smith, P. (Hrsg.) 1976: The Historian and Film, Cambridge/London/New York/Melbourne.

Sochatzy, K. 1980: Parole: rechts! Jugend, wohin? Neofaschismus im Schülerurteil, Frankfurt.

Stenbock-Fermor, Graf A. 1931: Deutschland von unten. Reise in die proletarische Provinz, Stuttgart.

Stevenson, R. 1933: A Year in German Studios (= Proceedings of the British Kinematograph Society No. 20), London, November 6th.

Stollmann, R. 1978a: Ästhetisierung der Politik. Literaturstudien zum subjektiven Faschismus, Stuttgart.

Stollmann, R. 1978b: Der krumme Weg zu Hitler. Das Nazi-Selbstbildnis im SA-Roman. In: Schnell, Ralf (Hrsg.), Literaturwissenschaft und Sozialwissenschaft 10,Stuttgart.

Strothmann, D. 1960: Nationalsozialistische Literaturpolitik. Ein Beitrag zur Publizistik im Dritten Reich, Bonn.

Terveen, F. 1955: Der Film als historisches Dokument. In: Vierteljahreshefte für Zeitgeschichte, Heft 1, S. 57-66.

Terveen, F. 1971: Aus einer Wahlrede Hitlers in Eberswalde, 27. Juli 1932 (=Begleitveröffentlichung zur Filmedition G29 des Instituts für den Wissenschaftlichen Film),Göttingen.

Treue, W. 1958: Das Filmdokument als Geschichtsquelle. In: Historische Zeitschrift Bd. 186, Heft 2, S. 308-327.

Tyrell, A. (Hrsg.) 1969: Führer befiehl ... Selbstzeugnisse aus der Kampfzeit der NSDAP, Düsseldorf.

Tyrell, A. 1978: IV. Reichsparteitag der NSDAP, Nürnberg 1929 (= Begleitveröffentlichung zur Filmedition G140 des Instituts für den Wissenschaftlichen Film), Göttingen.

Unger/Winkelried 1933: Proletariat, München.

Wacker, A. 1976: Arbeitslosigkeit, Frankfurt/Köln.

Wawrzyn, L. 1979: Der Film im Kopf. In: K. Hickethier, J. Paech (Hrsg.), Didaktik der Massenkommunikation 4. Methoden der Film- und Fernsehanalyse, Stuttgart.

Welch, S. 1983: Propaganda and the German Cinema 1933-1945, Oxford.

Wersig, G. 1968: Inhaltsanalyse. Einführung in ihre Systematik und Literatur, Berlin.